岩 波 文 庫
33-608-1

エピクテトス

人 生 談 義

（上）

國 方 栄 二 訳

岩 波 書 店

凡　例

一、本書は、歴史家アリアノスが哲学の師エピクテトスの言葉を書き記した『語録』『要録』および関連の断片、アリアノスの書簡一通を、『人生談義』の書名のもと収録したものである。上巻は『語録』（全四巻）の第二巻までを収める。

一、翻訳にあたって使用した底本、その他の校訂本は以下の通りである。

（底本）

Souilhé, J. et A. Jagu, *Épictète Entretiens*, texte établi et traduit, 4 vols., Collection des universités de France, Paris, 1943-65.（『語録』）

Boter, G. J., *Encheiridion Epictetus*, Bibliotheca Scriptorum Graecorum et Romanorum Teubneriana, Berlin, 2007.（『要録』）

（その他の校訂本）

Wolf, H., *Arriani Commentariorum de Epicteti Disputationibus Libri IV*, Basel,

1560–63.

Meibom, M., *Epicteti Manuale et Sententiae*, Copenhagen, 1711.

Upton, J., *Epicteti Quae Supersunt Dissertationes ab Arriano Collectae*, 2 vols., London, 1739–41.

Schweighäuser, J., *Epictetae Philosophiae Monumenta*, 5 vols., Leipzig, 1799–1800.

Elter, A., *Epicteti et Moschionis Sententiae*, Bonn, 1892.

Schenkl, H., *Epicteti Dissertationes ab Arriano Digestae*, editio maior, Leipzig, 1894.

Oldfather, W. A., *Epictetus: The Discourses as Reported by Arrian, the Manual, and Fragments*, 2 vols., Loeb Classical Library, London and Cambridge, Mass., 1925–28.

Souilhé, J. et A. Jagu, *Épictète, Entretiens, Manuel*, Les grandes oeuvres de l'antiquité classique, Paris, 1950.

このうち、Schweighäuser と Upton の研究に裨益されることが最も多かった。

一、新プラトン主義哲学者シンプリキオス（紀元後六世紀）による『要録』のギリシア語注解が現存する。Dübner 版のほか Hadot による新しい校訂本がある。

Dübner, F., *Epicteti Dissertationes ab Arriano literis mandatæ Fragmenta et enchiridion cum commentario Simplicii*, Paris, 1877.

Hadot, I., *Simplicius Commentaire sur le Manuel d'Épictète*, Philosophia Antiqua 66, Leiden, 1996.

Hadot, I., *Simplicius Commentaire sur le Manuel d'Épictète*, Tome 1, Collection des universités de France, Paris, 2001.

一、同時代の資料としては、次の二点が重要である。

Arnim, H. von, *Stoicorum Veterum Fragmenta*, I-III, Stuttgart, 1903-05.

Long, H. S., *Diogenis Laertii Vitae Philosophorum*, 2 vols., Oxford Classical Texts, Oxford, 1964.

これらについては、以下の翻訳がある。

ゼノン・クリュシッポス他『初期ストア派断片集』全五冊、中川純男、水落健治、山口義久訳（京都大学学術出版会、西洋古典叢書、二〇〇〇―〇六年）。

ディオゲネス・ラエルティオス『ギリシア哲学者列伝』全三冊、加来彰俊訳（岩波文庫、一九八四―九四年）。

一、ギリシア語のカナ表記にあたっては、φ、χ、θをそれぞれπ、κ、τと区別しない。

一、母音の長短は普通名詞において区別し、固有名詞においては原則として区別しない。

一、節番号は、本文下にアラビア数字で付した。

一、訳注は、本文に注番号を付し、巻末にまとめた。

目次

第二巻

下巻目次

『語録』

冒頭の挨拶状

アリアノスからルキウス・ゲリウスへ、ご機嫌よろしく

私はエピクテトスの講話を、人がこの種のものを著すようなしかたで著しはしませんでしたし、みずから公にするようなこともしませんでした。とにかく、そもそも私は著すことをしなかったと主張するからです。むしろ、彼が語るのを直接聞いたことを、できるだけ彼の言葉そのままに、書きとめたのです。後日のために彼の思想や率直な話しぶりの覚え書きを残しておこうと思ったわけです。ですから、当然ながら、これは人が相手にその場で話すようなものでありまして、後日人びとに読ませるために書かれたものではありません。こういう性質のものでありますのに、どういうわけか、そのつもりがないのに、私の知らないうちに世間に出るようなことになってしまいました。けれども、著作をするだけの十分な力がないと思われましても、私には大した問題ではありませんし、またエピクテトスの講話を軽蔑する人があっても、彼自身にとってはなんでも

ないのです。なぜなら、明らかに、エピクテトスが話しているときは、ただひたすら聴衆の心が最善のものに向かうことだけを意図していたからです。もしこの講話がそのような成果をあげたとすれば、それは哲学者たちの言葉が当然もっているはずのものをもっているからだろう、と私は思います。またたとえもっていないとしても、エピクテトスがこの講話をしているときに、受講していた人びとはエピクテトスがそういう気持ちになってほしいと望んでいた気持ちにならざるをえなかったということを、読者は知るべきです。だが、もしこの講話がそれだけでこのような成果をあげないとしたら、おそらくその責任は私にあるでしょうし、またそうならざるをえないということでありましょう。お元気で。

第一巻

第一章　われわれの力の及ぶものとわれわれの力の及ばないもの

[1] 他の能力（1）のうちどれひとつとして、その能力自体を考察するものではなく、それゆえそれ自体を是認したり否認したりするものではないことが分かるだろう。[2] 読み書きの能力には、どの程度まで考察する力があるのか。書かれた文字を識別するところまでである。音楽の能力はどうか。旋律を識別するところまでである。[3] それではこれらの能力のうち自分自身を考察するものはあるのか。けっしてないのだ。もし君たちが仲間に手紙を書こうとして、書くべき言葉に困るような場合には、読み書きの能力が教えてくれるだろう。しかし、その仲間に書くべきか書くべきでないかについては、読み書きの能力は教えてくれない。同様に、旋律について音楽の能力は教えてくれるが、いま歌うべきか、竪琴を弾くべきか、それとも歌うべきでないか、竪琴を弾くべきでないかについて

4 は、教えてくれない。では、どんな能力が教えてくれるのか。それ自体もほかのあらゆることも考察する能力である。しかし、それはどんな能力なのか。理性的な能力(2)である。なぜなら、この能力だけが、それ自体が何であり、何をすることができ、どれだけの価値を有するものであるか、そしてほかのすべての能力についても同様に考量するものとして備わっているからである。5 黄金が美しいと言うものはほかに何があるだろうか。黄金自体はなにも言わない。6 明らかに黄金が美しいと言うのはさまざまな心像(3)を用いる能力である。音楽の能力、読み書きの能力、残りのさまざまな能力を判定し、そうした能力の用途を見極め、それらを用いる好機を示すものとして、ほかに何があるだろうか。ほかにはなにもないのだ。

7 　ところで、もともと当然のことであるのだが、神々はあらゆることのうちで最も優れた最も大切なこととして、心像の正しい使用だけをわれわれの力の及ぶところに置いたが、残りのことはわれわれの力の及ぶところには置かなかった。はたしてそれは神々がそのことを望まなかったからであろうか。8 もし神々にそれができたのであれば、残りのこともわれわれに委ねたことであろうと私は思うが、神々には全然できなかったのだ。9 というのは、われわれが地上にあり、このような肉体に、このような仲間に縛られているかぎり、このようなことに関して外的なもの(4)によって妨げられないでいられただろうか。

　しかし、ゼウスは何と言うだろうか。

「エピクテトスよ、もし可能であったなら、お前のちっぽけな体もわずかな持ち物も自由で、なにものにも邪魔されないものにしたであろう。しかし、実際は、忘れてはいけないぞ、これはお前の体ではないのだ。むしろ、上手に捏(こ)ねられた土くれなのだ。私はそれができなかったからこそ、われら神々の一部であるこの衝動と反発の能力、欲求と忌避の能力、要するに心像を用いる能力をお前にあたえたのだ。この能力に留意し、お前のものをこの能力に託すならば、けっして邪魔されることはなく、けっして妨害されることもなく、嘆いたり、咎(とが)めたり、だれにもへつらったりすることはないであろう。どうかね。これらのことをお前はつまらないことだと思うのではないだろうね」

「思いたくありません」

「それではそれらのもので満足なのかね」

「はい、神々に感謝いたします」

しかし、現にわれわれはひとつのことに心を配り、ひとつのものに専念することができるのに、多くのことに心を配り、身体、財産、兄弟、友人、子供、奴隷といったたくさんのものに縛りつけられることを好んでいる。このようにして、たくさんのことに縛りつけられているために、それらによって重苦しい気持ちになったり引きずられたりするのだ。それだから、航海できない時などは、いらいらしながら座ってたえず様子をうかがっている。

15

16

「どんな風が吹いているのか」

北風だ。それがわれわれに何の関わりがあるのかね。

「いつになったら西風が吹くのだろうか」

ねえ君、それは西風の、あるいはアイオロス(5)の気が向くときだよ。だって、神さまが風を司る者にしたのは君ではなくアイオロスなのだからね。

17

「とすると、どうすればいいのか」

われわれの力の及ぶものは、最も善いように処理しなければならないが、力の及ばないものは自然のままに扱うようにしなければならないということだ。

「自然のままにとはどういうことだ」

神が望むままにということだ。

「それでは、私だけが首を切られねばならないのか」

何だって。君は自分の慰めになるように、みんなの首が切られることを望むのか。ローマでラテラヌス(6)という男が、皇帝ネロによって斬首を命じられたときにやったように、首を差し出すことを君は望まないのか。この男は自分の首を差し出したとき、打撃が弱かったために少し首を引っ込めたんだが、再びまた差し出したのだ。さらにそれ以前にも、ネロの解放奴隷であるエパプロディトス(7)がやって来て、主人に対する陰謀について詰問したときにも、「もし答える気があれば、お前の主人に言うだろう」と答えている。

それでは、このような場合に何が自分の手元にあるのだろうか。何が私のものであり、何が私のものではないのか、何が私には許されており、何が私には許されていないのかを知ること、これ以外に何があるだろうか。

私は死なねばならない。しかしだからといって、嘆きながらそうせねばならないというのではないだろう。縛られねばならない。しかし、悲しみながらというのではないだろう。追放されねばならない。だからといって、笑って機嫌よく心にゆとりをもってそうされるのを妨げる人がいるというのではないだろう。

「秘密を話せ」

私は話さない。それは私の力の及ぶことだから。

「それじゃあお前を縛るよ」

君、何を言っているのか。私を縛るのか。君は私の足を縛るだろう。だが、私の意志(8)はゼウスだって支配することはできない。

「お前を牢獄にぶち込むよ」

このちっぽけな肉体をだね。

「お前の首を切り落とすぞ」

私の首だけは切れないなんて、いつ君に言ったか。

これらのことを哲学する者は心がけ、これらのことを毎日書き記し、これらのことで自分を鍛えねばならないのだ。

トラセア(9)は「明日追放されるよりは、むしろ今日殺されたい」とよく言っていた。すると、ルフス(10)はこの人に何と言ったのか。「もし君が死をより重いことだと思って選ぶとしたら、なんという愚かな選択だろう。また、より軽いことだと思って選ぶとしたら、誰がその選択を君に許したのか。ただあたえられることに満足するように自分を訓練す

23　24　25　26 27

るつもりはないのか」

それだから、アグリッピヌス[11]は何と言っていたか。彼は「私は自分自身の妨げにはならない[12]」と言っていた。「元老院で君の審議がおこなわれている」という知らせが彼にあったわけだ。

「うまくいってくれるとよいが。しかし、もう第五時[13]になったね」。彼はこの時間に運動して、冷水浴する習慣があった。「行って運動しようじゃないか」

運動を終えると、彼のところにやって来て、「有罪になりました」と報告する人がいた。

「追放か、それとも死刑か」と彼は尋ねた。

「追放です」

「財産はどうなるのか」

「没収にはなりませんでした」

「それでは、アリキア[14]まで行って、昼食をとろうじゃないか」

これこそ訓練すべきことを訓練し、欲求しても邪魔されたり、忌避しても避けそこなったりしないように心がけたということだ。

28　29　30　31

私は死ななければならない。今というのなら、すぐに死のう。もう少ししてからであれば、時間だから今は昼食をとって、それから後に死ぬことにしよう。どんなふうにしてだって？　他人のものを返却する人に似つかわしいようにだ。(15)

第二章　どのようにして人はあらゆる場合に人格にかなったことを保持することができるのか

理性的な動物は、理にあわないことだけには耐えられないが、理にかなったことには耐えることができる。打たれることは本性上耐えられないことである。

「どうしてですか」

どうしてだかみてみたまえ。スパルタ人はそれが理にかなったことだと教わって、鞭で打たれている[1]。

「首を吊ることは耐えられないことではないのですか」

それが理にかなっていると納得したら、行って首を吊るものだ。簡単に言うと、人間という生きものは理にかなわないことによってほど苦しめられることはないし、理にかなうことに対してほど心が引きつけられはしないことが分かるだろう。

善悪や利害が人によって異なるように、理にかなうこと、かなわないことも人によって異なっている。だから、とりわけ教育が必要となるが、それは理にかなうこと、かなわないことの先取観念[2]を自然に合うように個々の事物に適合させることを学ぶためである。しかし、理にかなうこと、かなわないことを判別するために、われわれは外的なものの価値だけでなく、それぞれが自分の人格[3]に関わるものの価値も用いている。なぜなら、もし人に便器[4]を差し出さなければ殴られて、食いはぐれることになるだろうが、もし差し出せば辛く悲しい目に遭わなくてもすむということだけを考える者にとっては、人に便器を差し出すことは理にかなったことだからだ。しかし、ほかの人には、便器を差し出すようなことは耐えがたいばかりでなく、別の人間が便器を我慢して差し出すことさえ耐えがたいように思われるのだ。だから、もし君が「便器を差し出すべきか、それともそうすべきでないか」と私に尋ねるのであれば、食いはぐれるよりは食にありつくほうがずっと価値があることだし、皮を剝がされることは剝がされないことよりもずっと価値がないことだと君に答えるだろう。そういうわけで、君自身のことでこれらのことを比べてみるのなら、行って便器を差し出すようにしたまえ。

「しかし、それは私に似合わない仕事です」

それについて考えねばならないのは、私ではなく君だ。というのは、君にはどれほどの値打ちがあり、どれだけの値段で君を売るのかについて、つまり君自身のことについて知っているのは君なのだから。自分を売る値段は人によって違っているのだ。

12 そんなわけだから、アグリッピヌスは、フロルスがネロの芝居[5]に行って、自分もなにか役を演じるべきかどうか思案していたときには、「行きたまえ」と彼に言った。13 しかし、「なぜ君は行かないのか」とフロルスが尋ねると、「そんなことは考えすらしないからね」と答えた。14 というのは、一度でもそのようなことを考えたり、外的なものの価値を計算したりした者は、自分自身の人格を忘れてしまった者とほとんど変わらないからだ。

15 どうして私に、「生より死が好ましいのですか」なんて尋ねたりするのだ。生のほうが好ましいというのが私の答えだ。

「苦痛が好ましいのですか、それとも快楽が好ましいのですか」

快楽が好ましい、と私は言う。

16 「だけどもし私が悲劇の役を演じなければ、首を切られてしまいます」

それでは、行って悲劇の役を演じたまえ。だが、私は悲劇の役なんか演じたりはしない。

17 「どうしてですか」

君が自分のことを、衣服を作っている一本の糸だと考えているからだ。

「では、どうすればいいのですか」

ちょうど衣服の糸が残りの糸と違った特別なものであることを望まないように、君はどうしたら残りの人間と同じようでいられるかを考えなければならない。だが、私は紫[6]でありたい。あのわずかに光を放ち、ほかの者が立派に美しく見える原因となるものにね。それなのに、どうして君は「多くの人と同じようであれ」などと私に言うのか。そんなことをしていたら、どうして私は紫であることができるだろうか。

以上のことはヘルウィディウス・プリスクス[7]も分かっていて、分かっていたことをおこなった。ウェスパシアヌスが彼に使いを送って、元老院に来させないようにすると、彼はこう答えた。「元老院に来させないようにするのはあなたの自由だが、私は元老院議員であるかぎりは行かねばならないのだ」

「それでは、来ても黙っていろ」とウェスパシアヌスは言った。

「私を詮議するのはやめていただきたい。そうしてくれるなら、黙っていましょう」

「いや、わしは詮議しないわけにはいかないのだ」

「では、私も正しいと思われることを言わなければなりません」

18　19　20

「しかしお前が話すのなら、お前を殺すことになるだろう」

21 「私が不死な人間だといつあなたに言いましたか。あなたはあなたのことをするでしょうし、私は私のことをするまでです。あなたのすることは殺すことであり、私のすることは恐れることなく死ぬことです。あなたのすることは追放することであり、私のすることは悲しむことなく立ち去ることです」

22 それでは、プリスクスはたったひとりでどんな益をなしたのか。紫は衣服に対してどんな益をなしたのか。彼においては紫のように輝き、ほかの人びとにはすばらしい手本として示されること以外の何であろうか。23 ほかの人なら、このような状況で皇帝が元老院に来てはならないと彼に言えば、「寛大なお心持ち感謝にたえません」と答えたことだろう。24 そのような人間なら皇帝も元老院に来ることを拒んだりはしないだろう。むしろ、甕のように座ったままでいるか、話すとしても、皇帝の望んでいることが分かっていて、それを話すか、あるいはそれ以上の言葉を積み重ねることだろう。

25 去勢されなければ殺される危険のある競技者もこのようにふるまった。彼の兄弟がやって来て――この人は哲学者だった――、「さあ兄弟、どうするつもりなんだ。この部分を切り取って、また体育場に行こうじゃないか」と言ったが、競技者のほうはこの言葉にしたがわず、従容(しょうよう)として命を絶ったのだ。「どうしてこんなことをしたのだろうか。(26) 競技者としての行動か、それとも哲学者としての行動なのか」。ある人がこのように訊くと、エピクテトスはこう答えた。「男として、ただしオリュンピア祭の競技に参加して、勝利宣言をした男としてだね。しかもバトン[8]の所に通ってではなく、そのような場(27)所で根気よく鍛えたのだ」。ほかの人なら、首が切られても生きることができるとした(28)ら、首を切られたことだろう。人格にかなったものとはこのようなものであり、これを考察するように習慣づけている人びとにとってはこれほど強いものだ。

「さあ、エピクテトス、鬚(ひげ)を剃りなさい[9]」(29)

私が哲学者であれば、「鬚は剃らない」と言う。

「それでは、お前の首を切ろう」

もしそのほうがよければ、切りなさい。

ある人がこう尋ねた。「どうやってわれわれはそれぞれ自分の人格にかなったことを(30)知ることになるのでしょうか」

これに対して、彼はこう答えた。どうやって牛は、ライオンが襲ってきたときに、ひとりで自分の力に気づき、群れ全体のために身を投げ出したりするのか[10]。それとも、明

[31] らかにそれは、力をもてば、ただちにその力に気づくことになるからだろうか。そうす[32]ると、われわれのうちだれであろうと、このような力をもっている者は、それに気づかないわけはないことになる。しかし実際は、牛にしても優れた人間にしても突然にそうなるわけではなく、冬に訓練をしてこれに備えねばならないし、性急にふさわしくない行動に飛びついてはならないのだ。

[33] 君の意志をいくらで売るかということだけは、考えておきなさい。ねえ君、売る以外にほかに道がなければ、それを安売りしないようにしなさい。しかし、偉大だとか飛び抜けているとかいったことは、おそらくソクラテスとかそういった類いのほかの人たちにふさわしいのだろう。

[34] 「では、われわれがそのような素質をもって生まれついているのだとしたら、どうしてすべての人が、あるいは多くの人が彼らのような人間にならないのでしょうか」

馬はすべて脚が速いかね。犬はすべて跡を追いかけるのがうまいかね。

[35] 「そうすると、どうなのですか。私は素質がないから、そんなことに心を配らなくてもよいということですか」

[36] そうであってはならない。エピクテトスはソクラテスには及ばないだろう。だが、及

ばないとしても、劣ってはいないのだ。私はそれで十分だ。私はミロン(11)にはなれないだろうが、それでも身体をおろそかにはしない。私はクロイソス(12)ほど金持ちではないが、それでも財産をおろそかにはしない。要するに、ほかの心を配ることでもそうだが、最高のものに到達することはできないからといって、捨てて顧みないようなことはないのだ。

第三章　神が人間の父であるということから、どのようなことが結果するのか

もし人が、われわれはもともとすべて神から生まれ、神は人間と神々の父である[1]という考えにしかるべく同調することができるならば、自分自身についてけっして卑しくへりくだった見方をすることはないと思われる。しかし、もし皇帝が君を養子にするならば、君が得意になっているのにだれも耐えることができないだろう。だが、もし君がゼウスの子であることがわかったとしたら、得意になったりしないだろうか。実際には、得意になったりはしない。むしろ、われわれの生まれつきには次の二つのもの、すなわち動物と共通である身体と、神々と共通である理性や判断力が混ぜ合わされているのであるから、この不幸な死せる同族性のほうに傾く人びともいるが、少数の者は神的で幸福なる同族性に傾いている。ところで、すべての人はだれでもひとつひとつの物事を、それについて自分が考えるように扱わざるをえないから、誠実で慎みをもって心像を確

実に用いるように生まれていると自認する少数の人びとは、自分自身についてとるに足らぬとか卑しいとかいう考えを抱くことはけっしてないが、多くの人びとはその反対である。彼らは「では、私は何なのか。みじめで矮小なる人間だ」とか「私の哀(あわ)れな肉の塊」などと言っている。たしかに哀れだが、それでもその肉の塊よりも優れたものを君はもっている。そうすると、どうしてその貴重なものを放っておいて、そんなつまらないものに執着しているのか。

　この動物との同族性のために、ある人たちはオオカミに似て、不誠実で策謀をめぐらし有害な人間となり、ある人たちはライオンに似て、粗野で獰猛(どうもう)で教化されることがないが、われわれのうちの大部分の人はキツネとなって、言わば動物の中の不幸者になるのだ。キツネ以外では、ほかの何が人を中傷する性悪のものだろうか。ほかの何がもっと不幸でつまらないものだろうか。だから、君たちはこのような不幸な人間にならないように、よくよく気をつけなさい。

第四章　進歩について

1 哲学者たちから、「欲求すべきものは善であり、忌避すべきものは悪である」ことを学び、さらに「円滑でものに動じない生は、求めて得そこなわず、忌避して避けそこなわないこと以外には、人間によって獲得できるものではない」ということを学んだうえで進歩する人は、そもそも欲求をことごとく取り除いてしまうか、これを後まわしにして、意志に関わるものだけを忌避する。2 なぜなら、意志に関わらないものを忌避するようなことがあれば、いつか自分の忌避したいもので間違いを犯し、不幸になることを知っているからである。3 だがもし徳が、幸福で物事に動じない順調な生を約束するものであるならば、徳への進歩は間違いなくこれらの状態への進歩でもある。4 なぜなら、そもそもなにかの完成がどこへ向かって導くのであれ、進歩はいつもそれに向かって近づいていくことであるからだ。

5 そうすると、どうしてわれわれは、徳がこのような性質のものであることに同意していながら、進歩をほかのものに求めたり、示したりするのであろうか。徳の働きは何であろうか。順調な生だ。それでは、誰が進歩するのか。クリュシッポス[1]の論文をたくさん読んだ人なのか。まさか徳とはクリュシッポスを理解したことだ、と言うのではないだろうね。もしそうだとしたら、つまるところ進歩とはクリュシッポスの論文をたくさん理解したことにほかならないことになってしまうだろう。だが実際は、われわれは徳がなにかを作り出すことを認めるが、徳に接近し進歩するのはこれとは別のことであると主張しているのだ。

「だれそれはもう自分ひとりでクリュシッポスを読むことができます」とある人が言った。

神々に誓って、それは結構なことだ。君は進歩しているよ。なんという進歩だろう。

「どうしてこの人をからかうのですか」

だが、君はどうして彼が自分の悪いところに気づかないようにするのかね。君はどこに進歩を求めるべきかが分かるように、徳のもつ働きを示してやろうとしないのか。情けない人だね、君がすべき仕事があるところに進歩を求めるのだ。しかし、君の仕事はどこにあるのか。第一に、欲求と忌避の中にある。これは欲求の対象を得そこなったり避けそこなったりしないためである。第二に、衝動と反発の中にある。これは過(あやま)たないようにするためである。第三に、提示(2)と判断の保留の中にある。これは欺かれないようにするためである。(3) そして、第一の領域が一番重要で必要なものである。だが、もし君が避けそこなわないようにするときに、震えたり、悲しんだりしていては、どうして進歩するだろうか。

それでは、この領域における君の進歩を私にみせてくれたまえ。例えば、運動競技の選手を相手に、「君の肩を私にみせてくれたまえ」と私が言って、次にその男が「俺の亜鈴(あれい)(4)をみればよかろう」と答えたとしよう。君や亜鈴などどうでもよくって、私がみたいのはその亜鈴が生みだした結果なのだよ。

「『衝動について』(5)という論文を取り上げてください。私がどれほどこの論文を読んだかみてください」

馬鹿だね、私はそんなことを求めているのではなくて、君がどんなふうに衝動を感じたり嫌悪を抱いたりしているか、どんなふうに欲求したり忌避したりしているか、どんなふうに意欲し、提示し、準備しているか、つまり自然と協調しているかそうでないかをみたいのだ。もし協調しているのであれば、私にそれをみせてくれたまえ。またもし協調していなければ、去るがよい。そして、その本を解釈するだけでなく、自分でそのようなものを書けばよいのだ。それは君にとってどんな利益があるのか。その本が全部で五デナリウス(6)するのを知らないのかね。そうすると、それを解釈する人は五デナリウス以上の価値がある、と思うのかね。そういうわけで、仕事を一方に探しながら、進歩を別のところに探すようなことがあってはならないのだ。

それでは、進歩はどこにあるのか。君たちのうちのだれかが外的なものから離れ、自分の意志のほうに向かって、意志が自然と協調するようにこれを開拓し完成させ、気高く、自由で、妨げられるものもなく、邪魔もされず、誠実で、控えめなものになるとする。また、自分の力の及ばないものを求めたり避けたりする人は、誠実でなく自由でもありえず、動揺してそれらのものと一緒に必ず自分も翻弄され、それらのものをあたえたり奪ったりできるほかの人びとに屈服しなければならなくなることを学んだとする。さらに、以上のことを留意し遵守しながら朝早く起き、これに忠実な者として風呂に入り、慎みある者として食事をして、日常にその都度おこなうどんなことでも、ちょうど競走者が走ることに、歌の教師が歌うことに努力を重ねるように、なすべき主要な事柄において努力を怠らないとする。以上のような条件が満たされれば、その人こそ本当に進歩している人であり、その人こそ無駄に旅をしてきたのではないことになる。

しかし、読書のことで張り切り、骨をおって、そのために旅をするのであれば、その人に言いたい。即刻家に帰って、家のことをゆるがせにしないように。そのような旅の目的は無に等しいからだ。旅の目的はむしろ、自分の人生から苦しみや悲しみを、「ああ！」とか「みじめな私」とかいう嘆き、不運や不幸を取り除き、死とは何か、追放とは何か、牢獄とは何か、毒ニンジン(7)とは何かを学んで、牢獄において「親愛なるクリトン、それが神々のお気に召すことであるならば、そのようになるがいい(8)」と言うことができるようになるためであって、「みじめな私、そのために老人になり、頭が白くなってしまった」などと言うためではないのだ。誰がそんな目的のことを言っているのか。私が君たちに無名のつまらない人間のことを話していると思っているのか。プリアモスが言っていることではないのか。オイディプスが言っていることではないのか(9)。いや、どれほど多くの王たちが言っていることか。悲劇というのは、外的なことに驚嘆している人びとの苦難が、韻律によって表現されたものにほかならないからだ。もし人が悲劇によって欺かれて、外的で意志に関わらないことはなにひとつとしてわれわれと関わりのないものだということを学ぶべきだとしたら、私のほうはそんなふうに欺かれて、順調で平静なる生を送りたいものだが、君たちが何を求めるかは自分で考えてみることだ。

ところで、クリュシッポスはわれわれに何をあたえてくれるだろうか。彼はこう言っている。「順調な生と不動の心を生み出すものが偽りではないことを知るために、私のすべての本を手にとりなさい。そうすれば、私の心を不動にするものが真実のものであり、自然と調和したものであることを知るであろう[10]」。道を示してくれるとはなんとすばらしい好運なんだろう。なんとすばらしい[11]恩人なんだろう。トリプトレモス[12]に対してはすべての人びとが、われわれに耕作された穀物をあたえてくれたというわけで、神社と祭壇を建造した。それなのに、真理を、すなわちただ生きるのではなく、善く生きる[13]ための真理を発見し、解明し、万人にもたらした人に対しては、君たちのうちの誰がこの人のために祭壇とか彫像とかを建立するとか、あるいはそのために神を崇めたりしているだろうか。ブドウの木や小麦をあたえてくれたという理由で、われわれは犠牲を捧げるのに、人間の精神にこのような果実を作り、それによって幸福に関する真理をわれわれに示そうとしてくれたのに、そのために神に感謝しないのであろうか。

第五章　アカデメイア派[1]に対して

1　もし人があまりにも自明なことに異議を唱えるならば、この人に対して、考えを改めさせるような道理をみつけることは容易ではない、とエピクテトスは言っている。2　こんなことが起きるのは、その人の能力のせいでもその人に教える人が微力であるせいでもないが、議論にとらわれて石のように固くなってしまった場合には、なお人はこの人を道理によってどのように扱えばいいだろうか。

3　石のようになるのには二種類のものがある。ひとつはものの理解において石のようになる場合であり、もうひとつは恥ずかしいと思う気持ちからそのようになる場合で、人が明白なことなのに頑固に同意しないとか、論争をやめないとかいうようなときである。4　身体が衰えることについては、多くの人びとが恐れ、そのようなことがないようにあらゆる手段を講じるが、魂が衰えることについては、われわれは少しも気にかけないでいる。5　ゼウスに誓って言うが[2]、魂そのものに関しても、議論に少しもついていけず、なにひとつ理解していない状態にあるときには、この人は悪い状態にあるとわれわれは考えるけれども、恥を知り慎みを感じる気持ちが衰えるようなときには、われわれはまだこれを性格の強さと呼んでいるのである。

君は目を覚ましていることを確信しているか(3)。

「いいえ」と彼は答えた、「なぜなら、夢の中で、自分が目を覚ましているという心像をもつときがあって、そんな場合は確信しているわけではありませんから」

そうすると、睡眠時の心像は目覚めているときの心像と少しも違わないわけだね。

「少しも違いません」

私はまだこの人と問答をするのだろうか。自分が死人のようになっていることに気づかせるために、この人にどんなお灸をすえ、どんな鍼(はり)を打ったものだろうか。いや気づいているのだが、そうでないふりをしているのだ。死体よりもまだひどいのだ。死体は自分の矛盾が分からず、ひどい状態にある。この人は分かっていても感動もしないし、進歩もしない。もっと哀れな状態にあるわけだ。この人の慎みや恥を知る心は取り除かれており、理性的な部分は取り除かれはしないが、野生の状態におかれている。これを性格の強さと呼んだものだろうか。とんでもないことだ。公の場で心に浮かぶものならなんでもしたり言ったりするような好色家のたくましさを性格の強さと言うのでなければね。

第六章　摂理について

もし人が自分自身の中に次の二つのもの、すなわち各人に起きたことの全体をみる能力とこれに感謝する能力をもち合わせているのであれば、宇宙の中の出来事のひとつひとつから摂理を讃えることは容易である。もしそうでなければ、起きたことの有用性はみえないか、みえるとしてもこれらに感謝しないかのどちらかであろう。 1 2

もし神が色を創っても、それらをみる視覚能力を創らなかったとすれば、何の役に立つであろうか。 3

「何の役にも立ちません」

しかし逆に、神は視覚能力を創ったが、存在する事物を視覚能力に印象をあたえるようなものにしなかったならば、そうした場合には何の役に立つであろうか。 4

「何の役にも立ちません」

それでは、それら二つのものを創っても、光を創らなかったらどうだろうか。 5

「その場合も役に立たないでしょう」

そうすると、視覚能力を色に、色を視覚能力に適合させたものは誰だろうか。短剣を鞘に、鞘を短剣に合うようにしたものは誰だろうか。誰でもないのか。さらに、作品の場合には完成されたものの構造そのものから、これは疑いなく技術に優れた人の仕事であって、でたらめにこしらえられたものではない、と普通われわれは言っている。これらの作品のひとつひとつはそれを作った技術者を示しているが、目に見えるものや視覚や光は示さないのだろうか。男と女と両者が交合しようとする欲求とそのために作られた生殖器を用いる能力、これらのものも技術者を示していないだろうか。いや、これらは示しているのだが、精神の精巧な仕組みによって、事はより明らかになる。われわれは感覚的対象に出会ったときに、それらから単に印象を受けるだけでなく、なにかを取り出したり、取り去ったり、つけ加えたり、これらによってなにかを総合したり、さらにゼウスに誓って、なにかこのようにして並置されたもののあるものから別のものに移行したりするが、こうした事実もある人びとの心を動かし、技術者〔神〕を排除しようとするのを翻意させるのに十分ではないだろうか。そうでないとしたら、それらのひとつひとつを創り出すものは何であるのか、かくも驚くべき、技術を要するものがどうしてでたらめに偶然によって生じるのか、われわれに説明してもらいたいものだ。

それではどうだろうか。これらのことはわれわれにだけ生じるものだろうか。その多 12
くはもっぱら理性的動物だけが必要とするものではあるが、しかし非理性的動物にもわ
れわれと共通なものが多いことを君は見出すだろう。そうすると、非理性的動物も生じ 13
ていることを理解しているのだろうか。けっしてそうではない。使用と理解とは別のも
のだからだ。神は心像を使用するものとして非理性的動物を必要としたが、その使用を
理解するものとしてわれわれを必要としたのだ。したがって、非理性的動物にとっては 14
食べたり、飲んだり、休んだり、交尾したり、その他これらの動物のそれぞれがやって
いることだけで十分であるが、理解能力をあたえられたわれわれには、それだけではも 15
はや十分ではなく、適切で秩序よく、それぞれの自然本性と素質にしたがって行動する
のでなければ、もはや自分自身の目的に到達することはできないだろう。なぜなら、そ 16
の素質が異なれば、その働きも目的も異なるからである。だから、その素質が使用だけ 17
であるものには、どのように使用してもそれで十分であるが、使用に加えて理解力のあ
るものには、適切な使用がそれに加わるのでなければ、けっして目的には到達できない
だろう。それではどうだろうか。神は動物のそれぞれを、あるものは食用に、あるもの 18

は農耕に奉仕するために、あるものはチーズを作るために、ほかのものはほかの類似した使用のために創ったのだ。そのような目的のために、心像を理解したり、それらを判別したりすることができることは必要があるのだろうか。神は人間を神とその業（わざ）を観想する者として導入したのである。しかも、ただ観想する者としてだけでなく、その業を解釈する者として導入したのである。したがって、非理性的動物がしているようなことに終始するのは人間にとって恥ずべきことであり、むしろそこから始めても、自然がわれわれについて終わらせたところで終わるべきなのである。自然は観想、理解、自然と調和した生きかたで終わらせたのだ。だから、君たちはその業を観想しない者として命を終えることのないように注意するがよい。

しかし、君たちはペイディアス(1)の作品をみるためにオリュンピアまで旅をして、それをみることなく死ぬならばみな不幸だと考えている。しかし、旅をする必要もなく、君たちがいて(2)、ゼウスがその作品の側にいるのであれば、それを観（み）たり、理解したりすることを欲しないだろうか。それならば、君たちが誰であり、何のために生まれ、何のために観るという能力を授かったのかということに気づくべきではないのか。

「だけど、人生にはなにかと不愉快なことや困難なことが起こりますね」

オリュンピアでは起こりはしないのか。暑さに苦しむことはないのか。混雑に巻き込まれることはないのか。風呂の加減が悪いことはないのか。雨が降って、ずぶ濡れになることはないのか。騒音や叫び声やほかの困難に苦しむことはないのか。しかし、こんなことはすべてあの観るに値するものと比較すれば、君たちは我慢し辛抱することと思う。さあ、君たちはあらゆる困難に耐えるだけの能力を授かっているのではないか。大きな心を授かっているのではないか。勇気を授かっているのではないか。忍耐力を授かっているのではないか。そして、私が大きな心をもっているのであれば、何が起ころうとも、どうしてなおも気にかけたりするだろうか。何が私を混乱させたり狼狽させたりするだろうか。あるいは、何が苦しいと思わせるだろうか。能力をそのために授かった目的に用いることなく、起こってくるさまざまなことのために苦しんだり嘆いたりするだろうか。

「それはそうです。だけど、鼻水が流れるんですよ」

それでは、何のために手をもっているのか。ねえ君、それを拭きとるためではないのか。

「すると、この世界において鼻水が出るようなことがあるのは道理にかなったことですか」

君が嘆くよりも拭きとるほうがどれほど勝っていることだろう。それとも、ヘラクレスはどうなっていたと思うのかね。もしも彼が駆逐し滅ぼしたようなライオンやヒュドラや鹿や猪や、不正で野獣のような人間がいなかったとしたら。(3) このようなものがいなかったとしたら、ヘラクレスは何をしていただろうか。毛布にくるまって眠っていたに違いあるまい。そうすると、まず第一に、このように平穏無事で生涯にわたって居眠りを続けていたとすれば、ヘラクレスにはなっていなかっただろう。また、かりにヘラクレスになっていたとしても、彼にはどんな善いところがあっただろうか。彼の両腕もその他の力も気高さも、このような危機や場面が奮起させて、彼を鍛えるのでなかったとしたら、何の役に立っただろうか。

「では、どうなのですか。そうした力が自分にそなわるようにして、ライオンや猪やヒュドラを自分の国に連れてくるようにすべきだったのでしょうか」

それは馬鹿げているし、気違いじみてもいる。しかし、そのような野獣がいて、みつかったものだから、ヘラクレスであるところをみせたり鍛えたりするのに役立ったのである。

さあそれでは、君も以上のことに気づいたのであれば、自分のもっている能力に目を

32 33 34 35 36 37

向けて、目を向けたうえでこう言うのだ。「さあゼウスよ、あなたが好む困難をあたえてください。私にはあなたから授かった力があり、起きた出来事によって栄誉を得るための手段ももっておりますから」。[38] だが、実際はそうでないのだ。君たちはただ座って、なにか起こりはしないかとおののいたり、起きたことに涙を流したり、苦しんだり、嘆いたりしているのだ。[39] 次には神々を非難したりする。このような卑しい態度から結果するのは、不敬虔でなくて何であろうか。[40] けれども、神はあらゆる出来事を耐え忍び、それによっていじけたり打ち砕かれたりしないようにする能力をわれわれにあたえただけでなく、善き王にして父[4]が真に所有するもの[5]を、妨げられないもの、制限されないもの、邪魔されないものとしてあたえ、その全体をわれわれの力の及ぶものとして、これに対して妨げたり邪魔したりするような権能を神自身にも残すようなことはしなかったのだ。[41] これらの自由な力を君たちは自身のものとしてもっていながら、君たちはそれらを用いもしなければ、何を授かり誰から授かったのかに気づくこともなく、嘆いたり悲しんだりしながら、座っているのだ。[42] ある人たちは、あたえてくれた方に対して盲目であり、恩人として認めることもなく、またある人たちは、心の卑しさのせいで神を非難し不平を言うありさまだ。[43] とはいえ、君には高邁と勇気とをもつための力と素質があることを、私は君に示してあげよう。君のほうは、非難することや不平を言うためにどのような力をもっているのか、私に示してくれたまえ。

第七章　転換論法、仮定論法、および同類のものの使用について

転換論法[1]、仮定論法、さらに質問を試みる議論や、端的に言ってあらゆるこの種の議論は、大衆には気づかれていないが、ふさわしい行為〔義務〕[2]に関わるものである。なぜなら、われわれはあらゆる問題について、知徳をそなえた人[3]ならばどうやってその問題におけるふさわしい道筋や態度を見出すことができるかを探求しているからだ。だから、優れた人[4]は問答に関わることはないだろうとか、あるいは問答するにあたっても、でたらめで、行き当たりばったりのことをしないように用心することはないだろうとかいったことは、大衆に言わせておこう。あるいは、大衆がそのどちらも認めることはないにしても、問答が関わるこれらの領域についてなんらかの考察をせねばならないことに同意せねばならない。

議論においては、どのようなことが約束されているのか。それは真なるものを確立し、

偽なるものを排除し、不明なものに関しては断定を避けるということだ。それでは、それは学ぶだけで十分なのか。

「十分です」とある人が言った。

それでは、貨幣の使用を間違いたくない者は、このこと、つまりどうして正規のドラクマ貨幣(5)は受け取るが、贋のものは受け取らないのかを聞くだけで十分ではないのか。

「十分ではありません」

そうすると、これに加えて何を手に入れねばならないのか。それは正規のドラクマと贋のドラクマを吟味し判別する能力以外のものだろうか。それでは議論においても、言われたことを聞くだけではなく、真なるものと偽なるものと不明なものを吟味し判別するようにならなければならないわけだ。

「そうでなければなりません」

議論ではほかにはどんなことが求められるのか。

「君によって正しく認められた帰結を受け入れるようにすることです」

それではこの場合も、それを知るだけで十分なのか。

「いいえ十分ではなく、むしろどのようにしてあることからあることが帰結するのか、時にはひとつのことがひとつのことから帰結し、時には複数のことから共通に帰結するのかを学ぶ必要があります」

11 そうするとこれもさらに獲得しなければならないのではないか。議論においてもの分かりよくふるまって、自分で提出したものはどれでもみずから論証し、他人が論証したものについてはこれを理解し、あたかも論証しているかのように詭弁を弄する人に欺かれないようにする人であればね。12 そうするとわれわれには、結論を引き出す議論や様式についての作業や訓練があるわけで、しかも必要不可欠でもあるわけだ。

13 けれども、われわれが正しいと認めた前提があって、そこから帰結することがあるのだが、それが虚偽のものであり、にもかかわらずそのように帰結するような場合がある。14 その場合はどのようにするのがふさわしいのか。虚偽を受け入れることだろうか。15 どうしてそんなことが可能だろうか。むしろ、「私は同意された前提を認めたのは正しくなかった」と言うべきだろうか。しかし、これは許されない。「認められたことからそのようなことは帰結しない」と言うべきか。しかし、これも許されないのだ。16 それでは、このような場合にはどのようにすべきなのか。まだ借金をしているためには、金を借りたということでは十分でなく、さらにこれに加えて、これを返済することなく借りた状態のままでいなければならないが、これと同様に、帰結を受け入れなければならないとするためには、前提を認めたということでは十分ではなく、さらに前提を受け入れた状態のままでいなければならない(6)。実際のところ、その前提が最後まで認められたままとどまっているならば、どうしてもわれわれは認めたことに踏みとどまって、そこから生じる帰結を受け入れざるをえないことになる。〔だが前提が認められたままとどまっているのでないならば、われわれは認めたことを放棄して、それとは合わないことのほうを認めざるをえないのだ(7)。〕なぜなら、その前提の承認を放棄したからには、その帰結はわれわれのものではないし、われわれには結果しないからだ。したがって、われわれはこのような前提について、特に前提のこの種の変化や転換について研究せねばならないことになる。これによってまさに問答や推論やその他この種のものにおいて、前提が意味の転換を受けると、帰結するものに目を向けようとしない愚かな人びとに、当惑するきっかけをあたえることになる。それは何のためだろうか。この領域においてわれわれが義務に反して、でたらめに、あるいは混乱して行動することがないようにするためだ。

また、仮定や仮定論法についても同様である。というのは、仮定をそれに続く議論の

23 ための言わば踏み台として措定することが必要になるからである。そうすると、あたえられた仮定はすべて認めるべきなのか、それともすべてではないのだろうか。そして、すべてではないとすれば、どんな仮定を認めるべきなのか。〔何についての考察であるのか。24 義務についてだ。[8]〕また、いったん仮定を認めた以上は、つねにそれを保持しつづけるべきなのか、それともそれを放棄せねばならない時もあって、その帰結だけを受け入れ、それと合致しない帰結は受け入れるべきではないのか。

「そのとおりです」

25 だが、「私は君に可能なことの仮定を受け入れさせて、そこから不可能なことに導いてやるぞ」と言う人がいる。思慮のある人ならこんな輩はとりあわずに、吟味や議論を 26 避けるだろうか。思慮のある人のほかに誰が言論を用い、問答に優れ、ゼウスに誓って 27 欺かれることなく、詭弁でだまされることがないであろうか。いやむしろ、この人を相手にするが、でたらめで行き当たりばったりの議論をして混乱することがないように、注意するのではないだろうか。そうでなければ、どうして彼がわれわれが想定している 28 ような思慮ある人であるだろうか。しかし、なにかこのような訓練と準備なしに、議論 29 の展開についていくことができるだろうか。彼らにできるところをみせてもらうがよい。

そうすれば、こんな考察はすべて余分なものとなる。つまり、それらは不合理であり、優れた人の先取観念[9]とも合っていなかったのだ。

どうしてなおもわれわれは怠惰で、軽薄であり、ぐずぐずしているのか。そして、口実を探して、その口実によって、苦労もしなければ、寝る間も惜しんで自分の理性を完成させることもしないのだろうか。 30

「こんなことで間違えたからといって、自分の父親を殺したというわけではないでしょう[10]」 31

愚か者め、今の場合に君に殺されるような父親などどこにいただろうか。すると君は何をしたというのだろうか。このような場合に犯しうる唯一の過失を君は犯したわけだ。

私もルフスにこれと同じことを言ったことがある。ある推論でひとつ省かれたものがあることに気づかなかった、と彼が非難したときに、私は「カピトリウムを焼いたようなものですね」と言った。すると、彼は「愚か者め、ここで省かれたのはまさにカピトリウムなのだ」と言った。それとも、カピトリウムを焼くとか、父親を殺すとかいうことだけが過失であり、でたらめでむなしく行き当たりばったりに自分の心像を用いたり、議論や証明や詭弁についていけなかったり、問答において自分の立場にしたがうもの、 32 33

したがわないものを端的に見定めることをしないようなことは、どれも過失ではないのだろうか。

第八章　能力は教育のない者には安全でないこと

[1] お互いに等しい意味をもった命題を変化させうる様式がある分だけ、それと同じ数の様式で、議論におけるさまざまな種類の攻撃的推論(1)と説得的推論(2)も変化させることができる。[2] 例えば、次のような様式を挙げてみよう。

もし金を借りて、返さなかったならば、君は私に借金をしている。

君は金を借りなかったし、返済もしなかった。だから、君は私に借金をしていない。

[3] そして、このような推論をするのに哲学者よりも適切な者はいない。説得的推論が不完全な推論(3)であるならば、完全な推論の訓練ができている哲学者は、不完全な推論にも十分な対応ができるだろうから。

[4] 「そうすると、どうしてわれわれはこんなふうに自分もお互いも訓練しないのでしょうか」

[5] 今のところは、これらについて訓練ができていないし、倫理的な問題に配慮すること

から少なくとも私が注意をそらしているわけでもないが、いずれにせよ善美なることに向けて少しもわれわれが進歩していないからだよ。

だから、もしわれわれがこの仕事にもたずさわるならば、どんなことを想定すべきだろうか。とりわけ、もっと必要な事柄から引き離す仕事になるだけでなく、自惚れや虚栄に陥る少なからざるきっかけにもなるだろう。なぜなら、攻撃的推論とその説得力は強力であり、特に十分な訓練をして、言葉で見事に飾られているような場合はそうであるからだ。概してあらゆる能力は教育がなく力が弱い人がもつと、それによって自惚れ尊大になってしまう怖れがあるのだ。ではさらにどのような手段を講じれば、人はこれらに長じた若者に対して、自分がそれらのものに付随するものではなく、それらが自分に付随するものになるべきだ、と説得することができるだろうか。しかし、その若者はこんな言葉などことごとく一蹴して、思い上がり得意満面で歩き回って、だれかが何が欠けていて、どこで道を間違えたかを指摘しても、そんな言葉には我慢できないのではないだろうか。

「でもどうなんですか。プラトンは哲学者ではなかったのですか(4)」

ヒッポクラテスは医者ではなかっただろうか。しかし、ヒッポクラテスがどんな話しかたをするかはごらんのとおりだ。ヒッポクラテスがそのような巧みな話しかたをするのは、医者としてではあるまいね。どうして君は同じ人間においてたまたま結びついた事柄を混同したりするのか。もしもプラトンが美しく強い人であったとしたら、ひとりの哲学者が美しく、同時にまた哲学者であったという理由で、私もこうしたことが哲学には必要なんだと考えて、美しく、また強くあるように努力しなければならないのだろうか。人間がどのような点において哲学者であり、何が彼らにたまたま付随しているのかを君は認識し、判別しようとしないのか。さあ聞くが、私が哲学者であるとすれば、君たちもまた足が不自由でなければならないのだろうか。私がそれらの能力を軽んじているだって。そんなことはないよ。視覚を軽んじたりはしないからね。けれども、もし私に人間の善とは何であるのかと尋ねるならば、ある性質の意志だと君に答えるほかはないのだ。

12 13 14 15 16

第九章　われわれが神と同族であることから、人はどのような結論に到達するのか

神と人間との同族関係について哲学者らによって語られることが本当だとすると、ソクラテスが言ったことよりほかに、人間にとって何が残されているだろうか。彼は、どこの人かと尋ねた人に対して、アテナイ人だとかコリントス人[1]だとかけっして言わないで、むしろ世界市民[2]だと答えたのだ。どうして君は自分のことをアテナイ人だと言うけれども、君のちっぽけな体が産み落とされたあの片隅の者にすぎないと言わないのか。あるいはむしろ、あの片隅だけでなく君の全家族、要するに君に至るまで君の先祖の一族が生まれ出て、そこから君が[3]自分をアテナイ人とかコリントス人とか呼んでいる場所をも包括した、より優れたものからであることは明らかなのか。だから、宇宙の支配のさまを理解して、あらゆるもののなかで最大にして、最も優れ、最も包括的なものは、人間と神とを統合したもの[4]であり、神から種子が落ちてきて、私の父や祖父ばかりでな

1　2　3　4

く、地上に生まれ、生え出たありとあらゆるものの中に、とりわけ理性的な存在の中に[5]入ってきたことを――なぜなら、自然本性においてそれらだけが、理性を通じて結びつ[6]くことによって、神と共同しているのであるから――学んだ者は、どうして自分のことを世界市民と言わないのだろうか。どうして神の子と言わないのだろうか。また、どう[7]して世間で起きているようなことを恐れたりするのだろうか。皇帝やそのほかローマで大きな権力をふるっている人と同族関係にあることから、安全に暮らし、蔑まれることもなく、どんなことも恐れずにいることができるというのに、神を創造主として、父として、また守護者としてもつことは、われわれから苦痛や恐怖を取り除いてくれるのではないだろうか。

[8]「でも、どうやって私は食っていけるでしょうか。なにもないのに」とある人が言った。

奴隷はどうするかね。逃亡した奴隷はどうするかね。彼らは主人のところから去って、何を頼るのかね。田畑だろうか、召使いだろうか、銀の食器だろうか。そのどれでもなく、自分自身を頼るのだ。それでも、食べ物が彼らを見捨てることはないのだ。だが、[9]われわれ哲学する者が旅立つときには、他人に頼ったり、当てにしたりせねばならず、自分で自分のことを気にかけたりするのではないのだろうか。そして、理性のない動物はそれぞれが自分で自分に満足して、自分たちの定まった食べ物やふさわしい自然本来の生き方に困ることはないというのに、われわれはこれらの動物よりも劣って惨めでなければならないのだろうか。

10　私が思うに、この老人[5]がここに座っていなければならないのは、君たちがつまらぬことを考えたり、自分自身についてつまらない卑劣な議論をしたりしないようにするためではない。11　むしろ君たちの中に、神々との同族性に気づき、肉体とその所有するものが、そしてそれらを維持するために家政や日々の暮らしにおいて必要となるものがわれわれを束縛するものであることを知って、それらを面倒で厄介で無用なものとして放棄し、同族のものたちのところに帰ろう[6]と考えるような若者たちが現れないようにするためなのだ。

12　そして、君たちの教師や教育係は――本当にそんな人がいるとしての話だが――、このような戦いをこそ戦わねばならないのであるが、君たちのほうは自分からこの人のところにやって来て、こう言うことだろう。「エピクテトス、われわれはこの小さな肉体に縛られ、これに食わせたり、飲ませたり、休息させたり、洗い清めたり、さらにはこれをここかしこへ持ち歩くのには、もう我慢ができないのです。それらは善悪と関係のないものであり(7)、死といえどもわれわれにとってけっして悪ではないじゃないですか。そして、われわれは神と同族のものであり、そこから来たのではありませんか。われわれを自由にして、そこから来たもとのところへ返してください。われわれを自由にして、われわれと結びついて重荷になっているこの束縛から解放してください。この世には盗賊も泥棒もいれば、裁判所もあるし、われわれに対する権力をもっていると考えている暴君たちもいますが、それもこの小さな肉体とその所有物のためなのです。われわれを自由にして、彼らがなんの権力ももっていないのだということを教えてやってください」。これに対して、次のように言うのが私の務(つと)めである。「諸君、神をお待ちするのだ。神が合図(8)して、君たちをこの奉仕から解放してくれるとき、その時にこそ神のところへ立ち去るがいい。だが、現在のところは我慢して、神が君たちを配置したその場所に留まっているのがいいのだ。まことにこの世の生に留まる時間は短く、このような考えの者なら耐えやすい。なぜなら、肉体とその所有するものを無価値だと悟った人にとって、どのような暴君が、どのような泥棒が、どのような法廷がなお恐ろしいものであるだろうか。待つのだ、そして軽率にこの世から去ることがあってはならないのだ」

素質のよい若者たちに対する教育者の態度は、以上のようなものでなければならない。だが、現実には何が起きているのか。教育者も屍（しかばね）なら、君たちも屍だ。今日たらふく食べると、明日はどうやって食べようかと思い悩みながら座っている。愚かな人だ。手に入るなら、それを得て、手に入らなければ、立ち去るまでだ。ドアは開いているのだ[9]。何を嘆いているのか。まだ涙する余地はどこにあるだろうか。どんなわけがあって、まだおべっかを使ったりしているのか。どうして互いに妬みあうのだろうか。どうしてたくさんのものを所有している人間、権力を握っている人間には、とりわけ彼らの力が強くて怒りっぽいようなときは、敬服したりするのか。彼らはわれわれに対して何ができるだろうか。彼らにできることには、われわれは意に介しないし、われわれが心にかけていることについては、彼らはなにもできないのだ。そうすると、このような心の状態にある人を誰がなお支配できるだろうか。ソクラテスはこれに関してどのような態度をとろうとしていたのか。自分が神々と同族であることを確信した人がとるべき態度よりほかに、どんな態度があっただろうか。彼は次のように語っている。「諸君が私に、「われわれは君を放免することにしよう。ただし、今まで君がやっていた議論をもうやめて、青年や老人を悩ますことをしないという条件つきだ」と言うとすれば、私はこれに対して答えよう。「もし諸君の将軍が私をある部署に配置したとするならば、私はこれを守り監視して、持ち場を放棄するよりは何度でも死ぬことを選ばねばならないというのに、もし神が私にある場所と生きかたを定めた場合には、われわれはこれを放棄せねばならないと諸君が主張するとしたら、これは滑稽なことになるだろう」と(10)。これこそ真の 25 26 意味で神々と同族関係にある人間というものだ。ところが、われわれは恐怖や欲求を抱いたりするものだから、自分のことを胃とか腸とか陰部とかとして考えているわけだ。つまり、こうした部位に協力をして頂ける人たちにはおべっかを使い、また同じ人たちを恐れもしているわけだ。

　ある人が私に自分のためにローマへ手紙を書いてほしいと頼んできたことがあった。27 世間では不運な人(11)と思われていて、以前には著名で裕福であったが、後にはすべてを蕩尽してこの地で暮らしていたからである。それで私も謙虚な気持ちで彼のために手紙を書いたわけだが、彼はその手紙を読むと、それをつき返してこう言ったのだ。「私は君 28 に手助けをしてもらいたかったが、憐れんでほしかったわけではない。私には不幸なことなどなにもないのだ(12)」

　ルフスも同様に、私を試そうとよくこう言ったものだ。「お前の主人(13)のせいで、あれ 29

やこれやといろんなことが起きるだろうね」。それで、私が彼に対して「世間ではよくあることですよ」と答えると、ルフスは「それでは、君から同じ結果を得ることができるなら[14]、あえてお前の主人にお願いしておくことはなにもないね」と言ったのだ。というのは、実際のところ、人が自分の力で得られるものを他人から受け取るのは、余計なことであり、無駄なことだからだ。私は自分の力で高邁で気高い気持ちになることができるのに、君から土地や金銭や官職をもらったりするだろうか。とんでもないことだ。私は自分の所有するものについてはそれほど無感覚な人間ではないだろう。だが、臆病でいくじのない人がいれば、あたかも死体のためにお願いするように、この人のために手紙を書いてやるほかはないのだ。「どうかこれこれの死体と一クセステース[15]の血液をお恵みください」とね[16]。実際のところ、こんな人間は死体であり一クセステースの血液であって、それ以外のなにものでもないのだ。だが、もしそれ以上のものであるならば、ある人が別の人によって不幸になることはないと分かったであろう。

第一〇章 ローマで立身出世のために忙しかった人びとへ

もしわれわれが自分自身の仕事[1]について、ローマの元老たちがあくせくしていることと同じほど熱意をこめて携（たずさ）わるならば、おそらく自分でもなにがしかのことをやり遂げることだろう。私は私よりも年上で、今はローマで穀物の管理をしている人が、追放からの帰途、この地に立ち寄ったときに、私にどんなことを言ったか憶（おぼ）えている。この人は自分のこれまでの生涯を回顧して、将来のことに関しては、帰国した後の残された人生をひたすら静かに、平安に暮らすことを誓ったものだった。「だって、私にあとどれだけの時間が残っているというのか」

そして私は彼に、「いやそうはなるまい。君はローマの匂いを嗅（か）いだだけで、そんなことはすべて忘れてしまうだろう」と言った。もし宮廷に進む通路があたえられているならば、喜んで神に感謝してまっしぐらに進んでいくだろう、ともつけ加えた。すると彼はこう言ったのだ。「エピクテトス、もし私が一歩でも宮廷に足を踏み入れるところをみたときは、お好きなように考えたまえ」。それで、その時彼は何をしたのか。ローマに帰還する前に、彼のところに皇帝からの手紙が届いた。彼はそれを受け取ると、先に言っていたことはなにもかも忘れて、その後は次々と重荷を背負い込んだのだ。今は彼のところへ行って、この地に立ち寄ったときに自分が言っていたことを思い出させて、こう言ってやりたいものだ。「私は君よりもずっとよく当たる占い師だよ」

　そうするとどうなのか。私は人間が実践的でない動物だと言っているのだろうか。とんでもない。どうして[2]われわれが実践しないことがあるだろうか。夜が明けるとすぐに、私は読むべき[3]本のことを少し思い出す。次に、私自身に向かって、「だれそれがどんなふうに読むかは、私にとってどんな関わりがあるのか[4]。まずは眠ることだ」と言う。

　しかし、元老たちがやっていることと、われわれがしていることにどんな類似があるだろうか。彼らがやっていることを知れば、君たちも分かるだろう。彼らは終日、わずかな穀物やわずかな土地について、そのような仕事の進捗について、決定したり、ともに協議したり、相談したりすること以外に何をしているだろうか。とすると、だれかから「どうかわずかな穀物を輸出することをお許し願います」という嘆願書を受け取って読むのと、「どうかクリュシッポスのもとで、宇宙の支配とはどのようなものか、理性的な動物は宇宙においてどのような位置を占めるのかを研究することを、また君が何者で、君の善と悪はどんな性質のものかを研究することをお許し願います」という嘆願書を読むのとでは似ているところがあるだろうか。両者は似たことだろうか。同じように真剣におこなう必要のあるものだろうか。両者に対して同じように無関心であることは恥ずべきことだろうか。どうなのか。われわれだけが無頓着で寝ぼけているのだろうか。いやむしろ、君たち若者のほうがずっとそうであるのだ。若者たちが遊んでいるのをみかけると、われわれ老人も仲間になってともに遊びたくなる。若者たちが目を覚まして熱心に励んでいるのをみると、自分でも懸命になってともに励もうという気になるのだ。

11 12 13

第一一章　愛情について

1 政府の高官のひとりがエピクテトスのところにやって来たとき、彼はその高官から個々についていろいろ聞いたあと、子供や奥さんがいるのかどうか尋ねた。その人がうなずくと、さらに生活ぶりはどうですかと問うた。

2 「みじめなものですよ」とその人が言った。

3 するとエピクテトスは言った。どうみじめなのですか。だって、みじめになるために人は結婚したり子供を作ったりするわけではないですからね。むしろ、幸せになるためでしょう。

4 「いや、子供についてはとてもみじめな思いをしました。最近私の娘が病気をして、命が危ないと思われたときに、私は病気の娘のそばにいることにとても耐えきれなくて、人が回復されましたよと知らせてくれるまで、家を飛び出して逃げてしまったのです」とその人が言った。

するとどうなのですか。そうするのが正しかったと思っているわけですね。

「自然なことでしょう」とその人が言った。

いいや、あなたの行動が自然だということを私に納得させてくれませんか。そうすれば、私はあなたに、およそ自然本性にしたがって生じたものは正しいものであることを納得させてあげましょう、とエピクテトスが言った。

「どんな人でも、あるいは少なくとも父親であればそんな気持ちになるものです」とその人は言った。

エピクテトスはこう言った。私もそういう気持ちにならないと言って、反対はしません。むしろ、われわれにとって議論の対象になるのは、それが正しいかどうかなのです。だって、その論法でいくと、体に潰瘍が生じるのはそれが善いからだと言わねばならないですし、端的に言えば、誤りを犯すということも、あらゆる人が、あるいは少なくともたいていの人が誤るというのは自然本性にかなったことだと言わなければならないですからね。だからあなたは、どうしてそれが自然本性にかなっているのかを私に説明してください。

「私にはできませんね。むしろ、あなたのほうで、それが自然本性にかなったことでなく、正しいことでもないことを説明してください」とその人が言った。

エピクテトスはこう言った。もし黒と白について議論している場合に、それらを識別するのに必要な基準となるものは何でしょうか。

「視覚ですね」とその人は言った。

では、熱いものと冷たいもの、硬いものと軟らかいものについて識別の基準となるものは、何になりますか。

「触覚ですね」

そうすると、自然本性にかなったもの、正しく生じていることや正しく生じていないことについて議論している場合、それらを識別するのに必要な基準となるものは、何だとあなたは思うのですか。

「よく分かりません」とその人は言った。

だけど、色や匂いやさらに味を識別する基準が分からなくても、たいして損失にはなりませんが、善や悪について、自然本性にかなったものと自然本性にかなっていないものについて、それらを識別する基準を知らないことは、その人にとってわずかな損失だとあなたは思いますか。

「いや、それは非常に大きな損失です」

さあそれでは、私に答えてください。ある人たちにとって善く、ふさわしいものだと思われているものはすべて、正しくそう思われているのでしょうか。今日、食事についてユダヤ人、シュリア人、エジプト人、ローマ人が思っていることが、すべて正しく思われている、というようなことは可能でしょうか。

「いや、とんでもないことです[1]」

すべてそうならざるをえませんね。もしエジプト人の考えが正しければ、ほかの人びとの考えは正しくないということになりますし、ユダヤ人の考えでよいということであれば、ほかの人びとの考えはよくないということになるわけです。

「もちろんです」

無知があるのは学びがないからであり、必要なことについて教育を受けていないからです。

「同感です」

エピクテトスは言った。このことが分かっているのであれば、あなたはほかのどんなことにも一生懸命になることなく、ほかのどんなことにも注意を向けることなく、もっぱら自然本性にかなったものの基準を学んで、それを用いて個別的な事柄を判断するようになるでしょう。

さしあたっては、あなたが願っていることについて私が援助できるのはこれくらいです。愛情というものは、自然本性にかなったものであり、善いものであると思いますか。

「もちろんです」

ではどうですか、愛情は自然本性にかなったものであり、善いものだが、理性的なものは善いものではないのでしょうか。

「けっしてそんなことはありません」

理性的なものが愛情と矛盾するようなことはないですね。

「矛盾しないと私は思います」

もし矛盾するものだとすると、矛盾するものの一方が自然本性にかなったものであれば、もう一方は自然本性に反することが必然ではないですか。あるいはそうではないですか。

「そのとおりです」とその人は言った。

そうすると、愛情があると同時に理性的でもあることが分かったものはなんでも、正しくかつ善いものであることを、われわれは臆することなく言明してよいのではないですか。

「そうすることにしましょう」

ではどうだろうか。小さな子供が病気をしているときに、これを見捨てて出ていって　20
しまうのは、理性的な行動ではないことを、あなたは否定しないだろうと思います。しかし、これが愛情のある行動であるかどうかが、われわれに残された考察だ。

「考察してみましょう」

それでは、小さな子供に対してあなたは愛情を抱いていたわけだから、逃げてその子　21
を見捨てたのは正しいことをしたことになりますか。母親はその子に愛情を感じていなかったのですか。

「愛情を感じていましたとも」

すると、彼女も見捨てるべきでしたか、それとも見捨てるべきではなかったのですか。　22

「見捨てるべきではなかったです」

では、乳母はどうですか。その子を可愛（かわい）がっていますか。

「可愛がっていますよ」

23 すると、彼女もその子を見捨てるべきだったのでしょうか。
「いや、けっしてそんなことはありません」

教育係はどうですか。その子を可愛がっていますか。

「可愛がります」

では、その教育係もその子を見捨てて出ていき、あげくはあなたがた両親からも周囲の人たちからも大きな愛情を受けているために、その子はひとりぼっちで助けもなく見捨てられ、あるいは愛情もない世話もしない人たちの腕に抱かれて死ぬべきだったのでしょうか。

「そんなことあってたまるものか」
24 だけど、愛情があるために自分にはふさわしいと思うことが、同様に愛情を抱いている人たちにはこれを認めないというのは、不公平であり不合理なことではないですか。
「それは奇妙なことですね」
25 さあそれでは考えてください。あなたが病気になったとして、親類の者たちもほかの人たちも、さらに子供や妻も、あなたに愛情を抱くあまりに、彼らによって自分だけが見捨てられ、ひとりぼっちになるようなことを、あなたは望みますか。

「けっしてそんなことはない」

あなたは自分の家族によって愛されるあまり、彼らの大きな愛情のために、病気になってでも自分だけがいつも見捨てられるようにと祈るでしょうか。あるいは、そんなことをするくらいなら、敵に愛されて——それが可能だとしての話だが——、彼らに見捨てられるようにと祈るのではないでしょうか。そしてもしそのとおりであれば、残るところは、その行為はもはやけっして愛情ではないということになります。

するとどうでしょうか。あなたの心を動かして、小さな子供を見捨てるように駆り立てたものはなにもなかったわけですか。そんなはずはありません。むしろ、それはちょうどローマで自分が入れ込んでいる馬が走っているときに、自分の顔に目隠しをするのと似たようなことでしょう。それでその馬が予想に反して勝ったりすると、卒倒したあげく回復するのに海綿(2)の世話になる。とすると、このような気持ちにさせるものは何でしょうか。今こそこれについて詳しく論じる時です。もし哲学者たち(3)によって言われていること、すなわちその原因を自分の外に求めるべきではなく、むしろわれわれがなにかをするかしないか、なにかを言うか言わないか、なにかに得意になったり落胆したり、なにかから逃げたりそれを追い求めたりすることの原因は、すべての場合に同一であるという主張が正しければ、これに納得するだけで十分なわけです。[29] そして、これがまさに今私にとってもあなたにとっても原因となっているものです。つまり、あなたの場合は私のところにやって来て、今座って私の話を聞いていることの原因であり、私の場合はこんなことを話している原因なのです。[30] では、その原因とは何でしょうか。それはわれわれにとってそれが善いと思われたということ、それ以外のことでしょうか。

「いえ、それ以外のことではありません」

　われわれがこれとは違ったふうに考えたとしても、われわれは善いと思われたこと以外のことをしたでしょうか。[31] だから、アキレウスにしてもこのことが、すなわち彼にはそれが善いと思われたことが悲嘆にくれた原因であって、パトロクロスの死――ほかの人なら友人が死んでもこれほど悲しんだりしませんからね――ではないのです。[32] あなたにしても、その時に逃げたのは、あなたにはそれが善いと思われたからなのです。逆に、もし留まっていたならば、それが善いと思われたからなのです。そして、今ローマに帰るとしたら、これもあなたに善いと思われるからであるし、もし考えが変われば、あなたが帰ることはないでしょう。[33] 要するに、死とか、追放とか、苦痛とか、その他こういった種類のものは、われわれがなにかをしたり、しなかったりする原因ではなく、むしろ判断や考えが原因なのです。

あなたはそれに納得できますか、できませんか。

「あなたが納得させてくれました」とその人は言った。

だから、おのおのの事柄について原因があれば、それに応じた結果もあるのです。だから、われわれがなにか正しくないことをしたならば、その日からそれに基づいてその行為をした考えをこそ非難しようとするでしょうし、できものや潰瘍より以上に、これを体から切除し取り除こうと努めるでしょう。また同様に正しい行動についても、これと同じことを原因として挙げることができるでしょう。そして、われわれがこれこれのことがよいと思わなければ、その結果となる行為をすることはないということに納得すれば、召使いや近所の人や妻や子供が自分に起きた不幸の原因だと言って非難することもなくなるでしょう。思う、思わないの決め手となるのはわれわれであって、自分の外にあるものではないのです。

「そのとおりです」とその人は言った。

それでは、今日のこの日から、われわれは土地とか奴隷とか馬とか犬とかいったほかのものがどんなものであるとか、どんな具合であるかとかを考えたり詮索したりしない

34 35 36 37 38

で、むしろ考えについてそうすべきでしょう。

「そうあることを願っています」とその人は言った。

それでは、お分かりかと思いますが、もしあなたが自分自身の考えについて考察しようとする気になるのであれば、みんなが笑いものにするような生きもの、すなわち世間知らずの学徒にならざるをえないのです。しかも、それが一時間や一日にできるもので(4)はないことは、あなた自身も分かっておられるでしょう。

39

40

第一二章　心の満足について

1 神々について、ある人びとは神的なものは存在しないと主張するが、ある人びとは存在するが、怠惰で無関心でありなにも予見しないと主張する[1]。2 第三の人びとは、存在するし予見もするが、それは広大な天空だけであって、地上のどんなものについてもそうでないと主張する[2]。また、第四の人びとは、地上のものについても人間に関することでもそうであるが、それは一般的にであって、個別的にそうするわけではないと主張する[3]。3 さらに、第五の人びとは、その中にはオデュッセウスもソクラテスも含まれていたが、次の言葉でもって主張している。

　　汝(なんじ)が心にとどめることなく
われは動かず[4]。

それでなによりもまず、これらの主張のそれぞれについて正しく言われているかどうかを考察する必要がある。というのは、もし神が存在しないのであれば、「神々にしたがう」[5]ということがどうして目的になるだろうか。また、もし神々は存在しても、なにも配慮しないのであれば、どうしてこの言葉が正しいものであるだろうか。さらに、もし存在し配慮もしていても、神々から人間に、とりわけゼウスに誓って言うが、私に伝達するものがなければ、この場合もどうしてそれがなお正しいものであるだろうか。知徳をそなえた人はこれらすべてを考察したうえで、ちょうど善き市民が国家の法にしたがうように、万有を統括する神に自分の考えをしたがわせるのだ。教育を受ける人はこのような意図をもって、教えを受けに来るのでなければならない。すなわち、「どうすれば私は万事において神々にしたがうことができるのか、どうすれば神の支配に満足できるのか、そしてどうすれば私は自由になれるのか」ということである。なぜなら、なにごとも意志のとおりになり、だれにも妨げられない人が自由であるからである[6]。

「ではどうでしょうか。自由とは正気を失った状態のことでしょうか」

そうであってほしくないものだ。狂気と自由とは両立しないからだ。

「でも私は自分が善いと思ったとおりになってほしいのです。たとえ、どんなふうに思われるにしても」

君は気がふれて、頭がおかしくなっているね。自由とはなにか善いもので価値があるものだということを知らないのか。私が気まぐれに思ったことが起きるように気まぐれに願ったりするのは(7)、善いことでないばかりか、あらゆることのうちでも最も醜悪なことかもしれない。読み書きについては、われわれはどんなふうにするだろうか。「ディオン」という名前を私は好きなように書くだろうか。いやそんなことはない。むしろ、書くべきように書こうとするように教わっている。音楽の場合はどうか。同じことである。一般に、技術や知識の場合はどうだろうか。もしこれと同じでなくて、各人の好きなようにすればよいというのであれば、なにかを知ることにはなんの価値もないことになっていただろう。すると、この場合にだけ、つまり最も重要であり大切な自由の場合だけ、気まぐれに好きにするのが私に許されているのだろうか。けっしてそんなことはない。むしろ、教育を受けるというのは、それぞれの物事が起きるがままに起きるように願うことを学ぶということなのである(8)。では、どのように起きるのか。それらに秩序をあたえた方が秩序づけたように起きるのである。この方は夏と冬、豊作と不作、徳と悪徳など、すべてのこのような反対的なもの(9)を全体の調和のために秩序づけ、われわれのおのおのに肉体や肉体の各部分、さらには財産や仲間をあたえてくれたのである。

だから、われわれはこの秩序というものを念頭に置きながら、教わりに行かねばならない。それは前提[10]となるものを変えるためではなく――それは許されてはいないし、より善いことでもないから――、むしろわれわれの周囲の出来事は、それらが実際にあるようにあり、そして本来あるようにあるのだから、われわれ自身が自分の考えを起きているものに適合させるためである。というのはどうだろうか。人びとのもとから逃れることはできるだろうか。どうしてそんなことが可能だろうか。いや、人びとと交わることで、彼らを変えることができるだろうか。誰がそんな力をわれわれにあたえているのか。そうでなければ、何が残っているのか。人びとと交流するためのどんな手段がみつかるのか。それによって人びとは自分によいと思われることをするだろうが、われわれは彼らに少しも劣ることなく、自然本性になかったありかたを保つような、そんな手段があるだろうか。君のほうはと言えば、苦労もしなければ満足もせず、もしひとりっきりであれば、孤独だと言い、人びとと一緒であれば、彼らを詐欺師だとか泥棒だとか言うし、君の両親や子供や兄弟や隣人たちを非難するのである。だけど、君がひとりでいるときは、これを平静とか自由とか呼んで、自分は神的なものに似ているのだと考えるべきであったし、また多くの人びとと一緒にいるときには、群衆、騒音、不快というような呼び方をせずに、むしろお祭りとか集会とか言って、そのようにしてすべてを満足して受け入れねばならなかったのだ。

それでは、そのように受け入れなかった者たちにはどんな罰が下るのか。それは彼らが現にもっているようなそういう気持ちでいることだ。ひとりぼっちでいることに不満な人がいるのか。なら、孤独でいるがよい。両親に不満な人がいるのか。なら悪い息子になって悲しんでいるがよい。子供に不満があるのか。なら、悪い父親でいるがよい。

「そんな奴は、牢獄に入れろ」

どんな牢獄なのか。彼が今いるところがそれだよ。自分の意志に反してそこにいるからだ。自分の意志に反しているところ、それがその人にとっての牢獄なのだ。だから、ソクラテスは牢獄にはいなかったのだ。自分の意志でそこにいたのだから。

「だから、私の足が不自由になったのだ」

つまらない人だね。一本の小さな足のために宇宙を咎めるのか。その足を全体のために捧げないのだろうか。足から離れる気持ちはないのか。それをあたえてくれた方に喜んでしたがわないのだろうか。君はゼウスによって定められたこと、すなわち、ゼウスがその傍ら（かたわら）で君の誕生の糸を紡ぐモイラたち[11]と共同して決めて、定めたことに不満を感 26 じ、不平を言っているのか。君は全体と比べれば、どれだけ小さな部分であるのか知らないのか。ただし、これは肉体に関してのことである。理性に関しては神々になんら劣りもしなければ、より小さくもないからである。理性の大きさは長さや高さによってではなく、考えたことによって判定されるからである。

27 そうすると、君が神々と同等であるという点を善いものだと考える気にはなれないのかね。

28 「かわいそうに、私にはこんな父親と母親がいるのです」

どういうことなのか。君は生まれる前に選択をおこなって、「これこれの男がこれこれの女とこれこれの時刻に交わって、私が生まれるようにしてくれ」と言うことができ 29 たのかね。いやできなかったはずだ。そうではなく、君の両親が先にいて、それから君が生まれたのだ。どのような両親から生まれたのか。彼らがかつてあったような、そう 30 いう両親からだ。ではどうなのか。両親がこれこれの性格であるときに、君にはどうする方法もあたえられていないのだ。次に、君が視力をもっていても、なんのためにもっているのかを知らないとすると、目の前に色をもってこられても目をつぶってしまえば、不運でありみじめだということになる。それぞれの出来事に対する高邁な心と気高い心をもっているのに、これを知らなければ、もっと不運であり、もっとみじめなのではないだろうか。君がもっている能力に見合った対象が目の前にもってこられて、目を開けたまま視線を向ける状態でいなければならないちょうどその時に、君はその力をほかに向けているのだ。むしろ神々が、君の力が及ばないようにした事柄については君が超然としていられるように、君の力が及ぶものに対してだけ責任をもつようにしてくれたことを、神々に感謝しないのだろうか。神々は両親のことは君に責任がないように、兄弟についても責任がないように、肉体、財産、死と生についても責任がないようにしてくれたのだ。では、神々は何について君に責任があるようにしてくれたのか。それは唯一君の力が及ぶもの、すなわち心像のうちどのようなものを用いるべきかということなのである。だとすれば、君はどうして君に責任がないことについて心がひかれるのだろうか。それは君に面倒なことを引き起こすものなのだ。

31 32 33 34 35

第一三章　どうすれば神々に気に入られるようにそれぞれの行動ができるのか

ある人が、どうすれば神々に気に入られるような食事ができるのかと尋ねたときに、彼はこう言った。もし正しく、感謝の念をもち、公平に、(1)自制心と慎みをもって食事をすれば、神々に気に入られることもできるのではないか、と。また、君がお湯が欲しいと言っているのに召使いの子がこれを無視したり、聞いてはくれるがかなりぬるいお湯を持ってきたり、あるいは家にいなかったりするような場合に、君が機嫌をそこねて爆発するようなことがなければ、神々に気に入られるのではないか。

「どうしてそんな召使いの子に我慢ができるでしょうか」

愚かだね。君は自分の兄弟、すなわちゼウスを父として、あたかも息子のように同じ種子から生まれ(2)、上方から同じように降りてきた人に対して我慢できず、そんな高い地位に据えられると、たちまちのうちに自分を暴君にしてしまうのかね。君が何であり、君が支配しているのがどのような人たちかを覚えていないのか。同族の者たち、自然本性において兄弟である人たち、ゼウスの子孫たちなのだよ。

「だけど、私は彼らを買ったのです。彼らが私を買いとったわけではないですよ」

君はどこをみているのか。土くれや竪穴(3)や死すべきもののあのみじめな法はみているのに、神々の法はみないのか。

第一四章　神々はすべての人間を見守っていること

1 ある人が、どうすれば自分がしたことのどれもが神によって見守られていると納得できるのかと尋ねたとき、彼はこう言った。君はすべてのものがひとつに統合されている 2 と思わないのか。

「思います」とその人は言った。

ではどうかね。地上にあるものは天上にあるものと共感している(1)とは思わないかね。

「思います」とその人は言った。

3 いったいどういうわけで、神の命令にしたがうかのように整然と定められているのか。神が植物に咲けと言えば花を咲かせ、芽を出せと言えば芽を出し、実を結べと言えば実を結び、熟するのだと言えば熟し、さらに実を落とし、葉を落とし、身を縮めて静かにして活動を停止せよと言えば静かにして活動を停止するのはどうしてなのか。また、月 4 が満ち欠けしたり、太陽が接近したり遠ざかったり、地上のものにこれほどの変異と相反する状態への変化がみられるのはどうしてなのか。だが、植物[2]もわれわれの肉体も万有と結びついて共感しているのに、われわれの魂はそれ以上に共感しないのだろうか。むしろ、魂は神の部分であり切り離された一片であるから、このように神と結びつき接触しているのに、神はわれわれの魂のすべての動きを、同族的で同じ本性のものでありながら、これを感知しないのだろうか。

君は神の支配や神的な事柄のそれぞれについても、それと合わせて人間的な事柄についても、考えることができるし、また無数の事柄から刺激されて、感知したり、思考したり、承認したり、否認したり、判断を保留したりすることもできる。そして、これほど多くの雑多な事柄からくるそれだけの数の印象を自分の心の中に蓄えて、それらの印象から刺激されると、最初に受けた印象に似た観念を思い浮かべるのである。さらに、無数の事柄から次々と技術や記憶を保存するようになる。それなのに、神はすべてのものを見守り、すべてのところに遍在し、すべてのものに関与することはできないと言うのだろうか。しかし、太陽[3]は万物のこれだけ広い部分を照らすことができ、大地〔地球〕が作り出す影でおおわれる部分のみを残すにとどまるのに、太陽そのものを創造し、全体と比べてみずからの小さな部分にすぎないものを旋回させている神は、すべてを感知することはできないのだろうか。

「私は今のお話の全部にはついていけません」とその人が言った。11

君がゼウス[4]と等しい力をもっているなどと、だれか言っているのかね。だけどね、ゼウス[5]は自分に劣らぬものとして、各人のダイモーン[6]にその人の監督者の役目をあたえ、12 各人を守護するようにさせたのであった。眠ることなく、かつ欺かれることのない監督者として。なぜなら、われわれひとりひとりの守護を任せるのに、ダイモーンよりすぐれ、より配慮する存在としてほかに何があるだろうか。だから、ドアを閉めて部屋の中を暗くしたときでも、君たちがひとりきりであるなどとはけっして言わないように心がけておくのだ。なぜなら、君たちはひとりきりなのではなく、その内部には神がいて、13 君たち自身のダイモーンがいるからだ。彼らには君たちが何をしているのかをみるのに、14 どうして光が必要だろうか。君たちもこの神に対して誓いを立てるべきなのだ。ちょうど将軍が皇帝にそうするようにね。将軍たちは俸給をもらってなによりも皇帝の身の安全を優先することを誓うのに、君たちはこれほど多く、これほど大事なものを受けるに値するとみなされたのに、誓いを立てないのだろうか。あるいは、誓いを立てても、それを守ろうとしないのだろうか。君たちは何を誓うのか。けっして神に背かないこと、15 16

神によってあたえられたものを咎(とが)めたり、非難したりしないこと、必要なことを嫌がらずにしたり、されたりすることである。この誓いは将軍たちの誓いと同じようなものだろうか。将軍たちは皇帝よりほかの人を重んじることはないと誓うが、われわれの場合には自分自身をなによりも重んじることを誓うのだ。

17

第一五章　哲学は何を約束するのか

ある人が、どのように兄弟を説得すれば、もう自分につらく当たらないようにすることができるのかを相談したとき、彼はこう言った。[1]哲学は人間に外的なもののなにかを獲得することを約束することはない。[2]もしそうでなければ、哲学は固有の対象以外のものを請け合うことになるだろう。というのは、大工の対象は材木であり、彫刻家の対象は青銅であるように、生き方に関わる技術の対象は各人の人生であるからだ。

「それでは、私の兄弟の生き方はどうなのですか」

それもまたその人自身の生き方に関わるものであるが、君の生き方にとっては、ちょ[3]うど土地や健康や名誉と同様に、外にあるもののひとつなのだ。それらのどれも哲学が約束するものではない。

どんな状況にあっても、私は指導的部分(1)を自然本性にかなうように保つだろう」と哲[4]学は言う」。

「誰の指導的部分ですか」

私がその内にある人の指導的部分だ。(2)

「どうすれば私の兄弟が私のことを怒らなくなるでしょうか」

彼を私のところに連れてくるがよい。そうしたら、私が彼と話そう。だが、彼の怒りについては、私は君になにも言うことができないよ。

相談にやって来たその人が、「たとえ兄弟が仲直りしないとしても、どうすれば自然本性にかなった状態でいられるかということこそ、私が求めていることなのです」と言ったとき、エピクテトスはこう言った。なにごとにせよ大事なことは突如として生じるものではない。一房のブドウやイチジクもそうだ。もし今、君が私にイチジクが欲しいと言えば、「時間が必要だね」と君に答えるだろう。まず花を咲かせ、次に実をつけるようにして、さらに次にはその実が熟すようにするのだ。かくして、イチジクの実は突然に、一時間でできあがるものではないのに、君は人間の考え方の実をそれほど短時間でたやすく所有しようと思うのか。私は君に言うが、そんなことは期待しないほうがいい。

第一六章　摂理について[1]

人間以外の動物には、体のために必要なものが用意されていて、食べ物や飲み物ばかりか寝床までもあって、靴も夜具も着る服も必要としないのに、われわれ人間はそれらすべてを必要とするからといって、驚いてはならない。というのも、これらの動物は自分自身のためではなく、ほかに奉仕するために生まれているのであって[2]、それらがほかのものをさらに必要とするのは都合がよくなかったであろう。考えてもみなさい。われわれが自分のことだけでなく、羊やロバについても、どうやって服を着せ、どうやって靴を履かせ、どうやって食わせ、どうやって飲ませたらいいか心配しなければならないとしたら、どうであっただろうか。兵隊たちは将軍のために靴を履き、服を着て、武装して準備を整えているものだが、もし千人隊長[3]が千人の部下のところをめぐって、靴を履かせたり、服を着せたりしなければならなかったとしたら、大変なことだっただろう。これと同じで、自然もまた、奉仕するために生まれたものを準備が整ったものとして、さらになんの世話も必要のないものとして創ったのである。そういうわけで、たったひとりの小さな子供でも杖(つえ)で羊の群れを追っていくのだ。

だが実際には、われわれは動物のことでわれわれと同じだけの世話をかけなくてもよいことに感謝しないで、自分たちのことで神を非難しているのだ。とはいえ、ゼウスと神々にかけて言うが、生まれたもののひとつをとってみても、少なくとも慎み深く感謝の念を忘れない人にとっては、摂理を感じとるのに十分なものなのである。大きな話でなくてもよい。草からミルクが生まれ、ミルクからチーズが生まれ、皮から羊毛が生まれるというようなことだけをとってみても、これらを創造し工夫したのは誰なのか。「だれでもない」と言う人がいる。ああなんという無感覚、なんという無恥であろうか。

さあそれでは、自然の本来の仕事はさておき、その二次的な仕事をみることにしよう。顎(あご)についている鬚(ひげ)ほど無用なものはあるまいね。ではどうだろうか。自然は顎鬚であっても、可能なかぎりふさわしい用途に、すなわちそれらで男女を区別するように用いたのではないだろうか。遠くからでもすぐに、われわれひとりひとりにそなわっている自然がこう叫んでいるのだ。「私は男ですよ。そのつもりで私に近づき、そのつもりで私に話しかけてください。ほかのことはなにも求めず、このしるしをみてください」。さらに、女性の場合には、声にもっと柔らかい調子を含ませたのと同じで、鬚も取り除いたのだ。「いやむしろ、動物はそんな区別などなくてもよく、われわれのだれもが「自分は男だ」と告げるべきなのだ」[4]。だけど、このしるしはなんと美しく、ふさわしく、堂々としていることか。ニワトリの鶏冠(とさか)よりもどれほど美しく、ライオンの鬣(たてがみ)よりもどれほど見事であることか。だから、神から授かったしるしを守るべきであり、これを捨てるべきではなく、可能な限りこの区別された性を混同してはならないのである。

　これだけがわれわれに対する摂理の働きであろうか。どのような言葉が、これを同じように賞賛し、語るのに十分であるだろうか。もしわれわれに知性があるのなら、公にであれ私的にであれ、神的なものを賛美し、礼賛し、その善行の数々を詳しく語るよりほかになすべきことがあるだろうか。土を掘るときも、耕すときも、食べるときも、神に捧げる賛歌を歌うべきではないか。「われらに土を耕す道具をあたえし神こそ偉大なり。両手をあたえ、喉をあたえ、胃をあたえ、知らぬ間に生い育たしめ、眠る間にも息をする力をあたえし神は偉大なり」。どんな場合にもこの賛歌を歌うべきであるが、最も重要であり最も神聖なる賛歌としては、そのような事績を理解し、道にしたがってそれらを用いる能力を授かったことについて歌うべきである。ではどうだろうか。君たちの多くは盲目の状態にあるのだから、その埋め合わせをして、みんなのために神に捧げる賛歌を歌う者がだれかいるべきではないか。足の不自由な老人[5]が、神の賛歌を歌うこと以外に何ができるだろうか。だって、私がサヨナキドリ[6]であったなら、サヨナキドリの仕事をしただろうし、ハクチョウならハクチョウの仕事をしただろう。だが実際は、私は理性的な存在であるから、神の賛歌を歌わねばならないのだ。これが私の仕事であり、私はこれをおこない、この持ち場[7]が私にあたえられているかぎり、これを捨てることはないだろう。そして、君たちにもまさにこの歌を歌うように勧めるのだ。

20　21

第一七章　論理学が必要なものであること

理性はほかのものを分析し、完成させるものであるが、それ自体が分析されないものであってはならないとすると、それは何によって分析されるのか。分析されるとすれば、明らかにそれ自体によってか、ほかのものによってである。ほかのものとは、理性であるか、あるいは理性より高次のものとなるだろうが、後者はありえない。もし理性だとすると、さらにこれを分析するものは何であろうか。もし自分で自分を分析するのであれば、その理性もそれが可能であることになる。もしほかのものを必要とするのであれば、それは無限に続き、きりがないであろう。

「たしかにそうですが、心を配慮するほうが急務でしょう[1]」とか、同様のことを言う人がいた。

そうすると、君はその問題について聞きたいわけだね。では聞きたまえ。しかし、もし君が私に「あなたの話していることが、本当か嘘か分からない」と言うならば、またもし私が曖昧な言葉で話して、君が「はっきり話してくれ」と言うならば、私は君の言うことに我慢できず、君にこう言うだろう。「いや、こちらのほうが急務だよ」。なぜなら、そういう理由で彼ら[2]は論理学を第一にすえていると思うからだ。ちょうど、穀物の測定より先に尺度について調べておくようなものだ。もしわれわれが最初に枡(ます)[3]がどんなものか、秤(はかり)がどんなものかを決めておかなければ、われわれは量や重さを計ることができるだろうか。だから今の問題にしても、ほかのものの判断基準を、つまりそれによってほかのものが理解されるものを理解し、正確に知っておくのでなければ、どうしてほかのものを正確に知り、理解することができるだろうか。そんなことが可能だろうか。

「だけど、枡は木材で、実を結びません」

だが、穀物を計ることができる。

「論理学も実を結びません」

それについては後で考えることにして、今はそれを認めるとしても、論理学がほかのものを区別したり、考察したりするものであるということで十分なのだ。それは言ってみれば、ものの量と重さを計るようなものだ。

誰がそんなことを言っているのか。クリュシッポス、ゼノン、クレアンテス[4]だけか。

12 アンティステネス[5]はそう言っていないのか。教育の始まりは名辞に関する考察[6]であると書いた人は誰なのか。ソクラテスは言っていないのか。クセノポンが、それぞれのものが何を意味するかという名辞の考察から始めた[7]、と書いているのは誰のことなのか。

13 「すると、クリュシッポスを理解し解釈するというのは、そもそも大事で驚くべきことなのですか」

誰がそんなことを言っているのかね。

14 「では何が驚く[8]べきことなのでしょうか」

自然の意志を理解することだ。どうだろうか。君は自分ひとりだけで理解するのか。何をさらに必要とするだろうか。なぜなら、「すべての人は故意にではなく誤る[9]」という言葉が真実であれば、また君が真実を学んでしまったというのであれば、君はもう正しい行為をしていることにならざるをえないからだ。

15 「だけど、ゼウスに誓って言いますが、自然の意志などわかりませんよ」

では、誰がそれを解釈するのか。

「クリュシッポスだと言われていますね」

16 では、私は行って、自然本性の解釈者であるこの人が何を言っているのかを調べてみ

ることにする。はじめは彼が言っていることの意味が分からないので、それを解釈して
くれる人を探してみよう。
「さあ、これがラテン語であるかのように考えて、それがどういう意味になるかを考
えてみなさい[10]」
この場合、どのようなことをこの解釈者は自慢しているのだろうか[11]。もしクリュシッ 17
ポスが自然の意志を解釈するだけで、自分はこれにしたがっていないとすると、クリュ
シッポス自身も正当に自慢できないはずだが、彼を解釈する人はそれ以上にどれだけ自
慢できるものだろうか。というのは、われわれがクリュシッポスを必要とするのは、彼 18
自身のためではなく、自然本性を理解するためであるからだ。つまり、われわれが犠牲
を捧げる人が必要なのは、犠牲を捧げる人自身のためではなく、その人を通じて将来の
ことや神々によって示される予兆を理解しようと思うからであり、また臓物[12]そのものの 19
ためではなく、それによって予兆が示されているからであり、われわれはオオガラスや
カラス[13]に驚くのではなく、むしろそれらによって示される予兆に対して驚くのである。
だから、私はこの解釈をおこない犠牲を捧げている人のところに行って、「この臓物 20
が私にどんな予兆を示しているのか調べてみてください」と言う。すると、この人はそ 21

れを受け取って広げてみた後、こんなふうに解釈するのだ。[14]「ああ、君がもっているのは自然本性において妨げられず強制されることもない意志だ。そんなふうにこの臓腑には書かれているよ。私はまずこれを承認[15]の領域において示してみよう。君が真理に同意するのをだれか妨げることができる人がいるだろうか」22

「だれもいません」

「君が虚偽を受け入れるように強制できる人がいるだろうか」

「だれもいません」

「分かるだろうか。この領域では、君は妨げられも、強制されも、邪魔されもしない意志をもっているのだ。それでは、欲求や衝動の領域ではこれとは違っているのか。欲求に打ち克つことができるのはほかの欲求以外に何があるだろうか。衝動に打ち克つことができるのはほかの衝動や忌避以外に何があるだろうか」23 24

「もし私を死の恐怖に陥れるようなことがあれば、それは私を強制していることになりますね」25

「いや強制しているのは、死の恐怖に陥れるようなことではなく、死ぬくらいならなにかこれこれのことをしたほうがよいと考える君の考えなのだ。だからこの場合でも、26

君の考えが君を強制したわけだ。つまり、意志が意志を強制したことになる。神が自分から分離させてわれわれにあたえた自分の一部[16]を、神自身によって、あるいはなにかほかのものによって妨げられたり、強制されたりするものにしたのだとすれば、もはや神ではないことになるだろう。また、しかるべきしかたでわれわれに配慮しているのでもないことになるだろう」。臓物の解釈者は続けて言う。「この犠牲の中に私が見出すのは以上のことだよ。君に示されている予兆はこんなものだ。君にその気があれば、君は自由になれる。君にその気があれば、だれも非難しないし、だれも咎めたりしないし、万事が君の考えのままであり、神の考えのままとなるだろう」

　こんなふうに占ってもらうために、私はこの犠牲を捧げ哲学している人のもとに行くのだ。ただし、この人に感嘆しているのは、その解釈のためではなく、解釈しているその事柄のためである。

第一八章　間違っている人に腹を立てるべきでないこと

哲学者たち(1)によって言われていること――すなわち、すべての人間にあてはまるひとつの原則というものがあって、それは、物事を承認するのはそのとおりだと感じるからであり、否認するのはそのとおりではないと感じるからであり、またゼウスに誓って、差し控えるのは明確ではないと感じるからであるが、それと同じように、なにかに衝動を抱くのは私にとって利益があると感じるからで、あるものが有益だと判断しながら別のものを欲求するとか、あるものがふさわしいと判断しながら別のものに衝動を抱くようなことはありえない、というものであるが――、もしそれが真実であるとすれば、どうしてわれわれは多くの人びとに腹を立てたりするのだろうか。

「彼らは泥棒であり、盗賊なのです」と言う人がいる。

泥棒とか盗賊とかいうのは何であるのか。彼らは善と悪について判断を誤っているのだ。だから、彼らに対して怒るべきだろうか、あるいはむしろ憐れむべきだろうか。い

1　2　3　4

やむしろ、過失について教えてやるべきなのだ。そうすれば、君は彼らがどうしたら過失を免れるかが分かるだろう。だが、彼らがそれに気づかないのであれば、自分たちによいと思われる以上のものをもっていないことになる。

「こんな泥棒や姦夫（かんぷ）は滅ぼすべきではないですか」

けっしてそんなことをしてはならない。むしろこう言うのだ。「最も大事なことについて誤り、欺かれており、白と黒を識別する目ではなく、善と悪を識別する心が盲目である人がいれば、滅ぼすべきではないか」と。もしそんなふうに君が言えば、君の言っていることがどれほど非人間的であり、それは「目も見えず、耳も聞こえない人は滅ぼすべきではないか」と言うのと変わらないということが分かるであろう。なぜなら、最も大事なものの喪失が最大の損害であり、最も大事であるのは各人においてその人がもつべき意志である以上、それを欠いている人がいるならば、どうして君はその人にさらに腹を立てたりするのか。いいかね、もし他人の悪に対して自然本性に反した気持ちにならねばならないとしたら、その人を憎むよりもむしろ憐れむがよい。そんな憤りや憎しみは捨て去るのだ。人を非難することを好む多くの人びとが用いる「この呪（のろ）われた性悪の愚か者め」といった言葉をつかわないことだ。相手にしないことだ。いったいどうして君は他人に腹を立てるほど急に賢くなったのか(2)。

そうすると、われわれはどうして腹を立てるのだろうか。それは、われわれが奪い取られた事物を大事に思うからである。いいかね、君の衣服は大事に思わなくてもよい。そうすれば泥棒に腹を立てることはなくなるだろう。君の奥さんの美しさは大事に思わなくてもよい。そうすれば、姦夫に腹を立てることはなくなるだろう。泥棒も姦夫も君に属するものの内にはなく、むしろほかのものの内に、君の力の及ばないものの内にあることを知るがよい。もしそれらのものを退けて、なんでもないものだと考えれば、さらに誰に対して君は腹を立てるだろうか。また、それらのものを大事に思っている間は、彼らにではなく君自身に対して腹を立てればよいのだ。まあ考えてみなさい。君は美しい服を所有しているが、隣の人は所有していないとする。君の家には窓があり、服に風を当ててみたいと考える。隣の人は人間にとっての善を知らず、美しい服を所有することがそれだと思っている。君もまたそう思っているのだ。すると、その人はやって来て服を盗むのではないだろうか。食いしん坊の人たちにお菓子をみせて、自分だけ食べたなら、彼らがそれを奪うだろうと予想しないだろうか。彼らを刺激しないことだ。窓はなくてよい。君の服には風を当てないことだ。

私も最近、鉄製のランプ[3]を祭壇[4]の側に置いていたのだが、窓のところで音が聞こえたので走って降りていった。そうしたら、ランプが盗まれているのを発見した。私は盗んだ人が心を動かされたのは理由のないことではないと考えた。では、どうしたものか。お前は明日陶製のランプを買えばよいのだ、と私は自分に言い聞かせたのだ。なぜなら、人が所有しているものはまた失われるからである。「私の服をなくしました」。服をもっていたからだ。「頭痛がします」。角が痛いわけではあるまい[5]。とすると、どうして君は腹を立てるのか。それは所有のあるところに損失があり、苦労もあるからだ。

「でも、暴君は縛りますよ」

どこを縛るのか。足だね。

「でも、切り落としますよ」

どこを切り落とすのか。首だね。では、暴君が縛ることも切り落とすこともできないものは何であるのか。それは意志だよ。だから、昔の人たちは「汝自身を知れ[6]」と勧告したのだ。ではどうすればよいのか。神々に誓って言うが、小さなことから練習を積まねばならない。小さなことから始めて、もっと大きなことに進んでいくことだ。「頭痛がする」。「ああ」と言ってはいけない。「耳が痛い」。「ああ」と言ってはいけない。

15 16 17 18 19

嘆いてはならない、と言っているわけではない。心の底から嘆いてはならないということだ(7)。たとえ召使いの子供が包帯をもってくるのが遅くても、どなったり、苦に病んだり、「みんな私のことが嫌いなんだ」などと言ってはならない。なぜなら、誰がそんな人間を嫌いにならないだろうか。今後はこうした教えを信じて、まっすぐに、自由な人として歩むことだ。競技者のように、体の大きさに頼らぬことだ。ロバのように馬鹿力で不敗であってはならないということだ(8)。

では、不敗の者とは誰のことか。それは意志とは関係のないどんなことにも惑わされることのない人(9)である。さらに、私は個々の事例にあたってみて、次のことを学んだ。すなわち、ちょうど競技者の場合には、「この男は一回戦に勝利した。二回戦はどうだろうか。暑かったらどうだろうか。オリュンピアではどうだろうか」と考えたりするが、今の場合もこれと同じだということだ。君が小銭を投げたらその人は馬鹿にするだろう。でも、少女であればどうだろう。それが暗闇だったらどうする。ちょっとした評判や非難や賞讃ならどうなる。死ではどうだろう。その人はこれらすべてに打ち勝つことができるのだ。体が熱いときはどうだろう。つまり、酒に酔っているときだ(10)。憂鬱な気分のときはどうだろう。夢ではどうだろう(11)。いやその人は不敗の競技者なのだ。

20 21 22 23

第一九章　僭主に対してはいかなる態度をとるべきか

人は自分になにか優れた点があるとき、あるいはないのにあると思っているとき、教[1]育を受けていなければ、必ずそのために自惚（うぬぼ）れることになる。例えば、僭主ならこう言[2]うのだ。

「私の力はなににも勝る」

あなたは私に何をあたえることができますか。あなたは私の欲求を人によって妨げられることのないものにすることができますか。どこからそんな力が出てくるのです。だって、あなたにはできますか。なにかを忌避して避けそこなうことのないように。あなたにはできますか。なにかを欲求して得そこなうことがないように。どこでそんな力を得たのですか。さあどうです。船では自分に頼りますか、それとも船のことを知ってい[3]る人に頼りますか。馬車では馬車のことを知っている人以外の誰に頼りますか。ほかの[4]技術の場合はどうでしょうか。同じことでしょう。それでは、あなたに何ができるわけですか。

「みんな私の世話をしてくれるぞ」

私も皿の世話をしますよ。これを洗って乾かします。香油壜をかける釘も打ちますよ。するとどうですか。これらのものは私よりも優れたものですか。いや、そうではない。むしろ、私にとって役に立つものです。そのためにこそ、それらの世話をするのです。ではどうですか。ロバの世話をしませんか。ロバの足を洗ってやるのではないですか。きれいにしませんか。あなたは、すべての人は自分の世話をするのであって、あなたに対してはロバを世話するように世話していることに気づかないのですか。だって、誰があなたを人間として世話したりするでしょうか。そんな人がいれば、教えてください。誰があなたのようになりたいと願うでしょうか。誰がソクラテスを崇拝するように、あなたを崇拝したりするでしょうか。

「だけど、私はお前の首だって切れるぞ」

ごもっともな話だ。私はあなたを熱病やコレラ(1)に対するように世話しなければならないこと、ローマにはフェブリスの祭壇(2)があるように、あなたの祭壇を建てなければならないことを忘れておりました。

5

6

ところで、大衆を混乱に陥れ、怖がらせるものは何であるのか。僭主と護衛兵だろうか。どこからそんなことが言えるのか。断じてそうではないのだ。自然本性において自由なものは、自分自身以外のほかのなにかによって混乱させられたり、妨げられたりするようなことはありえない。むしろ、その人を混乱させるのは自分の考えなのだ。なぜなら、僭主がだれかに「お前の足を縛るぞ」と言うとき、足を大事にする人は「縛らないでください。哀れんでください」と言うだろうが、自分の意志を大事にする人は、「そのほうがあなたの得になると思われるなら、どうぞ縛りなさい」と言うであろう。

「気が変わることはないか」

気が変わることはありません。

「私がお前の主人であることを教えてやろう」

どうしてあなたがなのですか。私を自由にしてくれたのはゼウスです。それともあなたは、ゼウスが自分の息子を奴隷のままにしておこうとされたと思いますか。あなたは私の死体の主人なのです。それを取るがよろしかろう。

「ということは、お前が私のところに来るときには、私の世話をしないのか」

ええ、しませんとも。むしろ私自身の世話をします。だけど、あなたをも世話すると私に言ってもらいたいならば、私は陶器の壺を世話するように世話するとあなたに言うでしょう。

これは自分を愛する(3)ということではない。というのは、動物はそんなふうにできていて、すべてを自分自身のためにするからである。太陽もすべてを自分のためにするし、さらにはゼウス自身もそうである。しかしながら、ゼウスが降雨と実りの神(4)であり、さらには人間と神々の父(5)であらんとするときには、お分かりのように、共通の利益を目的としないかぎり、それらの業(わざ)を成し遂げそれらの呼称をもつことなどありえないのだ。一般的に言って、ゼウスはこのような自然本性をもった理性的な動物をこしらえたが、それは共通の利益になんらかの貢献をするのでないかぎり、個別的な善のいかなるものも獲得できないようにするためなのである。かくして、すべてのことを自分のためにするからといって非社会的(6)であるわけではないことになる。それは何を期待するからなのか。人が自分と自分自身の利益を顧みないようにするためなのか。そして、すべてのものにとってなお同じひとつの原則、すなわち自分自身への親密化(7)があるのはどうしてなのだろうか。

ではどうだろうか。意志と関わりのないものについて、それが善いものだとか悪いも

11 12 13 14 15 16

のだとか思う[8]不自然な考えが根底にあるかぎりは、どうしても僭主の世話をせざるをえなくなる。なぜなら、僭主の世話をするのは利益だが、寝室係の世話をするのは利益にはならないからだ。皇帝が人を寝室の便器担当者にすると、その人は打って変わってなんと賢明になることか。われわれはどうしてまた急に、「フェリキオ[9]はなかなか賢明に私と話してくれた」などと言うのだろうか。私は彼が再び愚か者と君に思われるように、便所から追い出されることを望んでいた。

　エパプロディトスにはお抱えの靴屋がいたが、役に立たないので売り払ってしまった。ところが、その男は運よく皇帝の側近者のひとりに買われて、皇帝の靴屋になったのだ。するとエパプロディトスがどれほどその男を尊重するようになったかは、君も知ってのとおりだ。「親しいフェリキオ君はどうしているかね」。それで、われわれのうちのひとりが、「ご主人[10]はどうしておいでか」と訊くと、「フェリキオとなにか相談されていますよ」という話だった。役に立たないというので、彼を売ったのではなかったのか。すると、誰が彼を賢くしたのだろうか。これがすなわち意志以外のことを尊重するということなのだ。

「私は護民官[11]に起用されたぞ」

彼に会った人はみなお祝いの言葉を述べ、ある人はその人の目に、ある人は首に、奴隷たちは手に[12]口づけをする。家に帰れば、ランプが灯(とも)されているのがみえる。カピトリウム[13]に登って犠牲を捧げる。それでは、正しく欲求したとか、自然本性にかなうように衝動を感じたとかしたために、これまでに誰が犠牲を捧げただろうか。なぜなら、われわれは善をおこなったということで、神々に感謝するからである。

今日ある人がアウグストゥスの聖職[14]について私に話した。私はその人に「ねえ、そんな仕事は捨てておきなさい。無駄なことにたくさんの出費をすることになるよ」と言った。

「だけど、記録係が私の名前を書いてくれますよ」とその人は言った。

「まさか、それを読み上げる人の側にいて「私の名前が書かれている」と言うんじゃないだろうね。今だったらみんなの側にいることができるが、君が死んだらどうするんだ」

「私の名前が残っていますよ」

「それを石に書くことだね。そうしたら、名前が残るだろう。でも、ニコポリス[15]の外で誰が君のことを覚えているだろうか」

25　26　27　28

「だけど、黄金の冠(16)をかぶることになるでしょう」

「冠が欲しいのなら、バラを採って頭に巻くことだ。そのほうが立派にみえるだろう」

第二〇章　理性はいかにして自分自身を考察するのかについて

すべての技術や能力は、なにか主要な対象を考察するものである。ところで、考察するもの自身と考察されるものが、同じ種類のものである場合には、必然的にそれ自身をも考察することになるが、同じ種類のものでなければ、それ自身を考察することは不可能である。靴を作る技術は皮革を扱うが、それ自身は皮革という材料とまったく異なるものであり、したがって、それ自身を考察することはない。さらに、読み書きの技術は書かれた言葉に関するものであるが、それ自身も書かれた言葉であることはないだろう。けっしてそんなことはない。したがって自分自身を考察することは不可能である。

そうすると、いったい何のために理性は自然によって授けられたのか。心像をしかるべきしかたで用いるためである。すると、理性はそれ自身としては何であるのか。それはなんらかの性質をもった心像の集合体である。このように考えると、理性は自然本性においてそれ自身を考察するものでもあることになる。さらに、思慮[1]はどんなものを考察するものとしてあるのか。善と悪とそのどちらでもないものである[2]。すると、思慮はそれ自身としては何であるのか。善いものである。思慮がないことは何であるのか。悪しきものである。そうすると分かるかね、必然的に思慮もまたそれ自身とその反対のものを考察するものとなるわけだ。

　したがって、哲学する者の最も重要で第一の仕事は、もろもろの心像を吟味し、判別し、吟味されていないものはなにひとつ受け入れないことである。君たちはわれわれと少なからぬ関わりをもっていると考えられる貨幣について、どのようにして技術を見出して、検査人が貨幣を吟味するために、観察したり、触ったり、匂いをかいだり、最後にはその音を聞いたりして、どれほどの労力をはらっているかをご存じだろう。検査人はデナリウス硬貨を投げて、その音に注意を払い、しかも一度では満足せず、何度も注意するものだから、音楽家のようになる。

　それで、欺かれるか欺かれないかで大きな違いがあると思われるような場合には、欺かれる可能性があるものの判別にわれわれは多大の注意を払うようにしている。しかし、心の指導的部分が哀れむべき状態にあれば、欠伸(あくび)をしたり、眠ったりして、すべての心像をそのまま受け入れたりする。それによる損失に気づかないからである。

だから、君が善と悪についてはどれほど無頓着で、善悪と関わりのないことについて[3]はどれほど熱心であるかを知りたければ、視力を奪われた状態と比べて君がどうであるのか、欺かれた状態と比べて君がどうであるのかを知ればよい。そうすれば、君が善と悪についていて感ずべきところからどれほど隔たっているかが分かるだろう。12

「だけど、そのためには多くの準備と、多くの労苦と、多くの学識が必要ですよ」13

するとどうなのか。君は最も重要な技術をわずかな努力で獲得することができることを期待しているのか。とはいえ、哲学者たちの主要な教説はきわめて簡潔なものである。14

もし君が知りたければ、ゼノン[4]の書物を読むとよい。そうしたら、分かるだろう。なぜなら、人生の目的は神々にしたがうことである[5]とか、善の本質は心像をしかるべきしかたで用いることであるとか言うのに、どうして長くかかるだろうか。もっとも、「するのか。15 16
と、神とは何であるのか。心像とは何であるのか。個々の自然本性とは何であり、万有の自然本性とは何であるのか」と問うならば、もう話は長くなる。

それからもしエピクロスがやって来て、善は肉の内になければならない[6]と言えば、これもまた長い話になって、われわれの内の指導的な部分が何であり、基体となり本質と17

なる部分が何であるかとなれば、さらに長い話となり、講義を聞かねばならなくなる。カタツムリの善は殻の中にはありそうもないが、人間の善は肉体の中にありそうだろうか。エピクロスよ、君自身はこれよりも優れたものとして何をもっているのか。君の中で熟慮し、それぞれを考察し、肉そのものについて、それを物事を判断する指導的な部分だと断定するものは何だろうか。また、どうして君はランプに火を灯して、われわれのために骨を折って、そんなにたくさんの本を書いているのか。(7) われわれが真理について無知でないようにするためなのか。われわれはどんな人間であり、君に対してどういう存在であるのか。(8) かくして、話は長くなるのだ。

第二一章　驚嘆されることを好む人たちに対して

人生においてしかるべき姿勢(1)を有するのであるならば、外に向かって口を開かぬことだ(2)。ねえ君、何を君は得たいのかね。私は自然本性にしたがって欲求したり、忌避したりして、自然本性のままに衝動を感じ、反発し、さらに計画し、決心し、承認するのであれば、それで満足だ。なのに、どうして君は焼き串を呑み込んだかのようにして(3)歩き回っているのか。

「出会った人が私に驚嘆し、私に付きしたがいながら「ああ、偉大な哲学者だ」と叫んでほしいのだ」

君が自分に驚嘆してほしいと思うのはどんな人たちなのか。君がよく「気が違っている」と言っている人たち(4)のことではないのか。そうするとどういうことになるのか。君はそんな気が違っている人たちに驚嘆してもらいたいのか。

第二二章　先取観念について

先取観念[1]はすべての人間に共通のものであり、ある先取観念が別の先取観念と衝突することはない。なぜなら、われわれのうちの誰が、善とは有益なもの、選択されるもの、どんな状況においても求め、追いかけるべきものと考えないであろうか。また、われわれのうちの誰が、正義を美しくふさわしいものと考えないであろうか。すると、どんなときに衝突が生じるのだろうか。それは先取観念を個々の事例に適用するような場合で、ある人が「彼は立派にやったよ。勇敢な人だ」と言っているのに、別の人が「いや、頭がどうかしていたんだ」と言うようなときである。こんなことから、人間同士で衝突が生じるのである。それはユダヤ人とシュリア人とエジプト人とローマ人の間の衝突でもある。つまり、敬虔をなによりも優先しなければならないとか、それをどんな場合にも追求しなければならないとかいったことではなく、豚肉を食べる[2]ことは敬虔なことか不敬虔なことかということである。君たちはこの衝突をアガメムノンとアキレウスの間にも見出すだろう。[3] 彼らをわれわれの議論に呼び出してみよう。アガメムノンよ、あなたはどんな意見なのか。ふさわしいことや立派なことは生じるべきではないのか。

「たしかに生じるべきだ」

6 では、アキレウスよ、あなたはどんな意見なのか。立派なことが生じれば、あなたは満足するのではないか。

「たしかになににもまして私は満足する」

それでは、先取観念をあてはめてみなさい。ここで衝突が始まってくる。

7 一方の人は、「クリュセイスを父親に返すべきではない」と言い、もう一方の人は、「たしかに返すべきだ」と言う。[4] つまり、彼らのどちらかが「ふさわしい」という先取観念をまったく間違ったしかたであてはめていることになる。

8 さらにまた、一方の人は、「もし私がクリュセイスを返さなければならないとすれば、君たちのだれかから恩賞をもらわなければならなくなる」と言い、もう一方の人は、「すると、私の恋人[5]をとろうというわけか」と言う。「そうだ、君の恋人をもらうことにする」と前者が言うと、「だけど、私だけが恩賞をもらっていないぞ」と後者が言う。かくして衝突が生まれるのだ。

とするとk、教育を受けるというのはどのようなことなのか。それは、自然な先取観念を個々のものに自然本性にかなうようにあてはめ、さらには、物事のうち、あるものはわれわれの力の及ぶものであり、あるものは及ばないものであるということ、つまり、意志や意志に基づく行為はわれわれの力の及ぶものであるが、身体、身体の一部、所有物、両親、兄弟、子供、祖国、要するに社会的なものはわれわれの力の及ばないものであるということだが、そのような区別をするしかたを学ぶことである。そうすると、そのどちらを善とするべきだろうか。どのような物事に善をあてはめるべきだろうか。われわれの力が及ぶものにだろうか。

「では、健康や五体満足であることや生命は善いものではないのですか。いや、子供も両親も祖国も善いものではないのですか」

君がそれらを善いものでないと言えば、誰が承知するだろうか。だから、かりにそういうものを善だとしてみよう。では、それらが傷つけられたり、善いものを得そこなったりすると、人は幸福であることができるだろうか。

「できません」

また、社会の人たちとのしかるべき暮らしについてはどうだろうか。できないだろう。

なぜなら、私は自分の利益となるように、自然に作られているからである。畑をもっていることが私の利益であるならば、隣人から畑を奪うことも私の利益になるだろう。服をもっていることが私の利益であるならば、風呂場で服を盗むことも私の利益になるだろう。ここから戦争や内乱や僭主政治や陰謀が生まれるのである。しかし、それではさらにわれわれはどうやってゼウスに対する義務(6)をはたすことができるだろうか。なぜなら、私が傷つけられたり不運であったりしても、ゼウスは私のことを気にもとめないだろう。すると、「私を救えないのであれば、あの方は私にとって何なのか」とか、さらに「私が今おかれた状態にあることをお望みだとしたら、あの方は私にとって何なのか」とか言って、その後私はゼウスを憎みはじめることだろう。とすると、どうしてわれわれは神殿など造ったりするだろうか。どうして神像など立てたりするだろうか(7)。ゼウスを悪霊とか熱病の神とかみなすことになるのか。どうしてなお救いの神であり、どうして降雨の神であり、どうして実りの神であるのか。実際、もしわれわれが善の本質をこのようなところに置く(8)ならば、以上のすべてが結果するのである。

「ではどうしたらいいのでしょう」

それこそ真に哲学し、陣痛に苦しむ(9)者の探究なのだ。

「私は今何が善で、何が悪か分からなくなっています。気が変になっているのでしょうか」

そうだ、気が変になっているのだよ。だけど、私が善をここに、つまり意志に関わるものに置くならば、みんな私のことを笑うだろう。白髪の老人がたくさんの指輪をはめてやって来て、それから首を振りながらこう言うだろう。

「いい子だ、私の話を聞くんだ。哲学するのも必要だが、でも頭を冷やさないとね。そんなことは馬鹿げた話だよ。お前は哲学者たちから推論とやらを学んだが、お前が何をすべきかは、哲学者よりもお前のほうがずっとよく分かっているはずだ」

「ねえ、もし私が分かっているのでしたら、どうして私を非難するのですか」

こんなつまらない人に対して私はどう言ったものだろうか。もし私が黙っていれば、この人は怒りで爆発してしまうのだ。そこで、私はこう言わなければならなくなる。

「恋人を赦（ゆる）されるように、私をお赦しください。心ここにあらずで、気が変になっているのですから」

第二三章　エピクロスに対して

エピクロスもまた、われわれが自然本性において社会的なものだと考えているが、しかし彼がいったん人間の善を殻[1]にあるとしたからには、もはやほかのことはなにも言えないのだ。なぜなら、彼はまた善の本質を離れたものにはいずれも感嘆すべきではないし、また受け入れてはならないと強く主張しているからである。しかも、このように主張しているのは正しいのだ。すると、子供に対する愛情が自然本性的なものではないとすると、どうしてわれわれはなお社会的なもの[2]であるだろうか。なぜ君は賢者に子供の養育を思いとどまらせようとするのか[3]。どうしてそれによって苦痛に陥りはしないかと恐れるのか。なぜ君は家で飼っているネズミ(ミュス)[4]のために苦痛に陥ったりするのだろうか。彼の家の中にいる小さなネズミが鳴いたからといって、それが彼にどんな関わりがあると言うのだろうか。いやむしろ、彼は子供がいったん生まれると、その子を愛さないとか、気にかけないということは、われわれの力の及ぶところではないことが分かっているのだ。だから、エピクロスは分別のある人は政治に携わるべきではないと言うのである。[5] 政治に携わる人が何をしなければならないかを知っているからだ。実際、君がハエの群れの中にいるかのようにして暮らしていても何の妨げがあるだろうか。しかしそれにもかかわらず、彼はそのことを知っていながら、あえて「われわれは子供をもうけるべきではない」と言っているのだ。だけど、羊は自分の子供を捨てないし、オオカミも捨てないが、人間は捨てるのだろうか。君は何を望んでいるのか。われわれが羊のように愚かであることか。だけど、羊でさえ子供を捨てることはないのだ。オオカミのように獰猛(どうもう)であることか。だけど、オオカミも子供は捨てないのだ。どうなのかね、自分の子供が地上に落ちて、泣いているときに、誰が君の考えにしたがうだろうか。私は思うのだが、君の母親や父親は、君がこんなことを言おうとしていると予言されていたとしても、君を捨てることはなかったであろう。

第二四章　困難な状況に対してどのように挑むべきか

1　困難な状況は人間の真価を示すものである。今後、困難な状況に陥ったときは、体育教師がするように、神が君を乱暴な若者と取り組むようにしたと考えることだ。

2　「何のためですか」とだれかが言った。

オリュンピア競技の勝者となるためだ。でも、汗を流さないと勝者になれない。私が考えるには、競技者が訓練の相手に若者を利用するように、君が困難な状況を利用する気になれば、だれも君がおかれている状況より有効なものはもちあわせていない。3　今われわれは君を密偵として(1)ローマに送ることにする。(2)だが、物音を聞いただけで、どこかで影をみただけで、狼狽し走ってきて、敵がもうすぐそこにいますよなどと報告するようなことがないように、臆病な密偵を送るようなことはだれもしない。今もそうだが、もし君がわれわれのところに来て、「ローマでは恐ろしいことが起こっていますよ。4　死は怖いし、追放も中傷も貧乏も怖い。みなさん、逃げてください。敵が迫っています」

などと言えば、われわれは君に対して「去りたまえ。われわれが犯した唯一の誤りはこのような密偵を送り込んだことだということを、君は心に留めておくがよい」と言うだろう。

君より前に密偵として送られたディオゲネス(3)は、われわれにこれとは違った報告をしている。彼が言うには、死は悪いことではない。恥ずべきことでもないからだ。また、悪評とは気のふれた人間どもの喧噪のことだと言っている。さらに、この密偵は労苦について、快楽について、貧乏についてなんとも愉快なことを語っている。また、どんな緋(ひ)色の衣装(4)よりも裸のほうが勝っているとも言っている。なにもない地面に寝ても、最高に柔らかい寝床だという言葉もある。そして、そのひとつひとつについて、彼は自分の勇気と、平静な心と、自由と、光り輝く頑強なる身体によってこれを証明してみせたのだ。彼は言う、「敵など近くにひとりもいない。万事が平和に満ちている」と。「ディオゲネス、どうしてなのか」と問えば、彼は「みたまえ。私は殴られてはいないし、傷つけられてはいないし、だれかから逃げたりもしていない」と答える。これがあるべき密偵というものだ。だが、君はわれわれのところにやって来て、次から次へと報告するわけだ。もう一度かの地に引き返して、恐れずにもっと詳しく調べてみることにしてはどうかね。

「私は何をしたらいいのでしょうか」

　船から降りるとき、君はどうするか。まさか、舵(かじ)や櫂(かい)をもって行ったりはするまい。では何をもって行くのか。君の持ち物である油壺と革袋(かわぶくろ)だ。そして今自分のものを覚えているかぎり、他人のものに手を出そうとはけっして思わないだろう。(5)彼は君に「元老院(6)の服を脱げ」と言う。ごらんのとおり騎士(7)の服を着ている。「それも脱げ」と彼は言う。ごらんのとおり下着だけだ。「下着も脱げ」と彼は言う。ごらんのとおり裸だ。

「それでも、お前をみていると羨(うら)ましくなる」

　では、私のこの小さな体を全部奪えばよい。私はその人に体を投げ出すことだってできるのに、なおも恐れたりするだろうか。

「でも、私を財産相続人にしてくれないのです」

　そうするとどうなのか。それらのものがなにひとつとして自分のものでないことを私は忘れていたのだろうか。どうしてそれらが自分のものだと言えるだろうか。宿屋のベッドを自分のものだと言うようなものだ。宿屋の主人が死ぬときに君にそのベッドを残せば話は別だが、もしほかの人に残せば、そのベッドはほかの人のものだろう。とする

と、君は別のベッドを探すだろう。それで、みつからなければ、君は地面に寝ることに　15
なるわけだ。せいぜい元気を出して、鼾(いびき)をかきながら、悲劇というものは金持ちや王や僭主たちに起こるが、貧乏人はだれひとりとして、劇の合唱隊を除けば悲劇の役などあたえられることはないことを思い出すのだ。

　王たちは善いことづくめで始まる。　16

　王宮をば花冠で飾れ(8)

とね。ところが、第三場とか第四場とかになれば、

　キタイロンよ、なぜにわれをかくまいし(9)

とくるのだ。

　ねえ君、君の冠はどこだ。君の頭飾りはどこだ。護衛兵は君にはなんの役にも立たな　17
いのか。彼らのうちのひとりに君が近づけば、悲劇の人物に近づいたと思うがよい。た　18

だし、劇の役者ではなく、オイディプス自身にだ。

「だけど、これこれの人は幸福ですよ。だって、随行する人がたくさんいますからね」

私もたくさんの人の隊列に並んで、たくさんの人とともに歩くことにしよう。しかし、大事なのは、ドアが開いていること(10)を忘れないことだ。そして、子供たちよりも臆病になってはならない。子供たちは遊びがおもしろくないときは、「もう遊ばない」と言うが、君もそう思えるようなときは、「もう遊ばない」と言って、やめることだ。だけど、それをやめないのであれば、泣きごとを言ってはならない。

第二五章　同じ問題について

1　もし以上のことが真実であり、人間の善と悪が意志の内にあり、それ以外のものはわれわれにとってなんでもないと言っても、怠けているのでもなく、偽善者にもならないとしたら、どうしてさらにわれわれが混乱したり、恐れたりすることがあるだろうか。2　われわれが真剣にやっていることに対しては、だれもそれらを左右する力をもっていないし、またほかの人が左右する力をもっていることについては、われわれは意に介さない。もはやどんな関わりがあると言うのか。

3　「どうか私に指図をしてください」

私が君にどんな指図をするのか。君への指図はゼウスがしているのではないか。神は君のものは妨げられたり、邪魔されたりしないようにしてあたえ、君のものでないものは邪魔され、妨げられるようにしたのではないか。すると、君はどんな指図を、どんな命令をもらってかのところからやって来たのか(1)。4　君のものはあらゆる手段によって守りぬき、君のものでないものは望んではならない。誠実さは君のものであり、恥を知る心も君のものである[2]。とすれば、誰が君からそれらを奪うことができるだろうか。君のほかに誰がそれらの使用を妨げることができるだろうか。また、君はどのようにして妨げるのか。君自身のものでないことに一生懸命になって、君自身のものを失ったときである。このような忠告と指図をゼウスから授かっていながら、さらに私からどんなことを得ようと望んでいるのか。私は神よりも優れ、より信頼に値すると言うのか。しかし、君がこれらのことを守るならば、なにかほかに必要なものがあるだろうか。むしろ、神がこれらのものを指図しているのではないか。先取観念をもってくるのだ。哲学者たちの論証をもってくるのだ。君が何度も聞いたことを、君自身が言ったことを、君が読んだことを、君が練習したことをもってくるのだ。

「そうすると、いつまでその指図を守り、遊び[3]をお仕舞(しま)いにするといいわけですか」

立派にやり遂げるまでだ。サトゥルナリア祭[4]のときに、籤(くじ)でだれかが王様の役を引き当てた。王様の遊びをするという考えが決まったからだ。すると、王様は「お前は酒を飲め、お前は酒を水で割るのだ、お前は歌え、お前は帰れ、お前は来るんだ」と命じる。私は自分のところでこの遊びがお仕舞いにならないように、言うことを聞くわけだ。

「さあ、お前は自分が不幸にさいなまれていると考えろ」

いや、そうは思わない。誰が私にそんなふうに思うように強制できるだろうか。今度は、アガメムノンとアキレウスの遊びをすることを決めた。アガメムノンの役になった人が私に言う。

「アキレウスのところに行って、ブリセイスを奪ってくるのだ」

私は行くことにする。

「来るんだ」

私は来ることにする。われわれは仮定論法にしたがってふるまうように、人生においてもふるまわねばならない。

「夜だとしよう」

そうしよう。

「ではどうか。今は昼なのか」

そうではない。今は夜だと仮定したのだから。

「今は夜だと君が仮定しているとしよう」

そうしよう。

「それだけじゃなく、実際に夜だと考えるのだ」

いや、それでは仮定と合わない。

今の場合もこれと同様である。

「君が不幸だとしよう」

そうしよう。

「では、君は運がないということだな」

そうだ。

「するとどうか。君はよくない運にさいなまれているわけだ」

そうだ。

「それだけじゃなく、実際に不幸だと考えるのだ」

いや、それでは仮定と合わないし、ほかの方(5)も私に禁じておられる。

そうするとわれわれはいつまでこのような指図にしたがわねばならないのか。その指図が有益である間、すなわち私がふさわしいこと、(6)適正であることを守りぬいている間である。ところが、気むずかしく(7)腹の虫がおさまらない人たちがいて、「私はこの人の家で食事して、ミュシア(8)での戦いの顚末について、「兄弟よ、どんなふうに丘の頂上まで登り、またもや敵に包囲され始めたと思うかね」などと話すのを毎日聞かされるのには我慢できない」と語る。ほかの人は、「私はむしろ食事をご一緒させていただいて、そのお話を心ゆくまで語られるのを聞きたいものですな」などと言うのだ。これらの意見の価値については君が比較してみるのがよい。ただし、意気消沈したり、重苦しい気分で、あるいは不幸に陥っているなどと考えてやらぬことだ。これについて君を強制する人はだれもいないのだから。家の中が煙っているのか。それほど煙っていなければ私は家にとどまるが、あまりひどかったら私は出ていくだろう。(9) ドアが開いていることを(10)忘れず、しっかりと心にとどめておかねばならない。

「ニコポリスに住んではならない」という別の指図が出る。

私は住まない。

「アテナイにも住んではならない」

アテナイにも住まない。

「ローマにも住んではならない」

ローマにも住まない。

「ギュアラ(11)に住むのだ」

16 17 18 19

20 私は住むことにする。だが、ギュアラに住むには煙がひどいようだ。私はだれも私が住むのを妨げないところに去ることにしよう。その住処(すみか)[12]はすべての人に開かれているからだ。21 そして最後の下着である肉体を超えて、だれも私に対してどんな権力も及ぼすことはできないのだ。22 だから、デメトリオス[13]はネロに対して「あなたは死でもって私を脅かすが、自然があなたを脅かしている」と言ったのだ。23 だが、もし私がこの小さな肉体に心を奪われるならば、私は自分自身を奴隷にしてしまっているのだ。わずかな財産に心を奪われても同様である。24 なぜなら、私は自分が何によって捕縛されるかを自分で早速明らかにしているからだ。ちょうどヘビが頭をひっこめたら、「ヘビが大事にしているその頭を打つのだ」と言うのと同じことだ。そして君も、君が大事にしているところを狙って、君の主人が攻撃してくることを心得ておくのだ。25 このことを忘れなければ、さらに君は誰にへつらい、誰を恐れるだろうか。

26 「だけど、私は元老院議員が座るところに座りたいのです」

ほらごらん、そうして君は自分を窮屈にして、自分を圧迫しているのではないか。

27 「するとどうしたら円形劇場[14]でうまく見物することができますか」

ねえ君、見物などしないことだよ。そうすれば押しあわなくてもすむよ。なんでまた苦労するのか。あるいは、少し待って見世物が終わってから、元老議員たちが座っていたところに座って、日向(ひなた)ぼっこをするとよい。要するに、このことを覚えておくのだ。われわれは自分で押しあって、自分で窮屈にしているのだ。つまり、われわれの考えがわれわれを押しあい、われわれを窮屈にしているのだ。というのは、人を罵(ののし)るということはどんなことなのか。石の側に立って、石を罵ってみるとよい。君は何をすることになるだろうか。もし人が石のようになって聞くとしたら、罵ることにどんな利益があるだろうか。だけど、罵る人が罵られる人の弱点を利用して罵るとしたら、その時はなにか得るところがあるだろう。

「あいつ〔の服〕(15)を引き裂くのだ」

どうして「あいつ」と言うのだ。服をとって引き裂くとよい。

「私はお前に乱暴したぞ」

それが君にとっていいことであることを願うよ。

ソクラテスもそのように心がけていたから、いつも顔色が変わることはなかった(16)。だが、われわれはどうすれば邪魔されず自由であるかということよりも、むしろどんなことでも喜んで訓練したり練習したりするものだ。

28　29　30　31

「哲学者たちが語るのはパラドックスだ[17]」

ほかの技術にはパラドックスはないだろうか。目がみえるようにするために、その目を突く[18]こと以上に、なにがよりパラドックスであるだろうか。人が医術の経験のない者にこんなことを言えば、話した人のことを笑うだろう。そうすると、哲学における真理の多くが経験のない人たちにパラドックスに思われても、なんの不思議があるだろうか。

32

33

第二六章　生きるための法則は何か

[1] ある人が仮定論法を読んでいるときに、エピクテトスが言った。仮定から帰結するものを受け入れることも仮定論法の法則である。だが、自然本性にしたがうことをおこなうことは、ずっと優れた意味で生きるための法則になる。[2] なぜなら、あらゆる問題と状況において自然本性にかなったことを保持しようとするならば、明らかに、すべてにおいて自然本性にしたがうことを逸することなく、自然本性に反することを受け入れることのないように配慮しなければならないからである。[3] そういうわけで、哲学者たちはわれわれをまず比較的容易な理論で鍛えるようにして、次によりむずかしい問題へ導いていくのである。なぜなら、理論の場合には、教えられたことにしたがわないように反対の方向に導くものはなにもないが、人生に関わる問題では別の方向に導くものがたくさんあるからである。[4] だから、後者の問題を先にしたいと考える人はおかしいことになる。よりむずかしいことから始めるのは、容易ではないからだ。

そして、子供に哲学させることを嫌がる親に対しては、次のような言いわけをしなければならない。「いやお父さん、私は間違っていまして、自分がなすべきこともふさわしいことも分かっていないのですよ。それが学ぶことも教えることもできないものだとしたら、どうして私を非難するのですか。もし教えることができるものでしたら、どうぞ教えてください。また、あなたにそれができないのであれば、それを知っている人のところへ私を学びに行かせてください。だって、どのようにお考えですか。私が好んで悪に陥り、善から逸れているとでも。それはあってほしくないことです。私が誤る原因は何でしょうか。それは無知です。それでは、あなたは私が無知から逃れることを望まないのですか。かつて怒りが船の操舵（そうだ）に関することや音楽のことを教えたことがありますか。あなたの怒りによって私が人生に関することを学ぶと思いますか」

以上のような言いわけは、このように学ぶ意図がある人にだけ許されるものである。だが、もし人が宴会で仮定論法について知っていることをみせびらかしたいばかりに、これらの議論を読んだり、哲学者のところに通っているのだとしたら、その人は隣に座っている元老院議員に驚嘆してもらうためだけでそんなことをしているのではないか。なぜなら、かの地[1]ではそれは本当に重要な事柄だが、この地[2]の富などかの地では玩具（おもちゃ）のようなものと思われているからだ。そのため、かの地では人を動揺させる力も大きいから、自分の心像を支配するのはむずかしくなる。私はある人を知っているが、その人は泣きながらエパプロディトスの膝にしがみついて、自分は困窮していると言っていた。一五〇〇万セステルティウスを除けば、なんの資産も残っていないというのがその理由だった。するとエパプロディトスはどうしたか。君たちと同様に笑ったのか。いやむしろ、驚いてこう言ったのだ。「かわいそうに、どうして黙っていたのだ。どうして我慢していたのだ」

また、エピクテトスが仮定論法を朗読していた若者を議論で混乱させると、その若者に朗読させた人がこれを笑ったが、これに対して彼は、「君は自分自身を笑っているのだよ」と言った。君はこの若者をあらかじめ訓練しないで、この議論についていけるかどうかも分からずに、読み手として使ったのだ。頭が複雑な判断についていけない人に、どうして賞賛や非難を任せたり、善い行動や悪しき行動についての判断を任せたりすることができるだろうか。そんな人間がこんな些細な問題でその帰結するところも分からないのに、だれかを悪しざまに言えば、その人物は改心するだろうか。だれかを褒めれば、その相手は得意になるのだろうか。そういうわけで、自分の指導的部分がどのような状態にあるかを認識することが、哲学の始まりとなるわけだ。それがまだまだ弱いと分かれば、大事な問題についてもはやこれを用いようとはしないだろうから。ところが実際には、一口も飲み込むことができないのに、全巻を買い込んで、これに食いつこうとするわけだ。そのため、吐き出すか、消化不良を起こし、次には腹痛、下痢、発熱とくる。最初にできるかどうかよく考えるべきだったのだ。しかし、理論においては、よく分かっていない人を論駁するのは容易であるが、人生に関する事柄においては、人は自分自身を吟味することもないし、われわれは自分を論駁してくる人を憎んだりもするのである。だが、ソクラテスは「吟味なき生は生きるに値しない」(6)と言っていた。

16 17 18

第二七章　どれだけの種類の心像が生じ、これに対してさしあたってどんな救助法をとるべきか

1 われわれに生じる心像には四種類のものがある。すなわち、(一)存在し、かつ存在するようにみえるもの、(二)存在しないし、かつ存在するようにみえないもの、(三)存在するが、存在するようにみえないもの、(四)存在しないが、存在するようにみえるものである。さらに、これらすべての場合において、正しく判断することが教育を受けた者の仕事である。2 また、なんであれ議論で苦しめるものがあれば、これに対する救助法を適用しなければならない。ピュロン派[1]やアカデメイア派[2]の詭弁がわれわれを苦しめるようなことがあれば、これに対する救助法を適用することにしよう。3 まことしやかな心像のために、なにかが善ではないのに善にみえるような場合には、そこに救助法を探すことにしよう。もし苦しめるものが習慣だとすれば、これに対する救助法をみつけるように努力しなければならない。4 そうすると、習慣に対してはどんな救助法をみつけること

ができるか。それは反対の習慣である。君は一般の人[3]がこう話すのを聞くとする。「ああ、あの人は死んでしまった。彼のお父さんもお母さんも悲しみに打ちのめされている[4]。しかも、まだ若く、異境の地で死んだのだ」。君はこれと反対の言葉を聞くとよい。これらの言葉から身を引き離して、その習慣と反対の習慣を対置させるのだ。詭弁的な議論に対しては論理を、論理における訓練や熟練を準備し、まことしやかな心像に対しては拭い清められた明らかな先取観念を準備すべきである。

死が悪しきものであると思われるときには、悪しきものは避けるべきであるが、死は必ずやって来るということをあらかじめ考えておくことだ[5]。私はどうしたものだろうか。死を避けてどこに逃れるべきなのか。私をゼウスの子のサルペドン[6]に見立てて[7]、雄々しくこう語るとしよう。「とにかく出かけていって、自分が優れた者になるか、それともほかの人に優れた者になる機会をあたえるかすることにしよう。たとえ自分でなにかやり遂げることができず、他人が勇ましい手柄を立てたとしても妬むことはしないぞ」。このようなことはわれわれの力を超えているのであれば、次の考えはわれわれの心に浮かんでくるのではないか。どこに逃げて死を免れたらよいのか。その場所を教えてくれ。私が行こうとしている、死が訪れることのない人びとのことを教えてくれ。そんな魔法の呪文を教えてくれ。もしそんな呪文がないのであれば、君たちは私に何をさせたいのか。私は死から逃れることはできないが、死の恐怖からも逃れることはできず、悲嘆し震えながら私は死ぬのであろうか。なにかを望みながらそれが起きないときに、このような感情が生まれるからである。だから、私の望みのままに外的なものを変えることができるのであれば、私はこれを変えるだろうが、それができないのであれば邪魔する人の目をつぶしてやりたいと思うのだ。なぜなら、人間は善を奪われることに耐えられず、悪に陥ることにも耐えられないように生まれついているからである。それから最後には、物事を変えることも邪魔する人の目をつぶすこともできないとすると、私は座って涙を流しながら、罵ることができるなら、ゼウスであろうがほかの神々であろうが、だれであれ罵るのだ。私のことをなおざりにするならば、神々など私にとって何の関わりがあるだろうか。

「そうですね。でも、それだと不敬虔な人になってしまいますよ」

するとどうなのかね、今の私の状態よりももっと悪くなるのだろうか。要するに忘れてはならないのは、敬虔と利益が一致しなければ、どんな人においても敬虔は保たれないということだ。この議論が強制力のあるものだと思われないだろうか。

10　11　12　13　14

ピュロン派やアカデメイア派の人たちにここに来てもらって、反論してもらおう。私としてはこうした論議に関わっている暇はないし、一般的な通念(8)を擁護することもできない。もしかりに小さな土地のことで問題が起きた場合、私は弁護人として他人を呼ぶだろうが、今の問題の場合には、どんな弁護人を呼べば満足するだろうか。いかにして感覚(9)は生じるのか、つまり身体の全体によるのか、それともその部分によるのかという問題については、おそらく私は答弁するすべを知らないが、どちらの場合にも私を当惑させる。しかし、私は自分と君が同一人ではないことは、とてもよく分かっている(10)。どうしてそんなことが言えるか。なにかを飲み込もうとするときに、けっしてそれを君の口にはもっていかないだろう。むしろこの口にもってくる。パンをとろうとするときに、箒(ほうき)をつかむようなことはけっしてない。むしろ、いつでも標的だと思って(11)、パンのほうに進んでいく。しかし、感覚を否定する君たち自身は、なにか別のことをするだろうか。浴場に行こうとして、粉挽き小屋に行った者がいるだろうか(12)。

「ではどうなのですか。これらの事実を、つまり一般的な通念を保持し、これらに逆らうものに対して防備すべきではないですか(13)」

しかし、誰が彼らに対して反論するのか。その力があり、暇がある人がやればよいが、心がおののき、混乱し、胸を痛めている人は、自分の時間をなにか別のことに用いるべきである。

第二八章　人びとに対して怒るべきではないこと、そして、人びとの間では何が小事で何が大事か

1 あることを承認することの原因は何か。
「そのとおりだと思われることです」
2 とすると、そのとおりでないと思われることに対して承認することはありえないわけだ。
「どうしてですか」
3 真理にうなずき、虚偽に不満をもち、不明瞭なことに判断を保留することは、精神の自然本性であるからだ。
「それにはどんな証拠がありますか」

もしできるなら、今が夜だと思いなさい。

「それはできません」

今が昼だと思わないように。

「それはできません」

星の数が偶数だと思うか、あるいは思わないようにしなさい。

「それもできません」

それでは、人が虚偽を承認するときには、虚偽を承認することを望んでしたわけではないことを知るべきである。なぜなら、プラトンが言うように[1]、すべての魂は意に反して真理を失うのであって、その人には虚偽が真理に思えたからなのである。さあそれでは、行為の場合には、ここで言っている真理や虚偽に相当するものをわれわれはもっているだろうか。

「義務と義務に反するもの、利益と利益に反するもの、私に適したものと適していないもの、さらにこれらと同類のものをもっています」

そうすると、人が自分に有益だと思っているのに、それを選ばないようなことは可能だろうか。

「不可能です」

次のように言っている人はどうだろうか。

4 5 6 7

私は自分がしようとしていることがどれほど悪いことか分かっている。
だが、怒りのほうが私の思慮よりも強いのだ。(2)

怒りを満足させ、夫に復讐するというまさにこのことが、子供を救うより有益だと彼女は考えているわけだ。

「そのとおりです。しかも誤っているのです」

彼女に自分が誤っていることをはっきりと教えてやるべきだ。そうすれば、そんなことはしないだろう。だけど、君が教えてやるまでは、彼女は自分によいと思われていること以外のどんなことにしたがうことができるだろうか。

「ほかにはなにもないですね」

そうすると、どうして君は、このかわいそうな女が最も重大な事柄で迷い、人間からマムシになってしまったと言って、彼女に怒るのか。そうではなく、ちょうど目がみえない人をかわいそうに思い、足の不自由な人に同情するように、最も肝心な事柄のことで目がみえず、不自由な人になったと考えて同情しないのか。

だから、人間にとってあらゆる行動の尺度はその人の心に現れているものであること――しかも、その現れたのが正しいものか間違ったものかだが、正しい場合には、非難されることはないが、間違っている場合には、その人自身が罰を受けることになる。なぜなら、迷っている人と害をこうむる人とが異なることはありえないからである――、このことをはっきりと心に留めている人は、だれに対しても腹を立てたり、だれに対しても怒ったり、だれに対しても罵ったり、だれに対しても非難したり、憎んだりすることはなく、だれとも衝突するようなことはないだろう。 10

「そうすると、これほど重大で恐るべき行為は、その人の心に現れているものを原因としているわけですね」 11

そのとおりであって、ほかのことではない。『イリアス』の物語[3]は、心像と心像の使用以外のなにものでもないのだ。アレクサンドロス(パリス)にはメネラオスの妻を誘拐するのがよいという心像が現れ、ヘレネにはこのアレクサンドロスについていくのがよいという心像が現れたのだ。そこで、もしメネラオスが、こんな妻は奪われたほうが得だというような気持ちになったなら、どんなことになるだろうか。『イリアス』だけでなく、『オデュッセイア』もなくなってしまうのだ。 12 13

14 「そうすると、こんな大きな事件がこんなに些細なことのせいだったわけですか」

こんな大きな事件というのはどのような意味なのかね。戦争や内乱や、たくさんの人間の滅亡や都市の崩壊のことかね。どうしてそのようなことが大きいのだ。

「いいえ、少しも大きくありません」

15 では、たくさんの牛やたくさんの羊が死んだり、たくさんのツバメやコウノトリの巣が焼けたり壊されたりするのが大きなことだろうか。

16 「これらの例は先のものと似ているわけですか」

とても似ているね。人間の体が滅びて、牛や羊の体も滅び、人間の家が焼け、コウノ 17 トリの巣も焼けた。何が大きく恐ろしいことだろうか。それとも、人間の家とコウノトリの巣とでは住まいとしてどんな違いがあるのか、私に教えてくれたまえ。

18 「そうすると、コウノトリと人間は似ているのですか」

どういう意味かね。物体という点では非常に似ているね。家のほうは梁材（はりざい）と屋根瓦と煉瓦（れんが）からできているが、巣のほうは棒と泥からできている点は違うけどね。[4]

19 「いや、人間とコウノトリはいかなる点でも異なっていないですか」

そうあってほしくはないね。しかし、これらの点では両者は異ならない。

「ではどの点で異なっているわけですか」

調べてみなさい。そうすれば、人間がほかの点では異なっていることに気づくだろう。 20
自分がしていることについて理解していること、社会的であること、信頼できること、
慎みがあること、注意深いこと、分別があることという点で違わないのかどうか。そう 21
すると、人間における大きな善と悪はどこにあるのか。まさにそのような違いがあると
ころだ。もしこの違いが保たれ、防備されたまま踏みとどまり、慎みも信頼も分別も滅
びることがなければ、その時はその人自身も救われるが、これらのうちのなにかが滅ん
で、攻略されるならば、その時はその人自身も滅ぶのだ。そして、重大な事柄はこの点
にあるのである。ギリシア軍がやって来て、[5]トロイアを攻略し、アレクサンドロス（パ 22
リス）の兄弟たちが滅びたとき、彼は大きく躓（つまず）いたのか。けっしてそんなことはない。 23
だれも他人の行為によって躓くようなことはない。その時に壊されたのはコウノトリの
巣なのだ。だけど、慎みや信頼や客を歓待する心や礼節を失ってしまえば、その人はす
でに躓いていたのである。アキレウスはいつ躓いたのか。パトロクロスが死んだときか。 24
そうであってほしくはないものだ。むしろ、憤慨し、少女[6]のために泣き、恋人のためで
はなく戦うためにそこにいることを忘れたときである。正しい思考が奪われ、それが失 25

われたとき、これこそが人間の躓きであり、これこそが包囲であり、これこそが滅亡なのだ。

「そうすると、女たちが連れていかれ、子供たちが捕虜になり、自分たちが殺されるとき、それは悪いことではないのですか」 26

どうしてそのような考えをするのか。私にも教えてくれたまえ。 27

「いや、むしろどうしてあなたはそれが悪いことではないとおっしゃるわけですか」

判断の基準となるものに立ちかえってみよう。先取観念をもってきなさい。というの 28 も、人がおこなっていることに対してまったく不思議だと思うことがないのもそのためなのだからだ。重さを判定しようとする場合は、でたらめに判定することはないし、まっ直ぐか曲がっているかを判定する場合も、でたらめにではない。要するに、この領域 29 における真理を知ることがわれわれにとって重要である場合には、われわれのうちのだれもでたらめにすることはないだろう。だが、正しくおこなうか過つか、うまくいくかいかないか、不運であるか幸運であるかに関する第一の、そして唯一の原因が問題とな 30 る場合だけ、われわれはでたらめで向こうみずになったりするのだ。秤（はかり）のようなものはどこにもないし、判断の基準のようなものもどこにもなく、なにかが心に現れたなら、ただちにその現れたことを行動に移すのだ。アガメムノンやアキレウスは自分に現れた心像にしたがって、あのような悪事をおこない、また災難をこうむったわけであるが、私のほうは現れた心像には満足していないから(7)、その点では私は彼らよりも優れているのだろうか。またこれ以外にどのような悲劇の始まりがあるというのか。エウリピデスのアトレウス(8)はどうか。心に現れたことが始まりだ。ソポクレスのオイディプス(9)はどうか。心に現れたことが始まりだ。ポイニクス(10)はどうか。心に現れたことが始まりだ。ヒッポリュトス(11)はどうか。心に現れたことが始まりだ。そうすると、このようなことにまったく配慮しないのはどのような人だと君たちには思えるだろうか。自分の心に現れたことならなんでもしたがう人たちは何と呼ばれるだろうか。

「気が違っている人です」

われわれがしていることはこれとは別だろうか。

第二九章　不屈の精神について

善の本質はある種の意志であり、悪の本質もある種の意志である。

「それでは、外的なものとは何のことですか」

それは意志にとって材料となるものであり、それと関わりあうことで自分の善や悪を獲得することになるだろう。

「どのようにすれば善を獲得することになりますか」

材料に驚嘆することがなければ獲得できる。つまり、材料に関する考えがまっすぐなものであれば意志は善きものになるが、曲げられ、ねじれておれば悪しきものとなる。この法を作ったのは神だ。神がおっしゃるには、「なにか善を欲するならば、お前自身から得るのだ」という。ところが、君は「いやそうではなく、ほかのものからだ」と言うわけである。そうであってはならない。むしろ君自身から得るようにせよ。例えば、僭主が私を脅して、私に出頭を命じるならば[1]、私は「誰を脅しているのですか」と尋ねるだろう。「お前を縛ろう」と言うならば、「あなたは手と足を脅しているのです」と答える。「お前の首を切るぞ」と言うならば、「あなたは首を脅しているのです」と答える。「お前を牢獄に投げ込むぞ」と言うならば、「この小さな体の全体を脅しているのです」と答える。さらに、国外追放で脅かしても同じことだ。

「とすると、僭主はあなたに対してなにも脅していないことになるわけですか」

もし私がそれらのどれも私にとってなんでもないと感じたら、なにも脅していないことになるが、もし私がそのうちのどれかを恐れることがあれば、私を脅していることになる。そうすると私は誰を恐れたことになるのか。何のことで権力をもっている人か。私の力が及ぶことか。そんな人はひとりもいないのだ。私の力が及ばないことか。そのようなものがどうして私と関わりがあるだろうか。

「そうすると、あなたがた哲学者は王たちを軽蔑することを教えているわけですか」

そうであってほしくないね。われわれのうちの誰が、王たちの支配下にあるものを自分のものだと言って要求することを教えたりするだろうか。この小さな体をもっていくがよい。財産をもっていくがよい。名声をもっていくがよい。私の周囲の仲間たちを連れていくがよい。もし私がだれかにこれらのものを要求するように説得したとしたら、どうかその人に私を非難させてくれ。

11 「はい、だけど私はあなたの考えを支配したいのです」

誰が君にそんな力をあたえたのか。どのような場合に他人の考えを支配することができるのか。

12 「そいつに恐怖を抱かせれば、私が勝つでしょう」と彼は言った。

考え自身が自分に打ち勝ったのであって、ほかのものによって打ち負かされたのではないということを、君は知らないのだ。また、意志自身が自分に打ち勝つ以外には、ほかのなにものも意志に打ち勝つことはできない。13 このような理由からしても、「より優れたもの[2]をつねにより劣ったものより上にあらしめよ」という神の法は、最も強く最も正しいのである。14 「一〇人は一人より強い」。一〇人はどのような点で強いのか。縛り、殺し、望むところへ連行し、持ち物を奪うからである。つまり、一〇人が一人に打ち勝つのはこの点、すなわちより力が強いという点なのだ。

15 「では、一〇人はどの点で劣っているわけなのですか」

一人が正しい考えをもっており、一〇人がもっていないような場合だ。それでは、どうなるのか。この点で彼らは勝つことができるだろうか。どうしてそんなことが可能だろうか。もしわれわれが秤にかけられたら、重い方が傾くはずではないのか。「そういうわけで、ソクラテスはアテナイ人によってあのような目に遭わされたわけですね」

16

愚かな人だね。なぜソクラテスの話をするのだ。事のありのままを話してみなさい。こうではないか。ソクラテスの小さな肉体が引き出され、牢獄へ連行されて、ある人がソクラテスの小さな肉体に毒ニンジンをあたえ、その肉体が息を引きとったというわけか。君にはこれらのことが驚くべき不正なことのように思われ、これらのことで神を非難するのだろうか。それでは、ソクラテスにはこれらのことの代償がなにもなかったのか。彼にとって善の本質はどこにあったのか。われわれは誰の言葉に耳を傾けたものだろうか。君の言葉か、それともソクラテスの言葉か。彼は何と言っているのか。「アニュトスもメレトスも私を殺すことはできるが、害をあたえることはできないのだ(3)」。また、さらに「いやクリトンよ、それが神の御心にかなうのであれば、そうあってほしいものだ(4)」とも言っている。しかし、より劣った考えをもちながら、より優れた考えの人を打ち負かすということがあれば示してくれたまえ。もっとも、君は示すことはできないし、それに近いことも言えないだろう。なぜなら、自然の法にして神の法でもあるの

17

18

19

は、「より優れたものをつねにより劣ったものより上にあらしめよ」なのだ。どの点においてそうなのか。優れているというまさにその点においてである。ある肉体はほかの肉体よりも強く、多数の人は一人よりも強く、泥棒は泥棒でない人よりも強い。だから、私もランプ[5]をなくしたのだ。つまり、寝ずにいるという点において泥棒は私よりも強いわけだ。だが、彼はそれだけの値でランプを買ったのだ。ランプのために泥棒となり、ランプのために信用のおけない人になり、ランプのために畜生のようになったのだ。つまり、それが彼には得になると思われたわけだ。

それはそうとしておこう。しかし、だれかが私の服をつかんで、私を広場に連れていき、ほかの人びとが「哲学者よ、お前の考えはお前に役に立ったかね。ほらごらん、お前は牢獄へ連行され、首を切られるのだよ」と叫んだとする。

私より強い人が私の服をつかまえても、私は牢獄へ連行されたわけではないし、一〇人の男が私を引きまわして牢獄に投げ込もうとしても、私は投げ込まれたわけではないと言うために、どんな哲学入門を勉強したのだろうか。そうすると、私はほかにはなにも学ばなかったのか。学んだとも。もし意志とは関わりのないことであれば、私にとってなにものでもないということを知るためにね。それでは、それによって[6]お前が利益を

20 21 22 23 24 25

得ることはなにもないのだろうか。どうしてお前は学んだこと以外のところに利益を探したりするのか。26 それで、私は牢獄の中で座りながらこう言うことになる。「あんなふうに叫んでいる人は、言葉の意味に耳を傾けることもしないし、語られたことを理解しようともしないし、また一般に、哲学者たちが何を語っているのか、何をしているのかについて知ることに関心をもっていないのだ。こんな人のことは放っておこう」

27 「さあ、牢獄からまた出てくるんだ」

私には牢獄がなんの用もないというのであれば、出ることにしよう。また、必要になったら、入ることにしよう。

28 「いつまでか」

理性が私にこの小さな肉体と一緒にいるように命じている間だ。だが、命じなくなれば、この肉体をとるがよい。29 それでさようならだ。ただし、無分別に、軟弱な気持ちから、その場限りの口実で立ち去ってはならない(7)。なぜなら、神もそれを望まないからである。つまり、神はこのような宇宙を必要としており、このような大地の住民を必要としているのである。だが、ソクラテスに対するように、退却の合図をしたら、将軍にしたがうように、合図を送る神にしたがわねばならない。

「ではどうでしょうか。このことを多くの人々に言わなければなりませんか」

　何のためにか。自分が納得するだけで十分ではないのか。子供たちがやって来て、手をたたきながら「サトゥルナリア祭おめでとうございます」[8]と言っているのに、彼らに「それはめでたくないよ」などと答えるだろうか。けっしてそんなことはしない。むしろ、自分たちも手をたたくのだ。だから、君もだれかの考えを変えることができなければ、その人を子供だと思って、一緒に手をたたけばよい。そんな気持ちにならなければ[9]、それからは黙っていることだ。

　以上のことを記憶にとどめて、なにかこのような困難な状況におかれたときは、自分がよく学んだかどうかを示す絶好の機会が到来したことを知らねばならない。というのは、困難な状況に陥った人というのは、推論の解き方を学んで学校を卒業した若者に似ているからだ。つまり、容易に解ける問題が出されると、「練習になるように、もっと込み入った問題を出してください」と言う。競技者だとしたら、体重の軽い青年が相手では不満で、「とても私を持ち上げることなどできないね」と言う。これは素質のある若者だ。だが、普通はそうではなく、絶好の機会が来て呼び出されると、涙を流して、「もっと勉強しておけばよかった」と言わねばならなくなる。もっと何をか。実践して

30 31 32 33 34 35

示すために学ぶのでなかったら、何のためにそれを学んだのか。私はここに座っている君たちのなかで、だれか心の中で苦しみ、「この人が遭遇しているような困難な状況が、今私にやって来ないだろうか。オリュンピア祭で栄冠を勝ちとることができるのに、今この片隅に座って、時間を浪費しなければならないのか。人はいつ私にこのような競技への参加を告げてくれるのだろうか」とつぶやいている人がいると思う。君たちはみんなそのような気持ちでいなければならない。しかし、皇帝お抱えの剣闘士(10)の中には、だれも自分を連れ出して勝負をさせてくれないと不満に思っている人たちがいて、神に祈り監督のところに押しかけて、剣闘させてくれと頼みこんだりするが、君たちの中からはそのような人はだれひとり現れないようだ。私はそのためにも船で〔ローマへ〕行って、私のお気に入りの競技者がどんなことをしているか、どんなふうに問題に取り組んでいるのかを見物したかったのだ。

「私はそのような問題は好みません」とその人が言った。

君が好む問題を選ぼうとすることは、君の力の及ぶことだろうか。君にはこのような肉体、このような両親、このような兄弟、このような祖国、そして祖国におけるそのような位置をあたえられたのだ。ところが、その後にやって来て、「どうか問題を変えて

36　37　38　39

ください」と言うわけだ。すると、君はあたえられた問題を扱うための力をもっていないわけなのか。問題を出すのは君の仕事だが、その問題に立派に取り組むのは私の仕事だ。こんなふうに言わずに、むしろ君は「どうかこのような前提命題[11]を出さないで、このようなものにしてください。このような帰結を導かないで、このようなのにしてください」と言うのだ。おそらく悲劇の役者たちが、自分を仮面とかフェルト靴とか裾を引く衣[12]だと思う時が来るだろう。いいかね、君が持っているそれらは材料であり、問題なのだ。君は悲劇役者なのか道化師なのか分かるように、ひとつ声を出してみたまえ。どちらもそれ以外の点では同じようなものだからね。だから、役者からフェルト靴や仮面を引きはがし、役者の影のようなものとして舞台に登場させるならば、悲劇役者はもういなくなったのか。それともまだいるのか。悲劇役者の声ならば、まだそこにいるわけだ。

今の場合もそうだ。「長官の役を引き受けなさい」

私は引き受ける。そして、引き受けたうえで、教育を受けたらどんなふうに行動するかをお目にかけるわけだ。

「元老院の服を脱ぎ、襤褸(ぼろ)を身にまとって、この仮面をつけて登場するんだ[13]」

そうするとどうなのか。私が美しい声を出すことは許されていないのか。

[46] 「それでは今、お前はどんなふうに登場するのか」

[47] 神に召し出された証人としてなのだ。「汝(なんじ)よ、来たれ。そして、わがために証人となれ。汝は証人としてわれによって召し出すに値する者なり。意志をおきてほかに善はなく、悪もなし。われは人を害することなく、おのおのの利益をみずからの力の及ぶことよりほかによらしむることもない」。[48] 君なら神にどんな証言をするかね。

「主よ、私はみじめであり不運であります。だれも私を顧みてくれないのです。だれも私になにもくれません。みんなが私を咎(とが)め、罵(ののし)るのです」

[49] 君はこんな証言をして、神がおこなった召喚を辱めようとするのか。なぜなら、神はお前にこのような名誉をあたえ、これほど重大な証人として召喚するに値すると考えていたからである。

[50] ところが、権力を有する人が、「お前は神を敬(うやま)わず不敬虔であるという判決を下す」と宣告した。君に何が起こったのか。

「私は神を敬わず不敬虔であるという判決を受けたのです」

それ以外はなにもなかったのか。

「なにもありませんでした」

だが、もし仮言命題[14]について判断をして、「もし昼であれば、明るい、というのは虚偽だと私は判断する」という否定の言明をしたとすれば、この仮言命題に何が起こったのか。この場合、誰が判決を受け、誰が有罪とされたのか。仮言命題か、それともそれについて欺かれた人か。そうすると、君についてなにかを宣告する力をもったその人とはいったい誰のことなのか。その人は敬神とは何か、不敬とは何かを知っているわけなのか。それについて訓練を積み、学んだわけなのか。どこで。誰のもとで。それから、その人が最低音[15]のことを最高音だと言えば、音楽家はその人を眼中におくことはないし、中心から円周に対して引かれた線は等しくないと言えば、幾何学者はその人を眼中におくことはないであろうが、教育を受けていない人が敬虔や不敬虔について、不正や正義についてなんらかの判断をすれば、真の意味で教育を受けた人がその人のことを顧慮(こりょ)するようなことがあるだろうか。

ああ、教育を受けた人になんと不正の多いことか。すると、それらのことを君たちはここで学んだのか。君はこれらに関するとるに足らない議論を他人に、苦労を知らない学者先生たちにお任せして――彼らに隅っこに座ってもらい、わずかな賃金をもらって、

51 52 53 54 55

だれも自分になにもくれないとぶつぶつ言うようにさせるためだ――、君のほうは、人の前に出てきて学んだことを使ってみる気はないのか。というのは、今必要なのはとるに足らない議論ではないのだ。ストア派の書物はそんなとるに足らない議論でいっぱいだがね。では、必要なものとは何であるのか。それはその議論を用いる人だ。行為でもってその言葉を立証する人だ。どうか君はこの役を引き受けて、学校でもう古い例を使わなくてもいいように、むしろなにかわれわれに即した例をもてるようにしてくれたまえ。

では、そうした問題について観る(16)のはどんな人の仕事であるのか。余暇をもてる(17)人の仕事だ。人間は観ることを好む動物だからね。もっとも、それらをまるで脱走した奴隷のように観るのは恥ずべきことだ。むしろ、きょろきょろせずに、座ってある時は悲劇役者に、ある時は竪琴奏者に耳を傾けるのだが、脱走した奴隷のようにではない。彼らはそこに立って、悲劇役者を褒めたかと思うと、周囲に目をやる。次に、だれかがそいつの主人の名を呼ぶと、すぐにびくりとして、あわてだす始末だ。哲学者が自然のわざを観るのにこのような始末だとしたら、恥ずかしい話である。では、いったいこの主人とは何のことであるのか。人が人の主人であるのではない。むしろ、主人となるのは死

56 57 58 59 60

61 や生や快楽や労苦である。というのも、これらのものなしに皇帝を私のもとに連れてくるならば、私がどれほど平然としているかが分かるだろう。だが、これらのものを伴っ 62 て、雷を鳴らし稲光を閃(ひらめ)かしながら皇帝がやって来て、私がそれらを恐れるならば、あの脱走奴隷のように私が主人に気づいたということでなくて何であろうか。これらのものから解放されて一休みしている間は、脱走奴隷が劇場にやって来るように、私もそん 63 な気分になって、風呂に入り、飲んだり歌ったりするが、なにごとにつけ恐怖を感じてみじめである。だが、私が自分自身を主人から解放するならば、つまりそれによって主人が怖いものになる原因から解放するならば、さらにどのようなものが私の主人となるだろうか。

64 「では、どうでしょうか。このことをすべての人に宣言すべきでしょうか」

いや、そうではなくて一般の人に合わせて、こう言うべきなのだ。「この人は自分に 65 よいと思っていることを、私にも勧めているのだ。私はこの人に同情する[18]」とね。なぜなら、ソクラテスも毒杯をあおごうとしたときに、泣いている牢番に同情して、「なん 66 と気高く私のために涙を流してくれたんだろう[19]」と言ったからだ。でも、「だから女たちを帰らせたのだ[20]」という言葉はその人に言ったわけではあるまい。むしろ、親しい人たち、それに耳を傾けることができる人たちに言ったのだ。牢番の人には、召使いの子供に対するようにつきあったのだ。

第三〇章　困難な状況にいかに対処すべきか

君が権力者のうちのだれかのもとに行くとき、別の方が[1]天上からそこで起きていることをみておられるということを、そして、権力者よりもこの方に気に入られねばならないことを忘れるな。その方は君にこう尋ねる。「君は追放とか牢獄とか捕縛とか死とか不名誉のことを学校でどんなふうに言っていたかね」

「善悪と無関係なものと言っていました」

「では、今はそれらをどう言うのかね。まさか、変わったのではあるまいね」

「いいえ」

「では、君が変わったのか」

「いいえ」

「では、善悪と無関係なものとはどのようなものか、[2]その続きを言ってくれたまえ」

「意志と無関係なものです。私とはなんの関わりもありません」

1

2

3

4 「では、善きものとはどのようなものだと君に思われたのかを言ってくれたまえ」
「あるべき意志と心像の使用です」

「では、目的とはどのようなものか」
5 「あなた〔神〕にしたがうことです」
「今でも言うことは同じかね」

「今でも言うことは同じです」

それでは、以上のことを忘れずに堂々とした態度で行くことだ。そうすれば、心すべきことをわきまえている青年が、そうでない人びとの間ではどんなふうであるか分かるだろう。神々にかけて言うけれども、私は君が次のように確信しているところが目に浮
6 かぶのだ。「どうしてわれわれはどうでもいいことのために、こんなに大げさでたくさんの準備をしているのだろう。これが権力なのか。これが控えの間で、侍従で、近衛兵
7 なのか。こんなもののために、私はたくさんの議論に耳を傾けていたのか。こんなものはなんでもなかったのに、重大事であるかのように準備をしていたのだ」と。

アリアノスによるエピクテトスの語録、第一巻(3)

第二巻

第一章　大胆であることと用心することは矛盾しないこと

哲学者たちによって主張されていることは、ある人たちにはパラドックスのようにみえるかもしれないが、しかしそれでも、「なにごとも用心深く、かつ大胆におこなわねばならない」ということが真であるかどうか考察することにしよう。なぜなら、用心深さはどうも大胆さとは反対的なもののように思われ、反対的なものはけっして両立することはないからである。しかし、この領域において多くの人にパラドックスにみえているものは、私にはなにか次のようなものに関わっているように思われる。つまり、かりに同じ事柄に対して用心深くあるとともに大胆であることを要求するのだとしたら、結びつかない事柄を結びつけているると言ってわれわれを非難するのは当然であるだろう。しかし実際のところは、語られたことに奇妙なところがあるだろうか。何度も語られ、何度も論証されたことだが、もし善の本質が心像の使用にあり、悪の本質も同様であるということや、また意志に関わりのないことは悪の本性も善の本性も受け入れることはないということが真であるならば、哲学者たちが「意志に関わりのない場面では、君は大胆であれ。また、意志に関わりのある場面では、用心深くあれ」と言ったとしても、彼らの主張にどんなパラドックスがあるだろうか。なぜなら、悪が悪しき意志に依存するものであれば、ただこれらに対してのみ用心するのが当然であり、意志に関わりのないものやわれわれの力の及ばないものがわれわれに対してなにものでもないのであれば、それらに対しては大胆にふるまうべきであるからである。このようにして、われわれは用心深くあるとともに大胆でもあることになり、しかもゼウスにかけて言うが、用心深いがゆえに大胆でもあることになるだろう。というのも、本当に悪いものに対して用心深いために、そうでないものに対してわれわれは大胆に行動する結果になるからである。

それで、われわれは鹿と同じような経験をするのだ。鹿は羽根を恐れて逃げるとき、(2)どこに向かっていくだろうか。いずこを安全として避難するだろうか。網に向かっていくのだ。このようにして、鹿は恐れるべきものと大胆であるべきものを取り違えて身を滅ぼすことになる。われわれも同様で、どこを恐れているのか。意志と関わりのないものに対してである。さらにどんなことに対してなら、なにも怖いものはないかのように大胆にふるまうのか。意志と関わりのあるものに対してである。だまされたり、軽率な行動をしたり、恥ずかしいことをしたり、恥ずべき欲望からなにかを欲しがったりしても、意志に関わりのないことについてうまく対処できておりさえすれば、われわれにとってはどうでもいいことになる。むしろ、死や追放や労苦や不名誉に関係する場合には、われわれは後ずさりしたり、狼狽したりするわけである。したがってわれわれは、最も重大な事柄で誤っている人たちのように、本来の大胆さを、向こうみず、やけっぱち、無謀、破廉恥とみなし、本来の用心深さと慎みを、恐怖と不安に満ちた臆病、卑屈とみなすのである。なぜなら、人は用心深さを意志や意志による行動に適用すれば、ただちに用心深くあろうとすると同時に、なにかを忌避することが自分の力の及ぶ範囲で可能となるだろうが、自分の力が及ばないことや意志と関わりのないことに適用すると、他人の力が及んでいるものに対して忌避することになり、必然的に恐怖を抱き、動揺し、心が乱れることになるからである。つまりは、死や労苦が怖いのではなく、労苦や死に対する恐怖心が怖いわけである。だから、われわれは、

死は恐るべきにあらず、恥ずべき死こそ恐るべし。(3)

と言った人を称賛しているわけである。

　そういうわけで、死に対しては大胆な態度で接し、死の恐怖に対しては用心深い態度で接するべきである。だが実際のところはこれとは逆で、死からは逃げるようにして、死についての思いに対しては不注意で、なおざりにして、(4)無関心な態度をとっているのだ。

　だが、ソクラテスはそれらのものをうまくお化け(5)と呼んでいた。つまり、経験がないために子供たちにはその仮面が恐ろしくて怖いもののようにみえるように、われわれもまた、子供たちがお化けに対するのと少しも変わることなく、それらの事柄に対して同様の感情を抱くわけである。というのも、子供とは何であるか。無知である。子供とは何であるのか。学びの欠如である。子供が知っているところでは、彼らもわれわれと変わるところがない。死とは何であるか。お化けだ。それを裏返して、よく調べてみなさい。ほら、咬(か)みついたりしないだろう。この小さな肉体は、前に分離していたように、小さな気息(6)から遅かれ早かれ分離しなければならないのだ。すると、それが今だとしても、どうして君は嘆くのだろうか。今でなければ、後で分離するだけのことだからだ。なぜそうなのか。宇宙の周期(7)が完了するためである。つまり、それは現在あるもの、将来にあるであろうもの、すでに過ぎ去ったものを必要とするからである。労苦とは何であるか。お化けだ。それを裏返して、よく調べてみなさい。この小さな肉体は激しく動かされるが、次には再び緩やかに動くものだ[8]。もし君にとってそれが有益なことでなければ、ドアが開いている[9]。もし有益なことであれば、我慢することだ。なぜなら、あらゆるものに対してドアは開かれていなければならず、われわれには厄介なことではないからである。

それでは、これらの教えからどのような帰結が生まれるのか。真の意味で教育を受けた人にとって最もうるわしく最もふさわしいものは、平静であること、恐れのないこと、自由である。自由人だけが教育を受けることを許されるという多くの人たちの言葉を信じるべきではなく、教育を受けた者だけが自由であるという哲学者たちの言葉を信じるべきである[10]。

「それはどうしてですか」

こういうわけだ。自由[11]とは、自分の思うがままに生きられることではないだろうか。

「そのとおりです」

それでは、みなさん、言ってくれたまえ。君たちは誤りを犯しつつ生きたいかね。

「生きたくありません」

そうすると、誤りを犯していたらだれも自由ではないわけだ。君たちは恐れながら生きたいか、苦しみながら生きたいか、混乱しながら生きたいか。

「けっして生きたくありません」

すると、だれも恐れながら、苦しみながら、混乱しながらでは自由でないことになる。むしろ、苦痛、恐怖、混乱から解放された人は、同じ論法で、奴隷状態からも解放されているわけである。それでは、親しい立法家のみなさん、われわれはどうして君たちの言葉を信じるだろうか。われわれは自由人でなければ教育を受けることを許さないだろうか。哲学者たちが言っているのは、教育を受けた人でなければ自由であることを許さないということであり、それはつまり、神が許さないということなのだ。

「すると、法務官[12]の前で人は自分の奴隷に向く方向を変えさせる[13]とき、なにもしなかったわけですか」

したとも。

「何をしましたか」

法務官の前で、自分の奴隷の向く方向を変えさせた。

「ほかにはなにもしなかったのですか」

したとも。彼は二十分の一税を支払う債務を負っている。

27 「どういうことですか。それらのことをしてもらったのに、自由にはならなかったのですか」

28 心が平静でないとともに、自由にもなっていない。というのも、ほかの人たちの向きを変えさせることができる君は、だれの主人でもないのだろうか。金銭、幼い少女、幼い少年、僭主、僭主の友人は、君の主人ではないのか。そうでないとしたら、どうしてこのような困難な状況に陥ったときに、君は震えるのだろうか。

29 だから、私は何度も繰り返して、「何に対しては大胆であり、何に対しては用心深くあるべきかということ、つまり、意志に関わりのないものに対しては大胆であり、意志に関わりのあるものに対しては用心深くあること、これらのことについて訓練し心の準備をしておくがよい」と言っているのだ。

30 「だけど、私はあなたに朗読しませんでしたか。私が何をしたかご存じなかったのですか[14]」

31 何についてなのか。

「ちょっとした文章[15]です」

そのちょっとした文章はもっていればよかろう。欲求と忌避に対して君はどんな態度をとっているのか、つまり君が望んでいることを得そこなっていないかどうか、君が望んでいないことに出くわしていないかどうかというところをみせてくれたまえ。君に分別があれば、多分そんな回り道[16]はやめにして、そんな文章など消してしまうだろう。

「なんですって。ソクラテスは書かなかったのですか」

いや、誰があれほど多く書いただろうか[17]。しかし、ソクラテスには自分の考えを論駁してくれる人、あるいはその次に彼によって論駁されることになる人がいつもはいなかったために、自分で自分を論駁したり、吟味したり、いつもなにかひとつの先取観念で実践的に練習したりしたわけなのだ。それらのことについては哲学者が書いているが、ちょっとした文章とか、私が言っている回りくどいやり方など[18]はほかの人たちに、すなわち、鈍感な人たちとかおめでたい人たちに、平静でいるために暇をもてあましている人たちとか愚鈍なためになにひとつ推論しないような人たちに、お任せしているのだ。

ところが今、好機が到来すれば、君は行ってその書いたものをみせて、朗読し、こう言って自慢するのではないだろうか。「私が対話をどんなふうにまとめたかごらんなさい」とね。ねえ君、そうではなくて、こう言うべきではないかね。「私が欲求するときにどんなふうにそれを得そこなうことがないかごらんなさい。私が避けるときにどんなふうにそれを避けそこなうことがないかごらんなさい。死をもってくるがよい。そうすれば分かるだろう。労苦をもってくるがよい。牢獄をもってくるがよい。悪評をもってくるがよい。有罪判決をもってくるがよい」。これが学校を出た若者がみせるべきものだ。しかし、ほかのことはほかの人たちに任せて、それらについて君の声を聞かせてはならない。万一だれかがそれらのことで君を褒めるようなことがあっても、それに甘んじることなく、むしろ自分はひとかどの人物ではないし、なにも知らないと考えるようにすることだ。どのように君が得そこなっていないか、どのように避けそこなっていないかということだけは分かっているところを、みせればよい。正義のことを練習する人たちもいれば、哲学の諸問題を練習する人たちもいれば、推論を練習する人たちもいるが、君はむしろ死ぬこと、縛られること、拷問にかけられること、追放されることを練習するのだ。これらすべてのことについては確信をもって、君をそれらのほうへ呼んで、その持ち場がふさわしいと判断された方[19]を信頼して、練習することだ。いったんその持

35　36　37　38　39

ち場につけば、君は理性的な指導的部分が意志とは関わりのないさまざまな能力と対置されたときどのような力をみせるか、身をもって示すことだろう。かくして、用心深くあるとともに大胆でもなければならないというあのパラドックスは、もはや不可能なことではないし、パラドックスにもみえないことになるだろう。つまり、意志とは関わりのないことには大胆で、意志に関わりのあることには用心深くあれということなのである。

40

第二章　心の平静について

考えてみなさい。裁判所に行く君は、何を大切だと思っているのか、どんなことを達成しようとしているのか。というのは、もし君の意志が自然本性にかなうことが大切だと思うのであるならば、君はきわめて安全であり、順調であり、なにも困ることはないからだ。つまり、君が君の力が及ぶ自立的なもの、自然本性において自由であるものを大切にして、それらに満足しているのであれば、さらに誰のことが気になるだろうか。誰がそれらの主人であり、誰がそれらを君から取り上げることができるだろうか。慎み深く誠実であろうとするならば、誰が君にそのことを許さないだろうか。妨げられたり、強制されたりしたくなければ、君が欲するのはよくないと思うようなことを欲するように、誰が強制するだろうか、君が避けるのはよくないとみなすようなことを避けるように、誰が強制するだろうか。だが、何をすると言うのか。人は君に恐ろしいと思われることをなすだろう。しかし、どうやってその人は君に恐怖を感じさせて、それを避ける

6 7 ようにすることができるだろうか。したがって、欲求したり避けたりすることが君の力の及ぶことであるときに、君はさらに誰のことが気になるのだろうか。これを君のための議論の前置きとしよう。これを叙述、これを証明、これを勝利、これを結論、これを称賛とすることにしよう。

8 だから、ソクラテスは裁判の準備をするように気づかせてくれた人に対して、こう言ったのだ[1]。「そうすると、君には私が全生涯にわたってそのことの準備をしているとは思われないのかね」

9 「どんな準備ですか」

「私は私の力の及ぶことを守ったのだ」

「では、どんなふうにですか」

「私的なことであれ、公的なことであれ、私は一度も不正なことをしなかった」

10 11 だが、もし君が外的なものを、すなわち君の小さな肉体やわずかな財産、ちょっとした評判が大切だと思うのであれば、そんな君にはこう言おう。即刻、可能なすべての準備をしなさい。それから、裁判官の性格や君と敵対する人のことを調べることだ。膝に取りすがらねばならない[2]なら、膝に取りすがるがよい。涙を流さねばならないなら、涙を流すとよい。泣き叫ばねばならないなら、泣き叫ぶとよい。というのは、君のものを外的なものに従属させるときは、君は奴隷となって、抵抗することなく、ある時は奴隷になりたがり、ある時はなりたがらないようなことはやめることだ。むしろ、単純に全身全霊から、あれかこれか、すなわち自由人か奴隷か、教育を受けた者か教育のない者か、血統のよい雄鶏かよくない雄鶏かであるのだ。死ぬまで殴られても我慢するか、あるいは放棄するかだ。いっぱい殴られてから、その後で放棄するようなことはするな。けれども、以上のことが恥ずべきことだとしたら、ただちに決断することだ。「悪と善の本性はどこにあるのか。それは真理もあるところである。真理のあるところ、自然本性のあるところには、用心深さもある。真理のあるところには、大胆さもあり、そこには自然本性もある[3]」

　というのは、いいかね、もしソクラテスに外的なものを大切に思う気持ちがあったなら、「アニュトスもメレトスも私を殺すことはできるが、私を害することはできないのだ[4]」などと言ったと思うかね。ソクラテスはその道がそこにではなく、別のところに通じているの[5]が分からないほど愚かだったのだろうか。どうして彼が理由もなく、相手をさらに怒らせたりするだろうか。ちょうど私の友人のヘラクレイトス[6]がロドス島にある小さな土地のことでちょっとした訴訟があったとき、彼が言っていることが正しいことを裁判官たちに証明してみせたあと、結末に至ったときにこう言ったのだ。「私は君たちに嘆願しているわけではないし、君たちがどんな裁決を下そうしているかを気にかけているわけでもない。裁かれているのは、私ではなく君たちなのだ」。こんなふうに彼はそのちょっとした訴訟を終わらせた。18 この話は何の役に立つのか。嘆願しないということだけでよく、「私は嘆願などしない」などと言わなくてもよい。ただし、ソクラテスの場合のように、それが裁判官たちを刺激するのにふさわしい時機であれば、話は別である。19 君もまた、このような結末のための準備をしているのであれば、なぜ裁判所に出頭したりするのか。20 なぜ召喚に応じたりするのか。というのは、もし君が十字架にかけられる気であれば、待っているがよい。そうすれば、十字架のほうからやって来るだろうから。だが。もし君の理性が召喚に応じて、できるかぎり説得することを選ぶのであれば、自分自身の人格を保持した上で、それに続くことをなさねばならない。

21 かくして、「私に忠告してください」と言うのはおかしいことになる。君に何を忠告したものだろうか。いや忠告というよりはむしろ、「どんなことが起ころうとも、私の精神をそれに適合するようにしてください」と言うことだね。22 というのは、それは文字が書けない人に、「なにか名前を書くように言われたときに、どのように書くべきか言ってください」と言うようなものだからだ。[7] つまり、私がその人に「ディオン（Diōn）」と書けと言ったのに、それから別の人がやって来て、「ディオン」ではなく「テオン（Theōn）」と書けと言ったら、どんなことが起きるだろうか。その人は何と書くだろうか。もし君が文字を書く練習ができているわけであるが、その準備ができていれば、口述されるすべての文字に対する準備ができていないのであれば、その場合に私は君にどんな忠告をするだろうか。というのは、なにか別のものを口述される事態になったときには、君は何を語り、何をするのだろうか。だから、この一般的な原則を覚えておくことだ。そうすれば、忠告に困ることはないだろう。だけど、君が外的なものに対してぽかんと口を開けたままでいれば、必ずや主人の意のままに上へ下へと動揺することになるだろう。君の主人とはどんな人のことか。君が熱心になっていることや避けたがっていることについて、それを左右する力をもっている者だ。

23 24 25 26

第三章　哲学者を推薦する人びとに対して

ディオゲネス(1)は、彼から推薦状をもらいたいと言った人に対して、次のように見事に答えている。「君が人間であるかどうかは、みれば分かるだろう。だが、善い人間であるか悪い人間であるかは、善人か悪人かを見分ける経験があれば分かるだろうが、その経験がなければ、私がその人に推薦状を一万回書いたとしても分からないだろう」。それはあたかもドラクマ貨幣がその価値を調べてもらおうと、だれかに推薦状を頼むようなものだ。もし貨幣に詳しい人であれば、君は君自身を推薦するだろう。だから、われわれは人生においても、ちょうど銀貨の場合に貨幣に通じた人が「そのドラクマをもって来なさい。私が鑑定しましょう」と言うことができるような、なにかそのような能力をもたねばならないことになる。しかし、推論の場合には、「お好きな人を連れてきなさい。君のために分析判断のできる人かどうかを判定しましょう」と言おう。それはなぜか。私は推論を分析する方法を知っているからである。つまり、私には推論を正しくおこなう人を見分ける者がもつべき能力があるからである。だけど、人生において私は何をするのか。私はある時は善だと言うし、ある時は悪だと言う。その理由は何か。それは推論の場合とは逆で、私の無知と無経験のためである。

第四章　かつて姦通罪で捕まったことのある人に対して

1 人間は誠実のために生まれてきたのであって、これを覆す人は人間に固有の性質を覆しているのである、とエピクテトスが言っていたとき、学者で通っているが、かつて国において姦通罪で捕まったことのある人がやって来た。すると、彼はさらにこう言った。2 だが、もしわれわれに本来そなわっているこの誠実さを手放して、隣人の妻に対してよからぬ思いを抱くとしたら、われわれは何をしていることになるのか。破壊し、駄目にしているのだ。3 何をか。誠実さ、慎み深さ、敬虔である。それだけか。隣人のよしみを駄目にしてはいないか。友情を駄目にしてはいないか。国を駄目にしてはいないか。われわれはどんな位置に身を置くことになるのだろうか。ねえ君、私はどんな人として君を遇すればよいのか。隣人としてか、友人としてか、どんな種類の人としてか。市民としてか。4 どうして君を信用できるだろうか。もし君がなんの目的にも用いられないほど朽ち果てた小さな容器であるとしたら、君はごみの山に投げ捨てられて、だれも君をそこから拾い上げたりはしないだろう。君は人間であるのだが、人間らしいいかなる位置も満たすことができなければ、われわれは君をどうしたものだろうか。というのも、君が友人の立場につけないとすれば、奴隷の立場につくことはできるだろうか。誰が君を信用するだろうか。そういうわけで、君は役に立たない容器として、ごみとして、ごみの山に投げ捨てられる気になっているのではないだろうか。それなのに、「だれも学者である私のほうに振り向いてくれない」と君は言ったりするだろうか。そうなるのは、君が悪人であり、役に立たないからなのだ。まるでスズメバチ[1]が、だれも自分たちに振り向いてくれなくて、みんな一目散に逃げたり、なかにはできれば打ってたたき落としたりする奴がいる、と腹を立てるようなものである。君は刺した相手をひどい目に、痛い目に遭わせるような針をもっているのだ。そんな君にわれわれは何をすべきだろうか。君にはとまる場所がないのだよ。

「それでは、どうなのですか。婦人は本来共有のものではないのですか[2]」

私もそれを主張する。というのは、宴席に呼ばれた人たちには子ブタが共有のものであるからね。だが、それが分配されるときには、君がそれでよいと思うなら、行って隣席の人の分を奪い取るとよい。あるいは、こっそりと盗むか、手を伸ばしてつまみ食いするか、肉を引き裂くことができなければ、指にその脂を塗りつけてなめ回すとよい。そうすれば、ソクラテスの立派な飲み仲間、宴席仲間(3)ということになる。さあ、劇場は市民に共有のものではないか。市民が席に着いたとき、君がそれでよいと思うなら、行ってそのうちのだれかを追い出すのだ。婦人たちが共有だと言うのは、そのような意味なのだ。立法家が、饗応する主人がするように、彼女らを分配するとして、君は自分の分を探そうとしないで、他人の分を奪い取って、つまみ食いをするのだろうか。

「だけど、私は学者です。アルケデモス(4)を知っていますよ」

それでは、アルケデモスを知っている姦通者であればよい。不義の人であり、人間の代わりにオオカミでありサルであればよい。何の妨げがあるだろうか。

9

10

11

第五章　いかにして高邁な心と細心さは両立するか

もろもろの物事は善悪と無関係なもの(1)であるが、それらの使用は善悪と無関係なものではない。そうすると、いかにして人は平常心や平静な心を保つと同時に、細心の注意を払い、軽率でずさんではないようにしていられるのか。これは骰子(さいころ)遊びをしている人に喩(たと)えてみるとよい。数とり石(2)は善悪と無関係なものであり、骰子も善悪と無関係なものである。投げてどの目が出るかを、私はどうやって知ることができるか。だが、投げて出た目に細心の注意を払い、技巧をこらして用いることは、もう私の仕事になる。だから、人生においても同様に、優先されることはもろもろの事柄を区別し、ふり分けて、「外的なものは私の力の及ぶものではないが、意志は私の力の及ぶものである。善と悪をどこに求めるべきか。それは内部に、私の心の中にあるのだ」と言うことである。だが、他人に属するものについては、けっしてそれらを善とか悪とか、有益とか有害とか、ほかのなにかこのようなものの名で呼んではならない。

1 2 3 4 5

そうするとどうなのか。これらのものは不注意に扱うべきであろうか。けっしてそうではない。そんなふうにすることは、意志にとっては悪であり、したがって自然本性に反することだからである。しかし、物事をどのように用いるかは善悪と無関係なことではないから、細心の注意を払わねばならないが、他方、物事のほうは善悪に関係することはないから、これに対しては平常心や平静な心を保つべきである。なぜなら、善悪が関係するような場面では、人は私を妨げたり、強制したりすることはできないからである。私が妨げられたり強制されたりする場面では、そうしたものの獲得は私の力が及ぶものではなく、善でも悪でもないが、それらを用いるとなると、悪か善になり、むしろ私の力が及ぶものとなる。けれども、これらの性質を、つまり、物事に関心を抱く人の細心さと、それらに対して超然としている人の平常心を混ぜ合わせたり、結合したりすることは困難である。ただし、それは不可能なことではない。不可能であれば、幸福に生きることはできないことになる。むしろ、われわれは航海しているときのように行動しているのである。私に何ができるのか。それは舵手（だしゅ）、船員、日取り、時機を選ぶことである。その後、嵐が襲ってきた。それは私にとってさらに何の関わりがあるだろうか。私の仕事は済んでいるからだ。その役目をするのはほかの人、つまり舵手である。そして、船が沈んでいく。すると、私に何ができるのか。私は自分にできることだけをする。つまり、私は溺れ死ぬが、恐れたり泣きわめいたりせず、神を非難することもない。生じるものはまた滅びゆかねばならないことを知っているからだ。なぜなら、私は永遠ではなく人間である。ちょうど時間が一日の部分であるように、全体の中の部分なのだ。私は時間のように出現して、時間のように過ぎ去りゆかねばならない。そうすると、どうやって立ち去るかに、溺れてなのか熱病にかかってなのかに、どんな違いがあるというのか。なにかこのようなことが原因で、私は立ち去らねばならないからである。

このことは、上手にボール遊びをしている人たちにもみられるだろう。彼らのうちのだれも、ボールについては善し悪しの差をつけたりしないが、ボールの投げ方や受け方については差をつける。したがって、この点でリズミカルな動きが、この点で技術が、速さが、即座の判断がみてとれるわけで、そのために、私が外套を広げてもボールを取ることができなかったり、私が投げても相手に取られたりするわけである。だが、われわれが動揺したり、びくびくしながらボールを受けたり、投げたりすると、どんな遊びがまだ残されているだろうか。また、どうして落ち着いていられるだろうか。人はこの遊びをどうやって続けるだろうか。ひとりは「投げろ」と言うだろうし、もうひとりは

13 14 15 16 17

「投げるな」と、さらにひとりは「上に投げるな」[3]と言うだろう。これでは争いであって、遊びではない。

そういうわけで、ソクラテスはボールの遊び方を知っていたことになる。

「どのようにしてですか」

法廷で遊ぶことだよ。彼はこう言っている。[4]「どうか言ってくれたまえ、アニュトス。どうして君は僕が神を信じていない、などと主張するのか。君にはダイモーンが何だと思われるのか。彼らは神々の子であるか、神々と人間とがあわさって生まれたものではないのか」[5]。アニュトスがこれに同意すると、「そうすると、ラバの存在は信じられるが、ロバの存在は信じられないような人がいる、と君は思うのかね」[6]。彼はボールで遊ぶかのような議論をしている。そして、その場にあったボールとは何であるのか。それは生きることであり、[7]縛られることであり、亡命者となることであり、毒薬を飲むことであり、妻との別離であり、子供を孤児として残すことであった。こういったもので、彼は遊んでいたわけだが、それでもその遊びもボールさばきもリズミカルなものであった。こんなふうにわれわれも非常に巧みなボールさばきとなるような細心さと、ボールに対する無関心をもちあわせていなければならない。つまり、外的な物事のうちのなにかに対してはなんとしてでも手腕を発揮せねばならないが、それをそのまま受け入れるのではなく、それがどのようなものであろうとも、それについて手腕をみせるのでなければならない。かくして、織物師は羊毛を作る人のことではなく、むしろどのような羊毛を 22 受け取ろうとも、それについての手腕をみせるのである。ほかの方(8)は、君に栄養や所有物をあたえるが、それらを、つまり君のその小さな肉体そのものを奪い取ることもでき 23 る。だから、君はその材料を受け取って仕事をすればよい。それから、君がなんのひどい目にも遭わずに出てこれたら、君と出会った人の中には、助かってよかったとともに喜んでくれる人たちもいるだろう。しかし、このような事柄について洞察する力のある人は、君がこのことでとった行動が立派なものであったことを知ったなら、賛辞を送りともに喜んでくれるだろうが、もしも君がなにか見苦しいふるまいをして危険を切り抜けたことを知ったならば、その反対の態度をとることだろう。理にかなった喜びがあるところにこそ、ともに喜ぶということもあるからだ。

24 　ところで、外的なもののなにかが自然本性にかなっているとか、自然本性に反しているとかはどうして言えるのか。それはわれわれがほかから切り離されてある(9)ような場合を考えればよい。つまり、足については清潔であることが自然本性にかなっていると私は言うだろうが、もし君が足を足として認め、ほかから切り離されたものではないと考えるならば、それを泥の中に突っ込んだり、茨(いばら)を踏んだり、時には全身のために切り離したりすることがふさわしく、もしそうでなければ、もはや足でないことになるだろう。われわれについても、なにかそんなふうに考えねばならない。君は何であるのか。人間である。もし君が自分をほかから切り離されたものと考えるならば、老年まで生き、富を蓄え、健康であることが自然本性にかなっている。だが、自分を人間として、つまりある全体の一部だと考えるならば、その全体のために時には病気をし、時には航海して危険を冒し、時には困窮し、また寿命の前に死ぬこともふさわしくなる。そうすると、なぜ君は腹を立てているのか。切り離された足がもはや足でないように、君も人間でなくなるということに気づかないのか。というのは、人間とは何であるのか。それは国家の一部である。第一には、人間と神々とからなる国家(10)の、その次には、これに最も近似していると言われるもので、全体的な国家のなにか小さな模倣である国家の一部である。

「それでは、どうして今私は裁判にかけられねばならないのですか」

そうだ。熱病にかかる人もいるし、航海する人もいるし、死ぬ人もいるし、有罪の宣告を受けなければならない人もいるのではないか。なぜなら、このような肉体に、この世界に、この仲間たちの中にいるかぎり、これらの事態がそれぞれに異なるかたちで起こらないことはありえないからである。そうすると、君の仕事は、裁判所に行って、言うべきことを言い、それらのことをふさわしいしかたで処理することだということになる。次に、向こうの人が(11)「不正を犯したという判定を下す」と言う。ならば、「君が下した判定がよいものでありますように。私は私のするべき仕事をしたが、君が君のするべき仕事をしたかどうかは、自分でみてみることだ」と言えばよい。向こうの人も危険を冒しているということを、君は忘れてはならない。

28　29

第六章　善悪と無関係なこと

仮言命題(1)は善悪と無関係なものであるが、それについての判断は善悪と無関係なものではなく、むしろ、知識であるか、思惑（おもわく）であるか、欺瞞（ぎまん）であるかのいずれかである。同様に、生きることは善悪と無関係なものであるが、どう生きるかは善悪と無関係なものではない。だから、だれかが君たちに「これらも善悪とは無関係だ」と言う場合にも、注意を怠ってはならない。また、だれかが君たちに注意を喚起する場合にも、その物事に驚いてひるんでもならない。だが、自分の心の準備と能力を熟知していて、準備ができていない事柄については平静を保ち、だれかほかの人たちがこれらの点で君よりも勝っていようとも、それに腹を立てないほうがよい。なぜなら、君は君で推論においては自分のほうが彼らよりも勝っていると主張するだろうし、彼らがこのことで腹を立てても、「私はこれを学んだし、君たちは学んでいない」と言って、彼らを宥（なだ）めるであろうから。また、熟練が必要な場合も同様で、君はその熟練を用いることで結果するものを求めることなく、むしろそれは熟練を重ねた人たちに譲っておいて、君の心が平静であることに満足すべきである。

「行って、これこれの人に挨拶するのだ[2]」

「挨拶しますよ」

「どんなふうにか」

「卑屈にならずに」

「でも、君は閉め出しをくらったぞ」

「窓から入り込むすべを学ばなかったからです。しかし、戸が閉まっているのをみつけたときは、私はその場から立ち去るか、窓から入り込むしかないですね」

「それだけでなく、その人と話せばいいのだ」

「話しますとも」

「どんなふうにか」

「卑屈にならずに」

「だけど、うまくいかなかったぞ」

その仕事は君のではなかったのだろう。むしろ、その人の仕事だったのだ。そうする

6　7　8

とどうして君は他人のものを求めたりするのだ。君のものと他人のものをよく記憶しておくならば、君は混乱させられることはないだろう。だから、クリュシッポスが次のように語るのは当を得ていることになる。「これから先のことが私には不明瞭であるかぎり、私は自然本性にかなったものを獲得するために、より好都合なものをいつも保持するようにする。神みずからがこれらを選ぶことができるように私を創られたからである。だが、もしかりに私が自分は今病気になるように運命づけられていることを知っているとしたら、そのようになることを欲したであろう。なぜなら、かりに足が心をもつとすれば、泥まみれになることを欲したであろうから[3]」

というのは、麦の穂は何のために生まれるのだろうか。乾燥するためではないか。しかし、乾燥するのは収穫されるためではないか。なぜなら、それらは他から切り離されたものとして生まれるのではないからだ。それでもし麦の穂に感覚があるとしたら、それらは収穫されないように祈るべきなのか。麦の穂の場合には収穫されないことは呪われるべきことである。これと同様に、人間の場合にも死なないことは呪われるべきこととなる。それは実らないこと、収穫されないことと同じである。だが、われわれ人間は同一人でありながら、収穫されねばならないものであると同時に、収穫されることがわかっているものでもあるのに、そのことに腹を立てるのである。なぜなら、われわれは自分が何であるかを知らないし、騎手が馬に関することを気にかけるほどには、人間に関することを気にかけたりはしないからである。だが、クリュサンタス(5)は敵軍にまさに一撃を加えようとしたときに、軍用ラッパを聞いて思いとどまったのだ。そのように、彼は自分のことをするよりも、将軍の命令にしたがうことがより重要だと考えたのである。ところが、われわれのほうはだれひとりとして、たとえ必然(6)が呼びかけても、平然としてこれにしたがおうとしないで、自分が受けるものを受けるのに、泣きわめき、これを逆境と呼んだりする始末である。ねえ、それはどのような逆境なのかね。もし周囲にある状況を逆境と言うのであれば、すべてが逆境になるが、もし耐えがたい状況としてそのように呼ぶのであれば、生じたものが滅ぶのはどれほど耐えがたいことだろうか。滅ぼすのは短剣か、拷問用の車輪(7)か、海か、屋根瓦か、僭主かである。どんな道を通ってハデス(8)に降りようとも、君には何の関わりがあるだろうか。道はすべて同じだ(9)。もし君が本当のところを聞きたいのなら、僭主がハデスに送る道のほうがずっと短い。いかなる僭主も六ヵ月もかけて人をハデスに送ることはない。熱病なら一年かかることがよくある。これらはすべて雑音でしかなく、空(むな)しい言葉でわめいているだけだ。

15　16　17　18　19

「皇帝のせいで私の首が危ないのです」

私は危なくないのかね。地震がこれほど多いニコポリスに住んでいるのに。君自身だって、アドリア海を船で渡るとき、どんな危険を冒すのか[10]。命がけではないのか。

「しかし、自分の意見のことでも命が危ないのです」

君の意見かね。どんなふうに危ないのか。誰が君を強制して、君が望まないようなことを考えるようにさせることができるだろうか。むしろ、他人の意見ではないのか。他人が間違った意見をもつとしても、君にどんな危険があるというのか。

「でも、私は追放される危険があるのです」

追放されるというのはどのようなことかね。ローマ以外のところにいるということかね。

「そうです。するとどうなりますか。私がギュアラ[11]に送られるとしたら」

君にとってそれでよければ、そこに行くだろう。そうでなければ、ギュアラの代わりに君が行くべき場所がある。その場所には、君をギュアラに送る人だって、好むと好まざるとにかかわりなく、行くことになるだろう。そうすると、どうして君はまるでたいへんなところに戻るような気持ちになっているのだ。そんなことは君の心の準備と比べれば、ずっとつまらないことで、素質のよい若者に、「これだけ講義を聴いて、これだけメモをとって、これだけ長い時間たいした値打ちもないこの小さな老人の側に座っていたのに、なんの役にも立たなかった」と言わせることになってしまう。君のものと君のものでないものを分けるあの区別だけは忘れてはならない。けっして他人に属するも 24 のをなにか要求してはならない。法務官の席も牢獄も両方とも場所であり、一方は高く、もう一方は低いが、意志は等しく保つことができる。どちらの場合もそれを等しく保と 25 うとする気があればだが。そして、われわれは牢獄で賛歌を書くことができれば、ソク 26 ラテスの賛美者となるだろう(12)。だが、われわれが今のようなありさまだと、牢獄でだれ 27 かほかの人がわれわれに対して、「私が賛歌を読んで聞かせてあげようか」と言われたら、我慢できるかどうかみてみるがよい。

「どうして私を困らせるのですか。私がひどい状況におかれていることをご存じないのですか。私はこんなひどい状況にいるのですよ」

どんな状況かね。

「死にそうなんですよ」

ほかの人は不死なのだろうか。

第七章　どのように占うべきか

ふさわしくない時に占いをしてもらって、われわれの多くはたくさんの義務をなおざりにしている。いったい占い師は、死や危険や病気や一般にこのようなこと以外に、何をみることができるのだろうか。もし友人のために危険を冒す必要があるのであれば、もし友人のために死ぬこともまたふさわしいのであれば、さらに占ってもらう必要がどこにあるだろうか。善と悪の本質を私に語ってくれ、両方の兆候を解釈してくれる占い師を、私は心の中にもっていないだろうか。それなら、なぜ私にさらに臓物や鳥[1]の必要があるだろうか。いや占い師が「君には有益だ」と言うとき、私はそれに甘んじるのか。いったいその人は何が有益か知っているのだろうか。何が善か知っているのだろうか。臓腑が示す兆候のように、善と悪の兆候についても学んでいるだろうか。なぜなら、これらのものの兆候について知っているのであれば、美や醜、正と不正の兆候についても知っていることになるからである。ねえ君、私に何が表れているかを言ってくれたまえ。

生だろうか死だろうか、貧窮だろうか富裕であろうか。私はそれらが有益か不利益であるかを君から聞こうとしているのだろうか。[2] どうして君は読み書きのことで話をしないのか。われわれすべてが迷って、お互いに争うようなことで話をしたりするのか。そういうわけで、追放されたグラティラ[3]に一ヵ月分の食料を積んだ船を送ろうとしていた女は、適切なことを言ったわけだ。彼女は「ドミティアヌス帝がそれらを奪うだろう」と言った人に対して、「私は船を送らないくらいなら、彼にそれらが奪われるほうを望みます」と答えたのだった。

ところで、どうしてわれわれはこれほどたびたび占いに頼るのだろうか。それは臆病、つまりこれから起きることを恐れるためである。だから、われわれは占い師にこう言ってへつらうのだ。「先生、私は父の財産を相続することになるでしょうか」と。「みてみましょうか。犠牲を捧げましょう」「はい、先生。運の女神のお気に召すままに」それから、「あなたは財産を相続しますよ」と答えると、まるで占い師から財産を相続したかのように、その人に感謝するわけだ。そんなわけで、その後は占い師たちもわれわれを翻弄することになる。それでは、どうすべきなのか。なにかを求めたり忌避したりすることなく、道を進まねばならないのだ。ちょうど旅人が、出会った人にどちらの道を行くべきか尋ねるのに、左の道よりも右の道であってほしいなどとは思わないように。なぜなら、旅人はどちらかの道を行くことではなく、目的地に通じる道を行くことを望んでいるからである。このように、神のもとにも道案内人だと思って行くようにしなければならない。ちょうどわれわれが目を使うときに、こんなものをみせてくれと目に対して要求するのではなく、目がみせてくれるものの心像をそのまま受け取るのと同じことである。ところが実際には、われわれはふるえながら小鳥を捕らえ、まるで神に呼びかけるように、(4)その小鳥にお願いする始末である。「先生、哀(あわ)れんでください。どうか窮地から逃れることをお許しください」と。情けないことだ。君はもっとよいものがあるのに、ほかのものを望んでいるのか。神がよいと思っているものよりも、もっとよいものがほかにあるだろうか。どうして君は力の及ぶかぎり、君の判定者をそこない、助言者を惑わしたりなどするのか。

11 12 13 14

第八章　善の本質について

神は有益である。また、善も有益である。[1]したがって、神の本質があるところには、善の本質もあるのが当然である。ところで、神の本質とは何であるのか。肉か。

「そんなことはないでしょう」

土地か。

「そんなことはないでしょう」

名声か。

「そんなことはないでしょう」

むしろそれは知性であり、知識であり、正しい理性である。[2]そうすると、もっぱらそこに善の本質を探すべきだということになる。なぜなら、君はそれを植物の中に探すことはないからね。

「探しません」

非理性的なものの中に探すこともないね。

「探しません」

そうすると、それを理性的なものの中に探しながら、どうしてなお君は非理性的なものと異なるところではなく、ほかを探したりするのか。植物は心像を用いることもない。だから、君は植物に善があるとは言わないわけだ。そうすると、善は心像を用いる必要のあるものだということになる。しかし、それだけでよいのだろうか。もしそれだけでよいとすれば、ほかの動物にも善や幸不幸があると言うべきである。ところが実際は、そうは言わないし、それでよいのだ。なぜなら、動物は心像をおおいに用いることはするが、少なくとも心像の使用について理解することはないからである。しかもこれは当然のことである。なぜなら、動物はほかのものに奉仕するために生まれたのであって、自分から指図するものとして生まれたのではないからである。ロバが指図するために生まれたなんてことはあるまい。そうじゃなくて、むしろ荷物を運ぶことのできる背中をわれわれが必要とするからだ。しかし、ゼウスに誓って言うが、われわれにはロバが歩き回る必要もある。そのために、ロバはさらに心像を使用する能力も得たわけだ。そうでなければ、歩き回ることはできなかったからだ。そして、どうやらその段階に留まっているようだ。もしかりにロバ自身が心像の使用を理解する能力をさらにもったとするならば、当然ながらもはやわれわれに隷属することはなく、そのような奉仕もすることなく、むしろわれわれと等しく、似たものとなることは明らかである。

したがって、君は善の本質を、それがなければほかのいかなるものについても善だと言わないようなもののところ[3]に探そうとするのではないか。

「するとどうなのですか。それらの動物も神々が造ったもの[4]ではないのですか」

そのとおりだが、指図するものでも神々の部分でもない。だが、君は指図するものであり、神から切り離された一片であり、君自身の中に神の一部分をもっているのだ。そうすると、君はどうして同族性[5]に気づかないのだ。どうして君は、どこから君が来たのか知らないのだ。君が食べているとき、その食べているのが何者であるのか、誰を養っているのかについて心に留めようとしないのか。性の交わりをするとき、そうするのは誰なのか。人と接するときはどうなのか。君が体を鍛えるとき、対話するとき、神を養い、神を鍛えていることが分からないのか。残念ながら、君は神をもち運んでいながら、そのことに気づいていないのだ[6]。君は銀や金でできた神のことを言っていると思っているのか。君は自分の心の中に神をもっていながら、不純な考えやよこしまな行為でこれを汚していることに気づいていない。しかも、神の像が側にあるときは君がやっているようなよこしまな行為はあえてしないのに、一方、神自身が心の中にあって、すべてを見聞きしておられるときは、そんなよこしまな考えをもち、行為することを恥じることなく、自分の自然本性に気づかず、神の怒りを招くのか。

　そうすると、若者を学校から実生活に送り出すとき、不適切な行動をしたり、不適切なものを食べたり、不適切な女と交わったりするのではないか、あるいは襤褸(ぼろ)の服を着ているせいで卑屈になったり、豪華な服で高慢になったりするのではないかと、どうしてわれわれは心配するのだろうか。そんなことをする若者は、自分の神を知らず、誰と行動を共にしているのかを知らないのである。その若者が「あなた様のご加護を頂戴したいものです」などと言えば、われわれがそれに我慢できるだろうか。君はそこに神をもっているのではないか。それでいて、神をもっていながら、別の神を求めたりするのだろうか。あるいは、神はそれとは違ったことを君に告げるのだろうか。

　だけど、もしかりに君がアテナ像であれ、ゼウス像であれ、ペイディアス(7)の造った像だとしたら、君自身と君を作った技術者を覚えていただろうし、さらにもし君に感覚があれば、君を建造した人や君自身を辱めるようなことはなにひとつしようとしないだろうし、みている人びとの前にふさわしくない姿で現れるようなこともしないであろう。ところが実際のところは、君を造ったのがゼウスであるというのに、そのことのゆえに君はどんなふうに自分をおみせできるかということに気をつかったりしないのだろうか。どうして一方の技術者が他方の技術者に、一方の制作物が他方の制作物に似ていたりするだろうか(8)。また例えば、技術者のどのような作品であれば、その制作を通じて現れてくる能力をその作品そのものの中に有しているだろうか。それは大理石でも青銅でも金でも象牙でもないのだ。それに、ペイディアスの造ったアテナ像は、一度その手を伸ばし、その上にニケ像(9)を受けとめると、永遠にその姿のまま立っているが、他方、神の制作したものは動き、呼吸し、心像を用い、吟味することができるのだ。君はこの制作者の制作物であるというのに、それを辱めるのか。なぜだ。神は君を制作しただけではなく、君だけを信用し、委ねているというのに、君はそれを覚えていないだけでなく、その信頼を辱めもするのか。もし神が君にだれか孤児を委ねたとするならば、君はそんなふうにその子をなおざりにしたりするだろうか。神は君に君自身を預けて、こう言っているのだ。「私は他人を君以上に信頼してはいない。どうかこの子が本来あるように、慎み深く、誠実で、高邁で、不屈の心をもち、情念に動かされず、平静であるように見

19 20 21 22 23

守ってくれ」と。それなのに君は見守らないのだろうか。

「だけど人は、「どうしてこの男は眉を寄せ[10]、もったいぶった顔つきをしているのか」と言うことでしょう」

私はまだそんな顔つきには値しない。なぜなら、私は自分が学んだこと、承認したことに自信がもてないし、さらに自分の心の弱さを恐れているからだ。君たちが私を自信のあるものにしてくれたとき、その時こそは私にあるべき眼差（まなざ）しとあるべき態度を目にすることだろう。像が完成され、磨き上げられたとき、その時こそは君たちにそれをお目にかけよう。君たちはどう思うだろうか。眉を寄せるか。そうあってほしくないものだ。オリュンピアのゼウス像は、眉なんか寄せたりしないからね。むしろ、その眼差しは座って、次のように言う方にふさわしいものである。

　わが言葉は覆（くつがえ）ることなく、また欺くこともない[11]。

私は自分自身がこのように誠実で、慎み深く、高貴で、平静であるところを君たちにお目にかけることにしよう。まさか、不老不死とか、病むことのないものとしてではあるまい。むしろ、神にふさわしく死して、神にふさわしく病にふせるものだ。これらが私のもつものであり、これらが私にできることである。それ以外にもつものはないし、できることもない。君たちに哲学者の筋力(12)をおみせしよう。どのような筋力か。的をはずすことのない欲求、避けそこなうことのない忌避、ふさわしい衝動、熟慮を重ねた目標、軽率ならざる承認。そういったものをお目にかけよう。

第九章　われわれは人間の務（つと）めをはたすことができないのに、哲学者の務めを引き受けていること

[1] 人間の務めをはたすことだけでも、並々ならぬ問題である。[2] 人間とは何であるのか。

「理性をもった死すべき動物です」とある人が言った。

理性をもつことでただちにわれわれはどんなものと区別されるのか。

「野獣とです」

ほかにはどんなものがいる。

「羊とか同類のものです」

それでは、野獣のような行動をしないように気をつけることだ。さもないと、人間というものを失い、務めがはたせなくなる。[3] 羊のような行動をしないように気をつけることだ。さもないと、同様に人間というものが失われてしまうのだ。

[4] 「羊のように行動するって、どのようなことですか」

胃袋のために、情欲のために、でたらめで、卑しく、汚らわしい行動をすれば、われわれはどこに堕ちていくのだろうか。

「羊にです」

われわれは何を失うのか。

「理性的なものです」

われわれが争いを好み、危害を加え、激情にかられ、乱暴であれば、どこに堕ちていくのだろうか。

「野獣にです」

したがって、われわれのうちのある者は大きな野獣であり、ある者は意地の悪い小さな野獣であり、その中には「私をライオンに喰わせろ(1)」という者もいる。だが、すべてこのようなことが原因で人間の務めがはたせなくなってしまう。というのは、連言命題(2)はいつ保たれるのか。

「その務めをはたすときです。それが真理で結合されていれば、連言命題を保つわけです」

選言命題はいつ保たれるのか。

「その務めをはたすときです」

笛、竪琴、馬、犬はいつ保たれるのか。それなら、人間というものも同じように保たれ、同じように失われるということに、何の不思議があるだろうか。それぞれのものにふさわしい行為がそれぞれのものを成長させ保つわけで、大工の仕事が大工を、文法の教師を向上させ保つのである。だが、文法にしたがわずに書く習慣がついてしまうと、その技術は壊れてしまい、失われてしまう。同様に、慎みのある行為は慎みのある人を保つが、慎みのない行為はその人を滅ぼし、誠実な行為は誠実な人を保つが、その反対の行為はその人を滅ぼすわけだ。逆に、反対の行為は反対の人びとを作り、恥知らずは恥知らずな人を、不誠実は不誠実な人を、暴言は暴言をはく人を、怒りは怒りやすい人を、均等でない授受は貪欲な人を作り出す。

そういうわけで、哲学者たちは学ぶことだけに満足せず、さらに練習を重ね、次に実行するようにしているのである(3)。なぜなら、われわれは長年にわたって学んだことと反対のことをする習慣になっていて、正しい考えとは反対の考えを実行しているからである。だから、正しい考えによって行動することをしないのであれば、われわれは他人の見解を解釈するだけのものになるだろう。われわれのうちの誰が今、善きものと悪しきものについて説明することができないだろうか。すなわち、「物事のうちで、あるものは善であり、あるものは悪であり、あるものは善でも悪でもないものであり、したがって徳や徳にあずかるものは善であるが、それと反対のものは悪であり、富と健康と名声は善でも悪でもないのである」[4]。そこで、もしわれわれが話している間になにか大きな物音がするとか、あるいは居合わせた人のだれかが嘲笑したりしたら、われわれはあわてだすことだろう。すると、哲学者よ、君が話していたことはどこにいってしまったのだ。君はそれをどこからもってきて話していたのか。まさにその唇からだ。そうすると、君はなぜ自分のものではない哲学理論[5]を汚したりするのか。最も大事なもので骰子遊びのようなことをしているのか。というのは、パンや酒を倉庫に蓄えておくのと、それらを飲食するのとは別のことであるからだ。食べられたものは消化され、配分されて、腱、肉、骨、血、健康な肌色、健康な息になる。蓄えられたものは、その気になれば、たやすく取り出してみせることができるが、君がそれらをもっているという評判をうけるのでないかぎり、それらからなんの益も得られない。というのは、これらの説を解釈することと、違う学派の説を解釈するのとではどんな違いがあるだろうか。さあ座って、エピクロスの教説を説明してみなさい。そうすれば、おそらくエピクロス自身よりも有効

16 17 18 19

に説明するだろう。そうすると、君はどうして自分のことをストア派と呼ぶのだろうか。どうして多くの人を欺くのか。どうしてギリシア人でありながら、ユダヤ人を演じて(6)いるのか。君はどうしてそれぞれがユダヤ人だとか、シュリア人だとか、エジプト人だとか言われるのか分からないのか。人がいろいろな見解に迷っているのをみかけたら、われわれはよく「この人はユダヤ人ではなく、ユダヤ人を演じているのだ」と言う。だが、その人が洗礼を受け(7)、宗派を選んだ者の境地に至れば、その時こそその人は真にユダヤ人であり、そのように呼ばれるのである。そういうわけで、われわれも似非(えせ)洗礼受容者(8)だということになる。つまり、名義上はユダヤ人だが、実際のところは別のものであって、そんな名義とはうらはらに、われわれは自分で言っていることを実行するにはほど遠く、それらのことを知っているつもりになって増長しているわけだ。こんなふうに、われわれは人間の務めもはたせないのに、哲学者の務めも引き受けている。一〇リトラ(9)の重さの石も上げることができないのに、アイアスの石(10)を持ち上げようとするような、それほどの重荷を背負うというのだ。

20
21
22

第一〇章　いかにしていろいろな呼称から義務を見出すことができるか

君が誰であるか考えてみたまえ[1]。第一に、人間である。すなわち、意志よりも優れたものをなにひとつもたないものである。ほかのものは意志に従属するが、意志は隷属することも従属することもない。そうすると、君は理性を有する点で何と区別されるかを考えてみたまえ。君は野獣と区別され、家畜と区別される。それに加えて、君は宇宙の市民[2]であり、その一部であり、奉仕するものではなく指図するもののひとつである。なぜなら、君は神の支配を理解し、それから結果することを考慮することができるからである。ところで、市民の務めとは何であるのか。市民の務めは、どんなことでも私的な利益に関わるものとみなさず、どんなことについてもほかから切り離されたものと考えず、かりに手足が理性をもち、自然の仕組みを理解しているならば、全体に関わること以外のことに衝動を感じたり、欲求したりすることはけっしてないであろうが、それと

1　2　3　4

同じように行動することである。だから、哲学者たちはうまく語っているわけだ。「もし知徳をそなえた人が将来のことを予見したとするならば、病気になっても、死ぬとしても、体が不自由になるとしてもこれにうまく合わせたことであろう」とね。それが全体の秩序から分かれて配分されたこと、全体は部分よりも、国家は市民よりも優れたものであることに気づいているからだ。しかし実のところは、われわれは予知しないのであるから、選択するためにはより自然本性にかなうものに執着するのがふさわしい。われわれはそのために生まれたからだ。

次に、君が息子であることを記憶しておくがよい。この役割(3)の務めは何か。それは自分の持ち物をすべて父のものだと考え、すべてのことにおいて父に聞きしたがい、だれかを相手に父のことを非難したり、父を傷つけるようなことを言ったりしたりせず、できるだけ父を助けて、どんなことでも遠慮し譲ることである(4)。

次に、君は兄弟でもあることを知るべきだ。この役割のためには譲歩、服従、丁寧な言葉遣いが君の義務であり、意志に関わりのないことでなにかを兄弟に(5)対してけっして要求したりせず、むしろ意志に関わりのあることに重きをおくようにするためにも、意志に関わりのないことは進んで断念することだ。なぜなら、そんな場合があるとしての話だが、トゲチシャ(6)や椅子(7)の代わりに、優れた判断が手に入るとすれば、それがどのようなことか考えてみなさい。どれほど儲けものであることか。

さらに続けて、ある都市の評議員であるならば、評議員であることを、若者であるならば、若者であることを、老人であるならば、老人であることを、父であるならば、父であることを覚えておくことだ。なぜなら、以上のような呼称のそれぞれをしかるべく考慮するならば、いつもその本来の仕事についておおよその見当がつくからである。だが、もし君が立ち去って、君の兄弟を非難するようなことがあれば、私は君に「君は自分が誰で、どんな呼称をもっているのか忘れてしまったね」と言おう。さらに、もし君が鍛冶屋でいながらハンマーを間違って使っていたら、鍛冶屋であることを忘れてしまっていることになるが、君が兄弟であることを忘れて、兄弟である代わりに敵になったとすれば、君自身にはつまらないものをつまらないものと取り替えたと思われるかね。もし君が人間、すなわち教化され、社会を作る動物である代わりに、有害で、狡猾で、人に咬みつく野獣になったなら、君はなにも失わないだろうか。いや、君は損をするにはお金を失わなければならないが、ほかのどんなものを失っても人間に損をさせることにならないのか。

10 11 12 13 14

さらには、読み書きや音楽の能力を失えば、それを失ったことを損失と考えるだろうが、慎み、抑制、温和といった性質を失うとき、君はそれをなんでもないと考えるのか。もっとも、前者の能力はなにか外からの、意志とは関わりのない原因で失われるのであるが、後者の性質はわれわれ次第で失われるのだ。前者の能力をもつことは立派なことではないし、失うことは醜いことでもないが、後者の性質をもたないとか失うとかすることは醜いことであり、非難されるべきであり、不運でもある。男色の犠牲となる人は何を失うのか。男であることだ。男色に誘う人はどうか。ほかにもたくさんあるが、それに劣らず彼自身も男であることを失うのだ。姦通を犯す人は何を失うのか。慎み深さ、自制心、礼を重んじること、市民であること、隣人であることだ。腹を立てる人は何を失うのか。なにかほかのものだ。恐れる人はどうか。なにかほかのものだ。損失や損害がなければ、だれも悪しき状態にはない。だから、君が損失をお金に換算して調べれば、この人たちにそのようなことがあっても、みんな損害も損失もないことになり、もしもこれらの行為でお金が生じるようなことがあれば、むしろ利益があり、儲けたということになる。もし君があらゆることをお金に換算してみるならば、鼻を失った人は君の目からすれば損害を受けたことにならない、ということを考えてみることだ。

「いや、受けていますよ。体の一部が不自由になったのです」とその人が言った。

それでは、嗅覚だけを失った人は、なにも失っていないのか。心の能力には、もって 21 いれば有益だが、失えば損をするようなものはなにもないのか。

「どんな能力のことを言っておられますか」 22

われわれは生まれつき慎み深い性質をまったくもっていないのか。

「もっていますよ」

この性質を失った人は、損をすることはなく、なにも奪われておらず、自分のものはなにもなくしていないのか。われわれは生まれつき誠実な性質をもっていないのか。生 23 まれつき愛情深い性質を、生まれつき人の役に立とうとする性質を、生まれつき我慢をする性質をもたないのか。そうすると、これらの性質のことで自分が損をしても放っておく人は、害を受けることも損をすることもないのだろうか。

「そうするとどうなのですか。私は害をあたえられた相手に、害をあたえるべきでは 24 ないのでしょうか」

まず考えてみよう。害とは何であるのか。哲学者たち(8)から君が聴いたことを思い出してみなさい。つまり、善が意志によるものであり、悪も同様に意志によるものであると 25

すれば[9]、君が言っているのは次のようなことではないか、考えてみたまえ。「そうするとどうなのですか。相手が私に対してなにか不正なことをおこなって、その人自身に害をあたえたのだから、私もその相手になにか不正なことをおこなって、私自身に害をあたえるべきではないのでしょうか」。われわれはこんなふうに考えることをしないで、なにか物体的に失ったもの、あるいは所有において失ったものがあれば、害を受けたとみなすが、意志において失ったものがあっても、少しも害を受けたとみなさないのはどうしてなのか。そのわけは、判断を誤った人や不正をおこなった人は頭痛もしないし、目も腰も畑も失わないからだ。ところが、われわれはこれら以外のものを欲することはない。一方、意志を慎み深く誠実なものにするか、慎みがなく不誠実なものにするかについては、学校でちょっと議論をするだけで、それ以外にはわれわれが問題にすることはほとんどない。そんなわけだから、ちょっと議論する程度には進歩するが、それ以上に進歩するようなことはけっしてないわけである。

第一一章　哲学の始めは何であるか

1 哲学の始めは、少なくともしかるべきしかたで入口を通ってそれにとりかかる人たちにとっては、肝要な事柄に関するみずからの弱さと無力を自覚することである。という
2 のは、直角三角形とか四分音とか半音とかの観念のどれも、われわれは生まれつきもって誕生したのではなく、なにか技術的な指導によってこれらの各々を教えられるわけで、そのために、これらを知らない人たちが自分は知っていると思うこともないわけである。
3 他方、善悪美醜とか、適切なこと、不適切なこと、幸福、ふさわしいこと、似つかわしいこと、なすべきこと、なすべきでないことについては、誰がこれらの生得の観念をも
4 たずに生まれたりするだろうか。それゆえに、われわれはすべてこれらの言葉を用いて、その先取観念(1)を個々の事物に適用しようとするのだ。彼は立派におこなった、しかるべ
5 きしかたでおこなった、しかるべきでないしかたでおこなった、不運であった、幸運であった、不正である、正しい。われわれのうちの誰がこれらの言葉を遠慮しながら使う

だろうか。われわれのうちの誰が、線分や音のことを知らない人たちがするように、学ぶまでこれらの言葉を使うのをひき延ばしたりするだろうか。そうではない理由は、人はこの領域のことを言わば自然本性によって学んだうえで生まれてきたことにある。そして、それらを出発点として、われわれはさらに自分の意見[2]を加えているわけである。

「どうして[3]私が美や醜を知らないなんてことがあるでしょうか。私はその観念をもっていないのでしょうか」

もっているよ。

「個々の場合に適用していないというわけですか」

適用しているよ。

「すると、うまく適用していないというわけですか」

そこにすべての問題があって、そこに自分の意見が加えられるのだ。つまり、これらの同意されたもの[4]から出発して、うまく適用させることができないために疑わしい考えに行き着くことになる。というのも、もし人びとがこれらの生得のものに加えて、正しい適用をも獲得していたとすれば、彼らが完全な人であることを何が妨げたであろうか。だが実際のところは、君は個々の場合にそれらの先取観念をうまく適用していると思い込んでいるのだが、どこからそんなものを得たのか、私に言ってくれたまえ。

「私にはそう思えたからです」

だけど、そう思っていない人もいるのだ。しかも、その人自身も自分がうまく適用していると思っている。あるいは、思っていないだろうか。

「そう思っていますね」

そうすると、君たちはお互いに意見が異なるような事柄について、先取観念をうまく適用させることができるだろうか。

「できません」

それでは、それらを適用させるために、君が考えているよりも優れた、もっとうまいやり方をわれわれに示すことはできるかね。頭の狂った人は、自分がよいと思ったこと以外のことをするだろうか(5)。すると、彼にはその判断基準で十分なのか。

「十分ではありません」

それなら、自分が考えているよりももっとうまいやり方に進むべきだ(6)。それは何であろうか。

哲学の始めをみてみることだ。それは、人間相互の意見の衝突を認識し、その衝突が

11　12　13

生じる原因を探究し、単に考えているだけのことを軽んじ信用しないことである。そして、考えていることが正しく考えられているかどうかを調べて、なにか判断基準をみつけることである。例えば重量の場合には秤（はかり）を、例えば直線と曲線を見分ける測線(7)をみつ[14]けたりするようなものだ。これが哲学の始めである(8)。みんなが考えていることはすべて正しいのだろうか。どうしてお互いに衝突している考えが正しいことがあるだろうか。

「そうするとみんなの考えが正しいわけではなく、われわれが考えていることが正しいわけですね」

[15]どうしてわれわれの考えがシュリア人のそれより、エジプト人のそれより優れていたりするだろうか。どうしてそれが私ひとりに思われていることよりも、あるいはだれそれに思われていることよりも優れていたりするだろうか。

「そんなことはありませんね」

したがって、実際にどうあるかを決めるのに、各人にそう思われることでは十分でないことになる。なぜなら、重さや長さの測定の場合にもわれわれは単なる見かけには満[16]足しないわけで、いずれの場合もなにか基準となるものをみつけるからである。そうすると、この場合にそう思われることより優れた判断基準はなにもないのだろうか。人間たちの間で最も必要なことが、定まらず見出されないというようなことがどうしてありえるのか。

17 「判断基準は存在します」

では、われわれはどうしてそれを探求し、発見しないのだろうか。そして、発見したら、それ以後は犯しがたいものとして、それなしには指一本伸ばすことさえすることなしに[9]、それを用いないのか。18 なぜなら、私が思うに、それが発見されるならば、自分に思われることだけをあらゆる事柄の尺度として用いている人びとを狂気から解放し、その結果として、それ以後はよく知られ、十分に明らかにされたものから出発して、個々の事柄について明確にされた先取観念を用いることになるからである。

19 われわれの探究の対象になっているものは何かね。

「快楽です」

20 それを判断基準にあてはめてみなさい。秤にかけてみなさい。善というのは、われわれがそれに確信をもち、信頼するに値するものでなければならないのではないか。

「そうでなければなりません」

そうすると、不確かなものは確信をもつに値するものだろうか。

「値しません」

ところで、快楽が確かなものということはないだろうね。 21

「ありません」

それならば、快楽を取り上げて、秤から外に投げて、善の領域から遠くへ追いやるがよい。もし君の目がよくなくて、ひとつの秤で十分でなければ、別の秤をもってくることだ。善は誇るに値するものだろうか。(10) 22

「そのとおりです」

すると、快楽が生じているときは、誇るに値するだろうか。ほらごらん、君は値するとは言わないね。そう言わないとなると、私はもう君のことを、秤にかけるにも値しない人だと考えることになるだろう。このように、判断基準となるものが用意されて、物事は判定され計られるわけである。そして、哲学するというのは、判断基準を考察し確立することなのであり、その上で認識されたものを用いることが、善き優れた人のする仕事なのである。 23 24 25

第一二章　問答することについて

議論することを学ぶさいに知らなければならないことは、われわれの哲学者たち(1)によって正確に規定されている。だが、それらをふさわしいしかたで用いる段になると、われわれはまったく訓練ができていない(2)。実際、われわれのうちで君の好きな人を、だれか哲学の素人と問答させてみればよい。そうすると、その人をどう扱ってよいか分からず、相手を少々刺激して、彼がそれに反対する返答(3)をしようものなら、もはや収拾不可能となり、あげくはその人を罵(ののし)るか嘲笑したりして、「こいつは素人だ。どうにも扱いかねる」などと言う始末である。だが、道案内する人は、だれかが道に迷っているのをみつけると、しかるべき道に案内するのであって、嘲笑したり罵ったりして行ってしまうようなことはしない。君もその人に真理を示してやれば、それにしたがうことが分かるだろう。だが、真理を示してやるまでは、相手を嘲笑したりせず、むしろ自分の無力に気づくのがよいのだ。

ところで、ソクラテスはどんなふうにしたのか。彼は問答の相手となる人自身が自分のための証人となることを強く求め、その人よりほかにはだれも証人を求めることをしなかった。だからソクラテスは、「ほかの人たちとはさようならをして、僕はいつも議論の相手を証人とすることで満足だ。ほかの人たちから投票を求めることはないが、問答の相手からだけは投票を求めるのだ[4]」と言うことができた。なぜなら、このようにして彼はもろもろの観念[5]からの帰結を明らかにして、だれもがその矛盾に気づいて、これを避けることができるようにしたからだ。「はたして、妬む人は喜んでいるのだろうか[6]」

「けっしてそんなことはありません。むしろ、苦しんでいます」

ソクラテスは反対のことを言って、相手を刺激したわけだ。

「ではどうだろうか。妬みというのは、悪しきことに対する苦痛だと君に思われるかね。しかも、悪しきことに対してどうして妬みがあるだろうか」

このようにして、彼は妬みとは善きことに対する苦痛だと相手に言わせたのだ。

「ではどうだろうか。人は自分にとってなんでもないようなことを妬んだりするだろうか」

「けっしてそんなことはありません」

彼はこんなふうに観念を完成させ明確にしてから、その場を離れたのだが、「どうか妬みを定義してくれたまえ」とは言わなかったし、さらに相手が定義したときにも、「君の定義はよくなかった。その定義は要点をはずしているからね」などとも言わなかった。これは専門的な用語であり、それゆえに、われわれはこれらから離れることができなくても、哲学の素人にはやっかいで、理解しがたいものである。むしろそんな用語がなくても、哲学の素人は自分で自分の心像にしたがってあることを容認したり否認したりすることができるので、われわれはそれらを使ってその人の気持ちを変えることはできないことになる。結局、われわれは自分のこのような無力を自覚しているものだから、少なくとも慎重な者であれば、当然ながらこんな仕事から手を引くことになる。だが、多くの軽率な連中は、このような仕事に関わって相手を混乱させ、自分も混乱して、あげくには相手を罵り、相手から罵られて、その場を立ち去ることになるのだ。

ソクラテスの第一の、そしていかにも彼らしい特徴は、けっして議論に腹を立てるようなことはなく、けっして相手を罵ることもなく、けっして傲慢にもならず、罵る相手にも耐えて論争を終わらせたことにある。もしこの点について彼がどれほどの能力を有していたかを知りたければ、クセノポンの『酒宴』[7]を読むとよい。そうすれば、彼がど

れほどの論争を終わらせたかが分かるだろう。そういうわけで、

大いなる諍い（いさかい）といえども、たちまちにして巧みに収めけり。(8)

という言葉が、当然ながら詩人たちの間で最大の賛辞をもって語られているのだ。それではどうだろうか。この仕事はあまり安全なものではない。特にローマにおいてはね。というのは、こういう問答は街の片隅でやるべきではないことは明らかだろう。むしろ、もし機会があるならば、だれか裕福な執政官のところに行って、その人にこう訊くべきなのだ。(9)


「ねえ君、君は自分の馬を誰に任せたか、私に言うことができますか」

「できるとも」

「では人を選ばず、馬に経験がない人にですか」

「そんなことはない」

「ではどうでしょう。金銀や衣服は誰に任せたか、言うことができますか」

「それらもだれかれなしにではない」

「では自分の体については、だれかにその世話を任せるようなことを考えたことが今までにありますか」

「もちろんあるよ」

「言うまでもなく、健康管理[10]や医療に経験のある人にでしょう」

「そのとおりだ」

「君にとってはそれらが一番大事なものですか、それともそれらすべてよりも善いものをおもちでしたかね」

「何のことを言っているのかね」

「ゼウスに誓って、それらのものを使って、それぞれを吟味し、熟慮するものです」

「君は魂のことを言っているのかね」

「よくわかっておられますね。まさしくそのことを言っているのです」

「ゼウスに誓っていうが、ほかのものよりも魂を所有していることはずっといいことだと私は考えている」

「それでは、魂についてどのように世話をしているのか言うことができますか。というのは、君のように賢明で国家において評判の高い人が、自分の中で一番大事なものを適当にいい加減に放っておいて、配慮もせず、滅びるにまかせておくなんてことは、ありそうもないからです」

「けっしてそんなことはない」

「だけど自分で自分の世話をするわけですか。だれかから学んでですか、それとも自分で発見するわけですか」

結局、このあたりが危ないわけで、まず彼は「ねえ、それがお前に何の関わりがあるんだい。お前は私の主人なのか」と言いだしかねない。次に、相手を苦しめ続けると、手を挙げて、拳骨（げんこつ）を食らわすことになる。私もかつてはこのやり方を賛美していたのだが、ついにそんな目に遭ったのだ。

23

24

25

第一三章　不安を抱くことについて

不安を抱いている人をみると、この人はいったい何を望んでいるのだろうか、もし自分の力が及ばないもののなにかを望んでいるのであれば、どうしてさらに不安を抱くことがあるのだろうか、と私は言うことにしている。(1) だからキタラー弾きも自分ひとりだけで歌う(2)ときは不安を感じないが、舞台に上がると、どんなに声がよくてキタラーを上手に弾いても不安になるものである。それはただ上手に歌いたいだけでなく、拍手喝采もされたいからであるが、それはもはや彼の力が及ばないことである。したがって、自分に知識があるところでは自信があるわけで、だれでも好きな素人を連れてくるとよい。キタラー弾きがそんな人に振り向くことはない。だが、自分が知らず練習したこともないようなところでは、不安になるのだ。これはどういうことなのか。この人は群衆とはどんなものか、群衆の賞賛とはどんなものか知らないのである。最高音や最低音(3)の出しかたは学んだが、大勢の人たちのもとでの賞賛がどのようなもので、人生においてどのような力をもつものなのかは知らないし、学んでもいないのである。かくして、震えたり青ざめたりせざるをえなくなる。だから、そんな人が恐れているのをみると、キタラ弾きではないとまでは言わないが、それ以外のことなら、ひとつだけでなくたくさんのことを言うことができる。なによりもまず、私は彼をよそ者と呼んで、そしてこう言うことにする。「この人は地上のどこにいるのか分からず、これほど長い間滞在していても、国の法律や習慣も、何が許され、何が許されていないかも知らない。しかも、自分に法律のことを語ったり、説明したりしてくれる法律家にかつて相談したこともないのだ。遺言書をどう書くべきかも分からないし、それを知っている人に相談することもしないから、書くことをしないし、また理由もなく保証書に捺印したり、誓約書を書いたりすることはないが、一方で、法律家に相談しなくても欲求をもてば、忌避もするし、衝動も意欲も感じるし、もくろみを立てたりもする。法律家に相談しないとはどのような意味か。あたえられていないものを欲しがり、必要なものを欲しがらず、自分のものと他人のものとの区別も分からないということだ」。もし分かっていたら、妨げられることも邪魔されることもけっしてないし、不安を抱くこともないだろう。

「いや、そのとおりです」

するると、人は悪くないものについて恐れたりするだろうか。

「いいえ、恐れたりしません」

では、どうだろう。悪いものだが、自分の力が及んで、それが生じないようにできるものについては恐れるだろうか。

「けっしてそんなことはありません」

それでは、意志と関わりのないものが善でも悪でもなく、意志と関わりのあるものがすべてわれわれの力の及ぶものであり、だれかがわれわれからそれを奪うことも、それらのうちわれわれが望まないものをわれわれに課することもできないのであれば、どこになお不安の余地があるだろうか。けれども、われわれは小さな身体に、わずかな財産に、皇帝にどのように思われるかに不安を感じているが、われわれの内部のことについては少しも不安ではないのだ。間違った考えを抱くのではないかと不安に思うようなことはあるまいね。

「ありません。それは私の力が及ぶことですからね」

自然本性に反して衝動を感じるのではないかと不安に思うこともないね。

「それについてもないですね」

それなら、君がだれかの顔が蒼白になっているのをみかけるときは、ちょうど医者が顔色から判断して、「この人の脾臓は病んでいる、この人の肝臓は病んでいる」と言うように、君も「この人の欲求や忌避は病んでいる、流れが悪くて炎症を起こしている」と言うことだ。なぜなら、それら以外のもので、人の顔色を変えさせたり、戦慄させたり、歯をがたがたいわせたり、

しゃがんでも足は落ち着かず震わせて(4)

などのようにさせるものはひとつもないのだから。

そんなわけで、ゼノンはアンティゴノス(5)と会おうとするときに不安を抱くことはなかった。なぜなら、この人が驚嘆していたことについてはなにひとつアンティゴノスの権力が及ばなかったし、アンティゴノスが権力をもっていたものにゼノンが振り向くこともなかったからである。一方、アンティゴノスのほうは、ゼノンに会おうという時になって不安を感じた。それも当然のことで、この哲学者を喜ばせるつもりであったが、それは彼の権力の及ぶところではなかったからである。ゼノンのほうは、王を喜ばせるつ

もりなどなかった。ほかの人だって、専門知識があれば専門知識のない人を喜ばせようなどとは思わないからである。

私のほうは君を喜ばせたいと思うだろうか。それでどんな得をするのか。君は人が人によって判断されるその基準となるものを知っているのか。善き人とは何であり、悪しき人とは何であり、どのようにして人はそれぞれのものになるかを、君は知ろうと心がけたのか。なぜ君自身は善き人でないのか。

16

「どうして私が善き人でないのですか」とその人が言った。

どうしてかと言うと、善き人はだれも嘆いたり呻(うめ)いたり泣いたり、顔面が蒼白になったり、震えたりしないし、「どうしたら私のことを受け入れてくれるんだ。どうしたら私の言うことを聞いてくれるんだ」などとは言わないからだ。いいかね、自分がよいと思ったことをするのだ。とすれば、君はどうしてほかの人に関わるものが気になるのだ。

17

今君が言ったことを悪く受け取ったら、それはその人の過失ではないのか。

「もちろんですとも」

ひとりの人が過失を犯しているのに、別の人が悪いということはありうるかね。

18

「ありえませんね」

それでは、ほかの人に関わることなのにどうして君が不安になるのだ。

「ええ、でもどんなふうにその人に話したらいいのか不安なのです」

では、君の好きなようにその人に話すことが許されていないのかね。

「締め出しを食らうんではないかと心配なのです」

例えば、ディオンという名前を書こうとするとき、締め出しを食らうんではないかと恐れたりはしないね。

「けっしてそんなことはありません」

その理由は何かね。書くことを学んでいるからではないか。

「もちろんです」

ではどうだろう。なにかを読もうとするときも、同じではないだろうか。

「同じことですね」

その理由は何かね。およそ技術というものが、それに関わるものについてなにか強さと自信をもっているからだ。そうすると、君は話すことの練習をしなかったのか。学校ではほかのどんなことを練習したのか。

「推論と転換論法(6)です」

何のために練習したのか。問答がうまくなるためではないか。だけど、問答がうまくなるというのは、時機を得て、慎重かつ巧妙に、さらには躓かず、人に邪魔されず、これらすべてに加えて、自信をもって問答することではないか。

「そのとおりです」

22 そうすると、君が馬に乗って野原を行くときに、歩いている人[7]に不安を感じたりするだろうか。君は馬の訓練を積んでおり、その人は訓練していないとすればだが。

「感じますとも。あの方は私を殺す権力をおもちですから」

23 かわいそうに、それなら正直に言うんだ。法螺を吹かず、哲学者などと公言しないことだ。ご主人様のお顔を忘れずに、身体というものに捕まえられている間は、君より強 24 いものにはなんにでもしたがうことだ。だが、ソクラテスは話す訓練をしたものだから、僭主に対しても、裁判官に対しても、牢獄においてもあのような問答をしたのだ。ディオゲネス[8]も話す訓練をしたものだから、アレクサンドロスに対しても、ピリッポスに対しても、海賊に対しても、また彼を買い取った人に対してもあのような語り方をしたの 25 だ。〔……〕[9]練習を積んだ、自信のある人たちに任せて、君のほうは自分の仕事に戻って、そこからけっして離れてはならない。街の片隅に行って、そこで推論でも立てて、ほかの人にみせるとよい。

汝(なんじ)は国を治める器にあらず(10)

第一四章　ナソに対して

あるローマ人[1]が息子とともに入ってきて、講義のひとつを聴いたとき、エピクテトスはこれが私の講義のやり方だと言ったきり黙っていた。その人が続きの話を聴かせてくれと言うと、エピクテトスはこう答えた。およそ技術というものは、それに経験のない素人にとって教わるときは面倒なものだ。だけど[2]、技術から生じたものはただちに、何のために生じたかという効用を示してくれるものであり、しかもその大部分には魅力的で人を喜ばせるところがある。例えば、靴屋がその技術をどんなふうに学んだかは、人がそばにいて聞いていても楽しいものではないが、靴のほうは役に立つし、さらにみていて不愉快なものではない。大工の技術もそれを学ぶのは、とりわけ素人がそばでみていても厄介なものであるが、作品はその技術の効用をみせてくれる。こうしたことは音楽の場合にもっとよくみることができるだろう。なぜなら、その技術を教えてくれる人のそばにいると、君にはその学習がなによりも楽しくないものに思えるだろうが、しかし音楽から生み出されるものは素人にも聴いて楽しく愉快であるからである。

そして今の場合にも、われわれは哲学する人の仕事をなにかこのようなものと考えている。つまり、ある出来事がわれわれの意に反して起こることがないように、またわれわれが願っているのに起こらないことがないようにするために、自分の願望を起きてくる出来事に合わせなければならないということである。(3) かくして、この仕事でこのような心構えができている人びとは、欲しても得そこなうことはなく、避けているのに遭遇するようなこともなく、苦痛も恐怖もなく、心を乱されることもなく、息子として、父親として、兄弟として、市民として、夫として、妻として、隣人として、旅の連れとして、支配者として、支配される人として、共同関係にある人びととともに、生まれながらの関係と生まれて後の関係を維持しながら暮らしていくことになる。

哲学する人の仕事とは、なにかこのようなものだとわれわれは考えている。したがってこれに続くのは、いかにしてこれが達成されるかを探求することである。ところで、大工はなにかを学んで大工となり、船の舵(かじ)取りはなにかを学んで船の舵取りになることをわれわれは知っている。そうすると今の場合にも、知徳をそなえた人になることを願うだけでは十分ではなく、なにかを学ぶことも必要なのではないだろうか。だから、そ

7　8　9　10

れが何かを探求してみよう。哲学者たちが学ぶべきだと言っているのは、第一に、神が存在し、万物を予見し、人がなすことばかりでなく、考えることも望むことも、神の目から逃れることはないということ、次には、神々がどのような存在であるかということである。なぜなら、神々の姿がどのようなものか見出されたとしても、神々に気に入られしたがおうとする者は、できるかぎり神々に似たものとなるように努力しなければならないからである。もし神的なものが信頼しうるものならば、この人も信頼しうるのでなければならないし、神的なものが自由であれば、この人も自由でなければならない。恩恵をあたえるのであれば、この人も恩恵をあたえねばならず、寛大であれば、この人も寛大でなければならない。したがって、神の信奉者としてそれに続くことをすべておこない、語ることになる。

「それでは、どこから始めるべきでしょうか」

もし君が同意してくれるのであれば、まず最初に言葉を理解しなければならない。

「ということは、私は今言葉を理解していないのですか」

理解していないね。

「すると、どんな風に言葉を使っているわけですか」

文字を知らない人が書かれた文字を用い、家畜が表象を用いるようにすればよい。なぜなら、使用と理解は別のものだからだ。[4] だけど、君が理解していると思っているのであれば、君が望む言葉を取り上げて、われわれがお互いに理解しているかどうか調べてみようじゃないか。

16

「だけど、もう十分に歳を重ねており、三度も出征したことのある[5]人間が論駁されるのは辛いものですね」

17

それは私もわかっているよ。君が今私のところにやって来たのは、自分にはなにひとつ欠けるところがないと思ってのことだからね。だけど、君には何が必要なのか、想像することができるかね。君は裕福だし、多分妻子もいるし、召使いだってたくさんいるんだろう。皇帝も君のことをご存じだし、ローマには多くの友人をもち、義務をおこない、よくしてくれた人にはお返しをして、悪いことをした人には悪いことで応酬していることも知っている。君には何が欠けているのか。もし私が君に、幸福になるためのもっとも肝要なこと、重要なことが欠けていること、また今日に至るまで、ふさわしい行為以外のことばかりに心を使っていたこと、なかでも極めつけは、神が何であるか、人間が何であるか、善が何であるか、悪が何であるかを知らないことを証明してみせたと

18

19

しても、おそらく君はそんなことには我慢するだろう。しかし、君は自分で自分を知らないなどと言えば、どうやって君は私が言うことに我慢して、論駁を受けて、ここに踏みとどまっていられるだろうか。とうてい不可能だね。むしろ、腹を立ててすぐさまここを立ち去ることだろう。でも、私は君にどんな悪いことをしたのだろうか。もし鏡が醜い人にあるがままの姿を映し出しても、なにも悪いことをしていないのだとすれば、また医者が病人に「あなたはなんでもないと思っておられるようだが、熱がありますよ。今日は食事を控えて、水分を補給することです」と言っても、病人を侮辱したわけではないとすれば、私もなにもしていないことになる。そしてだれも「なんとひどい侮辱だ」などとは言わない。だけど、もし君がだれかに「君は欲望に燃えているね。忌避したりするのは卑劣だ。その計画はつじつまが合わない。その衝動が自然本性と一致していない。その考えはでたらめで間違いだらけだ」などと言えば、ただちにその人は「私を侮辱している」と言って、その場を去ることになる。

われわれが置かれた状況は、国民的祭典における場合と似ている(6)。羊や牛が売られるために連れてこられ、それらを売り買いする多くの人びとが集まる。だが、ごくわずかだが国民的祭典を観(み)るためにやって来る人がいる。どのようにおこなわれるのか、なぜおこなわれるのか、この祭典を開いた人は誰か、そして何のためかを知るためである。この人生という祭典においても同様である。ある人たちは、家畜のように、飼葉のほかにはなんの興味もない。なぜなら、君たちが財産や土地や召使いや地位にあくせくしているかぎり、それらは飼葉となんら変わるところがないからである。一方、国民的祭典にやって来る者のなかで少数は、観ることを好む人びとであり、こう問いかける。「いったい宇宙とは何であるのか。誰がそれを支配しているのか。だれもいないのだろうか。しかし、国家や家はこれを支配し面倒をみる者がいなければ、たちまちのうちに存続が不可能になるというのに、かくも大きく美しい建造物がかくも秩序整然として統括されているのが、なりゆきで偶然によるなどということがどうして可能であろうか。だから、宇宙を支配する者は存在するのだ。その支配者はどのような方で、どのように支配しているのか。また、われわれはどのようなものとしてその支配者によって生まれ、そしてどのような働きをするために生まれたのか。はたしてわれわれは支配者とどのようなつながりと関係をもっているのだろうか」

以上のようなことが、このわずかな人びとが感じていることであり、その後は余暇があるとひたすらこのことに、すなわちこの祭典を研究することに専念して去っていくの

24 25 26 27 28

だ。とするとどうなのか。彼らは多くの人びとに笑われるわけだ。祭典でも観客は商売人に笑われるからである。そして、家畜がなにか認識のようなものをもちあわせているとすれば、飼葉以外のものに驚嘆する人びとを笑うことだろう。

第一五章　決めたことを頑固に守り通そうとする人びとに対して

確固とした態度をもつべきであり、意志は自然本性において自由で強制されぬものであるが、それ以外のものは妨げられ、強制され、隷属的で、ほかの人に属するものである、といった言葉を聞くと、これを聞いた人たちは、いったん決めたことは断固として守らねばならないと考える。だが、まず第一に、決められたことは健全なことでなければならない。というのは、私は身体に緊張(1)があることを願うけれども、それは健康な人や競技者の身体がそうであるようなものを願っているわけである。もし君が脳症を患っている人の緊張を私にみせて、これを自慢しているならば、私は君に「ねえ君、体の世話をしてくれる人を探すべきだよ。それは緊張ではなく、むしろ弛緩なのだ」と言うだろう。こうした話を誤って聞く人たちは、魂についても別のしかたでこのようなことを経験することになる。例えば、私の友人でなんでもない理由からみずから食を断って死

1 2 3 4

のうと決めた人がいた。その人が食を断ってもう三日目になっていたが、彼のところに行って、どうしたのかと訊いた。

「もう決めたことだ」とその人は言った。

だけど、どういうわけで君はそんな気持ちになったのだ。もし君の決めたことが正しければ、ほら、われわれは君の側に座って、君が旅立てるように手伝うことにしよう。だけど、君が決めたことが道理に合わなければ、考え直すのだ。

「決めたことは守らねばならない」

いったい君は何をやっているんだ。決めたことならなんでも守らねばならないのではなく、正しく決めたことをではないのか。もし君が今は〔昼なのに〕夜だと考えて、それでよいと思ったならば、その考えを変えず、それに留まって、決めたことは守らねばならないと言うがよかろう。君は最初に、決めたことが健全なものか、健全なものでないのかを検討して基礎を築き、そのようにして次に、その基礎の上に確固としたもの、安全なものを築こうとは思わないのか。だが、もし君が腐った、壊れやすいものを基礎に置くならば、家を建ててはならない(2)。もしもっと大きな、もっと強固な家を建てようとすると、それだけ早く崩れることになるだろう。君はわれわれの友であり仲間でありながら、同じ国家の、すなわち大きな国家と小さな国家の市民でありながら、なんの理由もなくこの生から離れようとしているのだ。さらには、殺人を犯し、なんの不正もしていない人を破滅させるようなことをしながら、君は「決めたことは守らねばならない」と言っているのだ。もし私を殺そうという考えが万一君に生じたら、君は決めたことを守らねばならないのか。

かくして、その人はかろうじて決心を変えた。しかし、今の人びとの中には変えることができない者たちもいる。それで、以前には分からなかったことが、今分かったような気がする。つまり、「愚かな人はなびくことも折れることもない」という人口に膾炙している言葉の意味である。賢い愚か者は友人としてもちたくないものだ。これほど扱いにくいものはない。

「私は決めたんだ」

頭が狂った人だってそう言う。しかし、ありもしないことの決断が固ければ固いほど、ヘレボロスの薬草がたくさん要ることになる。君は病人のふりをして、医者を呼ぼうとしているのではないか。「先生、私は病気です。どうかお助けください。私は何をすべきなのか診断してみてください。私にできるのはあなたにしたがうことです」と言って

(注番号: 11, 12, 13, 14, 15)

ね。今の場合だって同じことだ。「私はなすべきことが分からず、それを学ぶためにやって来たのです」と言うべきなのに、むしろこう言うわけだ。「ほかの話を私にしてください。そのことはもう決めたのです」。ほかのどんな話なのか。決めてしまったとか、それを変えないとかでは十分でないことを君に説得する以上に重大なこと、大切なことがあるだろうか。それは狂った人の緊張であって、健全な人のそれではない。

「君がそんなことを強いるなら、私は死を望みますよ」

ねえ、どうしてなのだ。何が起こったのだ。

「私はそう決めたのだ」

君が私を殺す決心をしなくて助かったよ。

「私はお金を受け取らない[7]」

どうしてなのか。

「私はそう決めたのだ」

いいかね、君が今お金を受け取らないと言ったその決断の強さで、別の時にお金を受け取るという方に理由もなく変わって、もう一度「私はそう決めたのだ」と言うとして[8]も、それを妨げるものはなにもないよ。それはちょうど、病気をしてリューマチにかか

16　17　18　19　20

っている身体で、体液の流れがある時はこのあたりに、ある時は別のあたりに移っていくのに似ている。病める魂も同様で、どこに傾いていくかは不明であるが、その傾向や動きに緊張が加わると、その病害は救いがたく、治療の見込みはない。

第一六章　われわれは善悪に関する教説を実行する練習をしていないこと

1
善はどこにあるのか。

「意志の中にです」

悪はどこにあるのか。

「意志の中にです」

そのどちらでもないものはどこにあるのか。

「意志とは関わりのないものの中にです」

2
ではどうか。われわれの中で、教室の外でもこれらの言葉を覚えている人がいるだろうか。次のような質問に答えるときのように、みずから進んでいろいろな事柄に対してそのように答える人がいるだろうか。「今は昼かね」。「はいそうです」。「ではどうか。今は夜かね」。「いいえ、そうではありません」。「ではどうか。星の数は偶数か」。「言えません」。君は賄賂の金をみせられたとき、「それは善ではない」としかるべき答えをする練習ができているかね。こんなふうに答える訓練をしているかね。それとも、できているのは詭弁に答えることだけなのか。そうすると、君は自分が練習したことでは、以前よりも優れた人間になっているが、練習していないことでは、同じ人間に留まっていることを、どうして不思議に思うのか。というのは、どうして弁論家は弁論を立派に書き上げて、書かれたものを暗唱していることが分かっていて、いい声が出せるのに、それでもなお不安を感じたりするのか。それは練習に満足していないからだ。それではその人は何を望んでいるのか。聴衆から賞賛されることである。そうすると、練習ができることについては訓練を積んだが、賞賛や非難については訓練をしなかったことになる。なぜなら、賞賛とはどんなものか、非難とはどんなものか、それぞれの自然本性はどんなものかについて、いつ彼は人から聞いたのか。賞賛のうちどのようなものは求めるべきで、非難のうちどのようなものは避けるべきなのか。賞賛と非難の言葉に対応する練習を彼はいつしたのか。それでは、どうして君は学んだことでは、ほかの人よりも抜きん出ているのに、練習しなかったことでは、多くの人たちと同じであることを不思議に思うのか。それはちょうどキタラー弾きがキタラーの弾き方を知っていて、上手に歌い、立派な舞台衣装をもっているのに、それでも舞台に上がると震えるようなものだ。なぜなら、これらのことは知っているが、大衆とはどんなものかも、大衆の叫び声、大衆の嘲笑がどんなものかも知らないからだ。いや、不安そのものがどんなものか、それはわれわれのせいなのか、ほかの人のせいなのか、それを止めることはできるのかできないのかということも知らないのだ。だから、喝采を受けると得意になって退場するが、嘲笑されると、あの得意にふくらんだ顔も針で突かれてしぼんでしまうことになる。

われわれもなにかこのようなことを経験する。われわれは何に驚くのか。外的なものにである。われわれは何についてあくせくするのか。外的なものについてである。さらに、われわれはどのようにして恐怖に陥り、どのようにして不安を抱くのか、困惑せざるをえない。そうすると、外からやってくるものが悪だと思う場合に、どんなことが可能なのか。われわれがそれを恐れないことも、それに不安を抱かないことも不可能である。そんなわけで、われわれは「主なる神よ、どうしたら不安でなくいられるのですか」などと言うわけだ。愚かなことだ。君は手をもっていないか。神は君のためにそれを創ってくれたのではないのか。さあ座って、鼻水を流さないように祈るのだ。むしろ鼻をかんで、神を非難したりしないことだ。

では、どうなのか。この場合、神は君になにもあたえなかったのか。忍耐をあたえなかったか。高邁な心をあたえなかったか。勇気をあたえなかったか。そのような手をもっていながら、なお鼻を拭いてくれる人を探しているのか。だが、われわれが練習し、心を向けているのはそんなことではない。というのも、なにかについてどのように行動するかに関心をもつ人を、つまりなにかを得るためではなく、自分の現実の行動に心を向けているような人を、だれかひとり私にみせてもらいたい。誰が散歩しているときに、自分の行動に心を向けているだろうか。誰がなにかを計画しているときに、計画してものを手に入れることではなく、計画していることそのことに心を向けているだろうか。もしそのものが手に入れば、躍り上がって、「われわれはなんてうまい計画を立てたのだろう。兄弟よ、私は言ってたじゃないか。なにかを考えて、そのとおりにならないなんてことはありえない、とね」と言うが、もし思ったような結果にならないと、かわいそうに意気消沈して、起きたことについて何と言ったらよいものやら言葉がみつからないのだ。われわれの中で誰がこのことについて占い師に尋ねたのだろうか。われわれの中で誰が行動について尋ねるために、神殿で眠ったのか[1]。それは誰なのか。私はずっと長い間探していたが、そんな生まれも素質もよい人を知りたいから、そんな人をだれかひとり私にみせてもらいたいのだ。若かろうが年寄りであろうがかまわないから、どうかみせてくれたまえ。

そうすると、われわれはこうした事柄に熱心であっても、いざ行動となると、卑屈で、ぶざまで、なんの価値もなく、臆病で、苦労に耐えきれず、たいていは不運であることを、どうして不思議に思うのだろうか。それはわれわれがそれを気にかけることも、練習することもしていないからだ。もしわれわれが恐れているのが死や追放ではなく、それに対する恐怖であるとすれば、自分にとって悪いと思われるものに陥ることがないように練習したことであろう。だが実際のところは、学校では活発で口達者であり、なにかこうした事柄についてちょっとした問題が提起されたなら、その論理的な帰結を十二分に究明するけれども、実際の応用に引き入れてみると、あわれな遭難者を見出すことになるだろう。人を混乱させる心像が襲ってきたときに、何の練習をして、何のために訓練を積んできたのかが分かるだろう。だから、この練習が不足しているために、われわれはいつもなにか面倒なことを背負うはめになり、実際よりも困難なものにしてしまうのだ。例えば、私が航海しているときに、海の底をのぞいたり、大海原に目をやって陸ひとつみえなかったりすると、思わず我を忘れ、難破でもすればこの大海の水を全部

18　19　20　21　22

飲まなければならないような気持ちになってしまう。溺死するには三クセステース[2]の水で十分だという考えは起こらないのである。では、私の心を混乱させるものは何であるのか。海か。いやそうではなく、それについての思いなのだ。さらに、地震でも起これば、今にも町並みが私に向かって落ちてくるように思ってしまう。私の脳をたたきつぶすのには、小さな石ころで十分ではないのか。

それでは、われわれを悩ませ、困惑させるものとは何であるのか。それについての思いよりほかのいったい何であるだろうか[3]。国元を去って、知己友人と別れ、土地や人とのつながりから離れていく人を悩ませるものは、それについての思いよりほかの何であるだろうか。実際、子供は乳母から少しでも離れただけで泣きだすが、小さなお菓子をもらっただけで泣くのを忘れてしまうのだ。

「そうすると、あなたはわれわれが子供と変わらないと言いたいのですか」

ゼウスに誓って、そうではない。そのような気持ちになるのは、小さなお菓子をもらったせいではなく、正しい思いを抱くからなのだ。

「正しい思いとはどのようなものですか」

人が終日気にかけていなければならないことだ。すなわち、自分のでないものには、

23　24　25　26　27

友人でも場所でも体育場でも、それればかりか自分の身体であっても、けっして愛着を懐(いだ)かず、法を記憶して、それを眼前に掲げることである。

28 「神的な法とはどのようなものですか」

自分のものは保持し、ほかに属するものは求めず、あたえられたものは用いるが、あたえられていないものは欲しがらないこと、そして、なにかが奪われるならば、それまで用いることができた時間に感謝して、気持ちよくすみやかに返すことだ――もし君が 29 乳母や母ちゃん[4]を求めて泣こうとするのでなければ。なぜなら、何に隷属していようと、何に頼っていようと、何の違いがあるのか。もし君がとるに足らない体育場、列柱回廊、若者たち、同様な気晴らしになるもののことで嘆くようなことがあれば、少女のために 30 泣いている男よりどれほど勝っているだろうか。ほかの人がやって来て、ディルケの水はもう飲めないだろうと言って嘆いている。マルキウスの水はディルケの水より劣るのだろうか[5]。

「だけど、私はディルケの水に慣れていました」

31 それでは今度は、マルキウスの水にも慣れることだろう。それから、そのようなものに愛着をもつようになったら、今度はまたその水のことを嘆いて、エウリピデス風の詩句でも作るようにしてみてはどうかね。

　　ネロの温泉とマルキウスの水と[6]

ありふれた出来事が愚かな人にふりかかると、どんなふうに悲劇が起こるかみてみることだ。

[32] 「それでは、いつまたアテナイやアクロポリスをみられるでしょうか」

かわいそうに、君は毎日みているもので満足しないのか。太陽や月や星、全大地、海よりもみるに勝る大きなものがあるだろうか。[33] 君は万有を支配するものを理解し、その方をみずからの内に持ち運んでいるのに、さらに石ころや装飾のある岩[7]を憧れるのだろうか。そうすると、いよいよ太陽や月とおさらばするようになったとき、君はどうするのだろうか。子供のように膝をついて泣くのだろうか。[34] 学校で何をしていたのだ。何を聞いていたのだ。何を学んでいたのだ。それで、どうして君は自分のことを哲学者などと言うのだ。こんなふうにありのままのことを言うこともできたのだ。「私は哲学の初歩を学び、クリュシッポスの作品を読んだけれども、哲学者の門を通過することさえしなかった。というのは、この私はあのように生き、あのように死んだソクラテスとどんな共通点があるというのか。ディオゲネス(8)とどんな共通点があるというのか」。君はここにいる人たちで、これこれの男の顔やこれこれの女の顔をもうみることができなくなるとか、アテナイやコリントスにいることができないとか、ことによると、スサやエクバタナ(9)にいることができないと言って、嘆いたり怒ったりする者がいると思うかね。その人は好きなときに、宴会より退出したり、もう遊びをやめたりすることもできるのに、なおも留まって悲しむのだろうか。むしろ、娯楽の時と同様に、楽しい間だけ留まっているのではないか。おそらくそのような人は、終身追放や死刑を宣告されても、それに堪え忍ぶことだろう。

君はもうそろそろ子供らと同じように乳離れして、もう少し固い食べ物を摂(と)って、母親や乳母を探して泣くようなこと(10)をやめる気はないのか。

「だけど、私がいなくなると、その人たちを悲しませることになりますよ」

君が彼らを悲しませるのか。けっしてそうではなく、君をも悲しませているもの、すなわちその思いがそうするのだ。それでは、君は何ができるのか。自分の思いを捨てよ。彼らもそれがよければ、彼らの思いを捨てるだろう。そうしなければ、その思いのゆえ

35 36 37 38 39 40

に嘆くことになるだろう。〔41〕いいかね、人口に膾炙(かいしゃ)した言葉だが、幸福であるために、自由であるために、気高い心をもつために、今の自分の思いを捨てよ。そして、あたかも奴隷の身分から解放された人のように、ひとつ頭を持ち上げるのだ。そして、神を仰ぎみて敢然とこう言うのだ。〔42〕「これからはあなたの望みのままに私をお使いください。私はあなたと同じ心であり、私はあなたのものです。あなたがよいと思われるものはなにごとも拒みません。あなたが望むところに連れていってください。あなたが望む衣服を着せてください。あなたが望まれるのは、私が官職に就くことですか、民間人でいることですか。留まることですか、追放されることですか。貧乏することですか、金持ちになることですか。これらすべてについて、私はあなたのために人びとに弁明するでしょう。それぞれの自然本性がどのようなものであるか、示すことにいたしましょう」。〔43〕いや、むしろ少女のように家の中に座って[11]、君の母ちゃんがご飯をくれるまで待っているがよい。〔44〕ヘラクレスがもし家に留まっていたら、どんな人になっていただろうか。エウリュステウスになって、ヘラクレスにならなかっただろう[12]。さて、ヘラクレスは世界中を歩き回って、どれほどたくさんの知人、友人を得たことか。だけど、神よりも親しくなることはなかった。そのために彼はゼウスの息子だと信じられ、また実際にそうであったのである。だから、彼は神の命にしたがって、不正と不法を浄めて回ったのである。だが、君はヘラクレスではないし、他人の悪を浄めることはできないし、テセウス(13)でもないから、アッティカ地方の悪を浄めることもできない。むしろ、自分の悪を浄めることだ。だから、プロクルステスやスキロンを追い出す代わりに、自分の心から苦痛、恐怖、欲望、嫉妬、悪意(14)、金銭欲、臆病、不節制を追い出すがよい。もっとも、これらのものを放棄するのは、ひたすら神のみを仰ぎみて、神のみにしたがい、神の命に身を捧げるのでなければ不可能である。しかし、もし君がほかのものを望むならば、涙を流し嘆きながら、君より強いものにしたがうことになるだろう。そして、いつも幸福を求めながら、けっして幸福であることはできないのだ。なぜなら、君はそれがないところを探し、それがあるところを見落としているからだ。

45 46 47

第一七章　どのように先取観念を個々の場合に適合させるべきか

哲学する人の最初の仕事は何か。自分の思い上がり[1]を捨て去ることだ。人が知っていると思っていることを学び始めることはありえないからだ。ところで、われわれはみんな、なすべきこと、なすべきでないこと、善悪と美醜についてあれやこれやとおしゃべりしながら、さらには褒めたりけなしたり、立派な行動や醜い行動について判断したり意見を述べたりして哲学者のもとに赴く。しかし、哲学者のところに行くのは何のためなのか。それは知らないと思っていることを学ぼうと思う[2]からである。ではその知らないこととはどんなことか。それは哲学理論である。というのは、われわれは哲学者たちが話していることが気のきいた鋭いものだと考えて、これを学ぼうとするし、なかにはそれから利得を得るために学ぶ人もいる。ところで、人が学びたいと思っていることと、実際にその人が学ぶようになることが違っているとか、学んでもいないことで進歩するだろうというのは、笑うべきことである。しかし、多くの人びとは弁論家のテオポンポス(3)と同じ誤りをしている。この弁論家は、なんにでも定義をしようとしていると言って、プラトンを非難したのだ。彼は何を言ったのか。「君より以前に、われわれのうちのだれも善や正義を語らなかっただろうか。それらのそれぞれが何であるかを理解せずに、不明瞭で空しくその音を発していただけなのだろうか」と言ったのだ。テオポンポスよ、いったい誰が、われわれはそれぞれの自然本性的な観念、先取観念(4)をもたないなどと君に言ったのか。むしろ、先取観念をそれに対応する物事に適合させることは、その物事を明確に区別して、どのような先取観念にそれぞれの対象を従属させるのがよいかということを考察することがなければ不可能である。というのは、同じようなことを医者にも向かって言ってみることだ。「われわれのうちの誰が、ヒッポクラテス(5)が生まれる前に、健康や病気に関わることを話さなかっただろうか。それとも、空しくその音を響かせていただけなのだろうか」。つまり、われわれは健康についてのなんらかの先取観念をもっているが、うまく適合させることができていないのだ。そういうわけで、「絶食せよ」と言う人もいれば、「栄養を摂れ(6)」と言う人もいる。「瀉血(しゃけつ)せよ」と言う人もいれば、「吸角(きゅうかく)をかけよ」と言う人もいる。その理由は何か。それはほかならぬ、健康の先取観念をうまく個々の場合にあてはめることができないからではないか。
10　この人生に関する問題でも同様である。善と悪、利益と不利益について、われわれのなかで誰が話さないだろうか。つまり、われわれのなかで誰がこれらのそれぞれの先取観念をもっていないのか。はたしてその先取観念は明瞭で完全なものなのか。それをみせてくれたまえ。
11　「どのようにみせるべきでしょうか」
12　先取観念を正しく個々の場合に適合させるのだ。例えば、プラトンは定義を有用性という先取観念に従属させたが、君のほうは無用性という先取観念に従属させるとよい。君たちの両方がうまく射当てることは可能だろうか。どうしてそんなことができるだろうか。善の先取観念を富というものに適合させる人もいれば、適合させない人もいる。
13　また、快楽というものに適合させる人もいれば、健康というものに適合させる人だっている。というのは、一般的に言って、物事の名称を語っている人のすべてが、その各々について空しく知っているのでなく、先取観念を明確にすることになんの苦労もいらないのであれば、どうしてわれわれの意見が異なっているのか。どうして論争し、どうしてお互いに非難したりするのか。

さらに、どうして私は今この相互の争いを持ち出して、これに言及しなければならないのか。君自身が先取観念を正しく適合しているのであれば、どうして事がうまく運ばなかったり妨げられたりするのか。さしあたりわれわれは、衝動に関する第二の領域とそれに関連する義務についての研究は、見過ごすことにしよう。また、承認に関する第三の領域も見過ごすことにする[7]。これら二つの領域のことは君に任せよう。第一の領域が先取観念を正しく適合させていないことのほぼ明瞭な証拠を提供してくれるので、われわれはこの領域に集中してみることにしよう。今君は可能なこと、とりわけ君にとって可能なことを欲求しているか。そうすると、どうして君は妨げられるのか。どうしてうまく事が運ばないのか。今君は必然的なことを避けていないか。そうすると、なぜ障害となるものに遭遇するのか。なぜ不幸な目に遭うのか。なぜ君が欲しているのに、それが起こらなかったり、君が欲していないのに、それが起きたりするのか。この点が幸不幸の大きな証拠となる。私はあることを欲しているのに、それが起こらない。この私より惨(みじ)めな人がいるだろうか。私はあることを欲していないのに、それが起こる。この私より惨めな人がいるだろうか。

メディア[8]もこのことで辛抱ができなかったために、子供を殺すに至ったのだ。少なくとも、この点において彼女は気高い心をもっていた。人が欲することがうまく実現しないということがどのようなことかについて、彼女はしかるべき心像をもっていたからである。「それじゃこうして、この私に不義をなし侮辱した男に罰をあたえなくては。でもこんな悪い奴にはどんな効き目があるかしら。どうやってくれよう。子供を殺すことにしよう。私も罰を受けることだろう。でも、それがどうしたというの[9]」。これは偉大な力をもった魂の過ちである。というのは、彼女はわれわれが欲することをなす力がどこにあるのかを、つまり、それはわれわれの外から得るべきものではなく、ものを置き換えたり取り替えたりするようなことでもないということを知らなかったからだ。その男[10]を欲するな。そうすれば、欲するもので生じないものはひとつもないだろう。なんとしてでもその男と暮らそうと思ってはならない。コリントス[11]にとどまろうとしてはならない。要するに、神が欲すること以外のことを欲してはならないのだ。そうしたら、誰が君を妨げるだろうか。誰が強制したりするだろうか。ゼウスを妨げたり強制したりできないのと同じことだ。

　君がこのような指導者をもっていて、指導者と同じことを欲し、同じことを願うのであれば、どうしてうまくいかないかもしれないと恐れたりするのか。君の欲求を富に、忌避を貧困に委ねてみなさい。そうすると、君は得そこなったり、遭遇したりするだろう。むしろ健康に委ねてみるか。そうすると、不運に陥るだろう。官職に、名誉に、祖国に、友人たちに、子供たちに、つまりは意志と関わりのないなにかに委ねてみるか。いやむしろ、そうしたものはゼウスやほかの神々に委ねるのだ。神々にお任せして、神々に差配してもらい、神々とともに定められるのであれば、どうして君がなお不幸であることがあるだろうか。かわいそうに、君が妬んだり、嘆いたり、羨んだり、ぶるぶる震えて、一日として自分や神々に対して泣き言を言わない日がないのであれば、どうして君は学問を積んだなどと言えるのか。ねえ、どんな学問なのだ。推論や転換論法をやったということかね。できれば、そんなものは全部忘れてしまって、最初からやり直して、これまでこのことに触れることすらしなかったことを自覚し、これからはその自覚から始めて、これに続くこととして、どうしたら君が欲しないことはなにひとつ起こらず、君が欲することはなにひとつ起こらないことがないようにするかについて、順に自分の考えを築いていく気はないかね。

このような望みをもって学校に入ってくる若者を私にひとりあたえてくれ。その若者はこうした事柄を競う者となり、こう言うのだ。「ほかのいっさいのものとは決別して、いつか邪魔されもせず苦しみもせずに暮らし、いろいろな事柄について自由人らしく頭を上げ、また起こる可能性のあるどんなことにも恐れることなく、神の友として天空を仰ぎみることができれば私は満足です」。君たちのなかでそんな人がいたら教えてくれたまえ。そうしたら、私はその人に「若者よ、自分のことに関わるがよい。哲学に光彩をあたえることが君の運命であり、この持ち物は君のもので、書物は君のもので、教説は君のものだ」と言うことにする。次に、この領域でこのように努力を重ねて訓練ができたら、再び私のところにやって来て、こう言わせるのだ。「私はものに動ぜず、平静でありたいのですが、また敬虔で哲学して注意を怠らない人として、神々に対して、両親に対して、兄弟に対して、祖国に対して、外国人に対してどのような義務をもっているのかを知りたいのです」。そして、第二の領域に進むのだ。これも君の仕事だ。「いえ、もう第二の領域の訓練はすんでいます。私は目覚めているときも、眠っているときも、酒を飲んでいるときも、憂鬱なときにも、安心して泰然としていたいのです」。いや君は神だね。偉大な望みをもっているじゃないか。

30 31 32 33

いやそんなことはない。むしろこう言うかもしれないね。「クリュシッポスが『嘘つきについて(12)』において何を言っているのか、知りたいのです」。かわいそうに、そんな

34

望みをもって首を吊るんじゃないか。いったいそれが君にとってどんな益があるのか。君は悲痛な面持ちでそれを全部読むだろう。そして、震えながらほかの人たちに語ることだろう。君たちだってこんなふうにしているのだ。「兄弟よ、君に読んであげようか」。「君も私に読んでくれ」。「ねえ、すばらしい書きぶりじゃないか」。「君のはクセノポン風ですごいね」。「君はプラトン風だね」。「君はアンティステネス風だね」(13)。それから、君たちはお互いに夢のようなことを語り合って、再び同じところに戻ってくる。同じように欲求し、同じように忌避し、同じように衝動をもち、意欲し、目論んで、同じことを祈り、同じことで奮闘する。その後は、君たちに忠告してくれる人を探すこともなく、むしろ忠告を聞くようなことがあっても、腹を立てるのだ。それから、君たちはこう言うのだ。「情けを知らないじいさんだ。私が出立するというのに、涙もみせなかったし、「子供よ、なんという危険な目に遭おうとしているか。もし無事でいられたら、ランプに火を灯すことにしよう」なんてことも言わなかった」。これは愛情のある人の言葉だろうか。そんなふうに無事であったら、君にはもっけの幸いで、ランプに火を灯す値打ちがあるだろう。君は不死で無病でなければならないのだからね。

そういうわけで、先に言ったように、なにか有益なものを知っていると考えるような思い上がりを捨てて、幾何学や音楽に携わるように、哲学の教説に向かうのでなければならない。さもなければ、たとえクリュシッポスの入門書や論文を、アンティパトロス(14)やアルケデモス(15)の論文と一緒に通読したとしても、進歩に至ることはないであろう。

40

第一八章　いかにして心像と戦うべきか

あらゆる習慣や能力は、それに対応する行為によって維持され、増進される。すなわち、歩く習慣や能力は歩くことによって、走る習慣や能力は走ることによって維持され、増進されるのである。朗読家になりたければ、朗読することだ。書き手になりたければ、書くことだ。三〇日間読まずに、ほかのことをすれば、その結果は分かるだろう。同様に、一〇日間寝込んでいたら、それから起き上がって、比較的長い距離を歩いてみたまえ。そうしたら、君の足がどれほど弱っているかが分かるだろう。だから、一般的に言って、なにかをやろうと思えば、習慣的にすることである。なにかをやりたくなければ、それをしないで、それの代わりとしてなにかほかのことをする習慣をつけることだ。魂に関わることも、これと同様である。怒りを感じるときは、それが君にだけ悪いことと して起きているわけではなく、むしろその習慣を増進させて、火に薪を投げ込んだようなものだということを知るべきである。君が人との情欲に打ち負かされるときには、そ

1 2 3 4 5 6

れを一度の敗北と数えるのではなく、むしろ君の不節制を伸ばし、増進させたのだと考えるべきだ。なぜなら、習慣や能力というものは、それに対応する行為によって、あるものが以前にはなかったのに生じたり、あるものが増大し強められたりすることがないということは、ありえないからである。

魂の病気もこんなふうに成長すると、哲学者たち(1)が言っている。というのは、君が一度お金が欲しいという気持ちになったときに、理性が介入してそれが悪いことだと気づかせようとすれば(2)、その欲望はやんで、われわれの指導的部分が最初の状態を回復することになるが、君が治療手段をなにも講じることがなければ、もはや同じ状態に戻ることはなく、再び対応する心像によって刺激され、前よりももっと速やかに欲望の火を灯すことになる。こんなことが続いて起こると癒着してしまって、その後は病気が金銭欲を固定することになる。なぜなら、熱に冒された人は、その後熱がやんでも、完全に治療されなければ、熱に冒される前と同じ状態ではないからである。これと同じようなことが魂の病気にも起きる。魂に傷痕や腫れのようなものが残っていて、人が上手にそれらをきれいにしてやらないでいると、同じところを再び打ちすえられて、もはや傷痕ではなく、潰瘍になってしまう。だから、もし君が怒りっぽくなりたくなければ、君のそ

7 8 9 10 11 12

の習慣を育てないようにせよ。つまり、その習慣が増大するようなものはなにひとつあたえてはならない。まずは冷静にして、君が怒らなかった日を数えてみることだ。「私は毎日怒るのが習慣になっていたが、それが今は一日おきに、次に二日おきに、次に三日おきになった」。もし三〇日間ことなきを得たら、神に犠牲を捧げなさい。なぜなら、その習慣は最初は弱められ、次には完全になくなるからである。「今日は悲しまなかった。明日も、続いて二ヵ月、三ヵ月悲しまないだろう。なにか感情を掻き立てることが起きると、用心するようにしたのだ」。君にとって事がうまく運んでいることを知るがよい。「今日美しい男や美しい女をみたとき、私は自分に「この女と寝ることができたらよいのに」とか「この女の夫は幸せものだ」とは言わなかった。そんなことを言う者は、「この女の姦夫も幸せだ」と言うことになるからね」。さらに私はこれに続いて、彼女がそばにいて、服を脱いで、一緒に寝ているようなことを心に描かなかった。私は自分の頭を軽くたたいて、「よくやった、エピクテトス。巧妙な詭弁をよく解いたな。「主人の論(3)」よりもはるかに巧妙な詭弁じゃないか」と言うことにする。その女にその気があって、私にうなずいてみせたり、使いを寄こしたりしても、また私に触れたり、寄り添ったりしてきても、これを拒んで打ち克つならば、これこそ「嘘つきの論(4)」以上、

「沈黙させる論(5)」以上の詭弁を解いたことになる。

　では、これはどうすればできるのか。自分が自分に満足できるように、神の目に美しくみえるようにしようとすることだ。純粋である君自身とともに、神とともに純粋であることを欲することだ。かくしてプラトンはこう言っている。「このような心像が君を襲ってきたときは、罪滅ぼしの犠牲を捧げることだ。禍を防いでくれる神々の社に嘆願者として詣でることだ。また、君が知徳をかねそなえた人たちと交わるならば(6)」、その人が生者のうちのひとりであれ、死者のうちのひとりであれ、それを基準に比較すれば十分なのである。ソクラテスのところに行ってみるがよい。そして、アルキビアデスの側で寝ながら、彼がこの青年の年頃の美しさをからかっているのをみてみることだ(7)。ソクラテスは、当時自分に打ち克つことによってどのような勝利を得たと自覚していたかを知るがよい。オリュンピア祭の勝利に匹敵するほどのものであり、ヘラクレス以来何番目の勝利者になることだろう(8)。その結果、神々に誓って言うが、人は正当にも「おめでとう、信じられないね」と挨拶することになる。うらぶれた拳闘選手やパンクラティオン(9)の選手、彼らと同類の剣闘士に挨拶するのとはわけが違うのだ。こんな考えで対抗するならば、心像に打ち克つだろうし、それに引っ張られていくことはないだろう。だが、まずその激しさによって心をつかまれてはならない。むしろ、「心像よ、少し待ってくれ。お前は誰なのか、何の心像なのかをみせてくれ。お前を調べさせてくれ」と言えばいいのだ。それから、心像がその後のことを次々と描くままにさせておいてはならない。さもなければ、君をつかまえて、望むところに連れていってしまうだろう。むしろほかの美しく気高い心像を代わりに入れて、その醜い心像を追い出してしまうのだ。そして、君がこのような訓練に慣れるならば、どんな肩になったか、どんな腱になったか、どれほど強くなったかが分かるだろう。もっとも、今もっているのはちょっとした理屈だけで、それ以上のものはなにひとつないのだ。

このような心像に対してみずからを鍛える者が、真の競技者なのだ。ねえ君、踏みとどまるのだ。心像に心をつかまれてはならない。王位のために、自由のために、幸福のために、心の平静のために、この競技は偉大であり、その仕事は神聖なものである。神を忘れるな。嵐の時に航海する人々がディオスコロイ(10)を呼ぶように、神を救助者、援助者と呼ぶことだ。なぜなら、理性を追い払う強力な心像がもたらす嵐よりも、もっと大きなどんな嵐があるだろうか。そもそも嵐自体が心像でなくて何であるだろうか。だから、死の恐怖を取り去って、君が望むかぎりの雷鳴と電光をもってくることだ。そうす

25 26 27 28 29 30

れば、君の指導的部分の中にどれほどの凪と好天があるかが分かるだろう。しかし、もし君が一度負けて、この次は勝つぞと言っても、次に同じようなことがまた繰り返されるならば、よく心得ておくことだ。君はいつかは不幸で哀れな状態に陥って、その後は自分が間違っていることにも気づかず、そのことについて言いわけを始めることになるだろう。そして、その時にはヘシオドスの言葉が真実であることを確信することになるだろう。

31

32

仕事を先延ばしする人はいつも破滅と戦うことになる(11)

第一九章　哲学者たちの教説をただ言葉だけで取り上げる人びとに対して

1 「主人の論」は、次のような原則に基づいて問われているように思われる。すなわち、以下の三つの命題には相互的な矛盾が共通して存在している。(1)「すべて過去に起こったことは、必然的に真である」。(2)「可能なものから不可能なものが帰結することはない」。(3)「現在真ではなく、将来も真ではないことが可能である」。そのために、ディオドロス[1]はこの矛盾に気づいて、最初の信用しうる二つの命題(1)(2)を利用して、(3′)「現在真ではなく、将来も真ではないことが不可能である」という命題を確定させた。2 それから、ある人は次の二つの命題、(3)「現在真ではなく、将来も真ではないことが可能である」と(2)「可能なものから不可能なものが帰結することはない」を守って、(1′)「すべて過去に起こったことは、必然的に真であるわけではない」という命題を確定させた。これはクレアンテス一門の見解であると思われるが、アンティパトロス[2]も彼らとほぼ同ではないことが可能である」と(1)「すべて過去に起こったことは、必然的に真である」を守って、(2)「可能なものから不可能なものが帰結する」という命題を確定させた。これら三つの命題は、相互に矛盾するためにそのまま守ることは不可能である。

それでだれかが私に「あなたはこれらの命題のどれを守りますか」と尋ねるならば、私はその人に「分からない」と答えるだろう。だが、聞いたところでは、ディオドロスは最初の立場を守り、パントイデス[4]とクレアンテスの一門は二番目の立場を守り、クリュシッポスの一門は最後の立場を守ったという。

「では、あなたはどれを採るのか」

私はこの領域について自分の心像を吟味し、語られたことに判断を下し、自分の見解をもつために生まれてきたわけではない。だから、私は読み書きの先生と変わるところはないのだ。

「ヘクトルの父親は誰でしたか」

プリアモスだね。

「兄弟にはどんな人たちがいましたか」

アレクサンドロスとデイポボス(5)だね。

「彼らの母親は誰でしたか」

ヘカベだ。私が聞いた話ではそうだ。

「誰から聞いたのですか」

ホメロスからだ。同じ人たちについては、ヘラニコス(6)も書いていたと思うし、ほかにも同様の人がいればそうだと思う。

私はところで、「主人の論」についてほかにこれ以上語るべきことがあるだろうか。私が中身のない人間であるなら、とりわけ宴会などで、この問題について書いた者の名前を数え上げて、隣席の人たちを驚かせることだろう。クリュシッポスも『可能なことについて』の第一巻ですばらしい議論を書いたし、クレアンテスやアルケデモスもこれについては独自の見解を書いた。アンティパトロスだって、彼の『可能なことについて』だけでなく『主人の論について』において独自の考えを書いた。君はその論文を読まなかったかね。

「いいえ読んでいません」

では、読みたまえ。それにはどんな益があるだろうか。今よりもおしゃべりで無駄話をするようになるだろう。というのは、それを読むことでほかに得ることがなにかあるだろうか。この領域でどんな考えをもつようになったのか。むしろ、君はわれわれにへレネやプリアモスのことや、これまで存在しなかったし、これからも存在しないようなカリュプソ(7)の島のことを話すだろう。

11 この場合には、物語に精通しているだけで、自分の考えをなにひとつ作らなかったとしても大した問題ではないが、倫理的な問題の場合には、物語の場合よりもはるかに大きな影響をこうむる。

12 「どうか善悪について私に話してください」

それでは聞きたまえ。

風は私をイリオスから運び、キコネス族の地に近づけた(8)

13 物事のうちで、あるものは善いもので、あるものは悪しきもので、またあるものは善悪と関係のないものである。徳とそれにあずかるものが善きものであり、悪徳とそれにあずかるものが悪しきものであり、それらの中間にあるもの、すなわち富、健康、生、死、快楽、労苦は善悪と関係のないものである。

「あなたはそれをどこから知ったのだ」

ヘラニコスが『エジプト史』の中でそう言っている。

というのは、そのことはディオゲネス(9)が『倫理学』においてそう言っているとか、クリュシッポスあるいはクレアンテスがそう言っている、と言うのとどれほどの違いがあるだろうか。君はそれらのうちのどれかを吟味して、君自身の考えを作ったことがあるかね。嵐に遭った船で君はどのような態度でいるのが習慣になっているかひとつみせてくれたまえ。帆がばたばた鳴っていて、君が泣き叫んでいるときに、いたずらな男が側にやって来て、「どうか神々に誓って、先日君がどんなことを話していたか、言ってくれたまえ。まさか難破するのは悪徳ではないだろうね。悪を分有するようなことではあるまいね」と訊いたとき、先ほどの論理的区別を思い出してみるがよい。君は材木を持ち上げて、その男に投げつけたりするのではないか。「お前は俺たちと何の関わりがあるんだ。俺たちは死のうとしているのに、お前はやって来てからかっている」と言ってね。また、もし君が告訴されて皇帝から召喚される場合にも、この論理的区別を思い出すことだ。君は部屋に入って、青ざめて震えているのだが、その君にだれかが「ねえ、

14　15　16　17

どうして震えているの。君の話はどんなことについてだったかな。皇帝はやって来る人たちにその中で徳と悪徳を授けるというんじゃあるまいね」と言うならば、[18]「君までがどうして私の不幸につけこんで私をからかうのだ」と言うだろう。だけど、哲学者よ、どうして震えているのか私に言ってくれたまえ。君が瀕(ひん)している危険とは、死とか牢獄とか身体の労苦とか追放とか不名誉とかではないのか。ほかの何であろうか。それは悪徳ではあるまい。悪徳にあずかるものでもあるまい。それらを君は何だと言っていたのか。[19]「おい、君は私と何の関わりがあるのだ。私のこの不幸で私にはもう十分だよ」。うまいことを言うね。君は自分の不幸、つまり君の卑しさ、臆病、学校で座りながら吹く法螺(ほら)で十分なわけだ。どうして君は自分のものでないもので飾ろうとしていたのだ。どうして自分のことをストア学徒と言っていたのだ。

[20]　こんなふうに君は行動していたことで自分を観察してみることだ。そうすれば、君がどの学派に属しているのかが分かるだろう。君たちの大部分はエピクロス派であり、少数のものはペリパトス派、しかも気力を失った彼らであることが分かるだろう[10]。[21]君たちはどのような点で徳がほかのあらゆるものに匹敵するものだと、あるいはそれ以上のものだと考えるのか。君たちのなかにストア学徒がいれば、私にみせてくれ。どこでどう

やってみせるのだ。だけど、ストア派の小理屈[11]を語る人なら無数にいる。彼らはエピクロス派の教説だってそれに劣らず自分から語ったりするからだ。彼らはまたペリパトス派の教説にも同様に精通している。するとと、誰がストア学徒なのだ。ペイディアスの技術にしたがって鋳造された像をペイディアス式と言うように、ストア学徒が唱える教説にしたがって鋳造された人を私にみせてくれたまえ。病気であっても幸福であり、危機に際していても幸福であり、死んでも幸福であり、追放されても幸福であり、評判をおとしても幸福であるという、そんな人を私にみせてくれ。神々に誓うが、だれかストア学徒をみたいものだ。もっとも、君たちは形のできあがった人をみせることはできないが、せめてできあがりつつある人を、それらの方向に傾いている人をみせてくれないか。私に好意を示してくれないかね。この老人[12]が今までみたことのないものをみることを、どうか惜しまないでくれ。君たちはペイディアスが作った象牙や黄金でできたゼウス像、アテナ像をみせようと考えている。君たちのうちだれでもいいから人間の魂を、神と考えをひとつにしようとして、神や人を非難することもなく、なにかを得そこなうことも、なにかを避けそこなうこともなく、腹を立てず、妬みもせず、羨(うらや)んだりもせず――どうしてこんな回りくどい言い方をせねばならないのだろうか――、人間から神になることを欲し、この小さな死せる身体にありながらゼウスとの交わりを願う人をみせてくれたまえ。だが、君たちにはできまい。では、どうして君たちは自分を嘲ったり、他人を騙したりするのか。そして、自分のではないもので身を飾ったり、自分にはふさわしからぬ称号やものを盗む泥棒や追いはぎをしたりしているのか。 28

ところで、今私は君たちの教師であり、君たちは私から教育を受けている。そして、私は君たちを妨げられず、強制もされず、邪魔されもせず、自由で、順調なる生を送り、幸福で、大につけ小につけ万事において神を注視するような人にしたいという目標をもち、君たちはこれらを学び練習するためにこの場にいるのだ。するとき、君たちがもつべき目的をもっており、私のほうにもその目標とともに、なすべき準備があるとすれば、どうして君たちはその仕事をやり遂げないのか。何が欠けているのか。手元に材料が調っている大工をみれば、私はその仕事を期待する。今の場合だって、大工はいるし材料もある。われわれに欠けているのは何であるのか。それは教えることのできないものなのか。教えることのできるものである。それでは、われわれの力の及ばないものなのか。いや、あらゆることの中でも、これだけがわれわれの力の及ぶものである。富も健康も名声も、要するに心像の正しい使用以外はわれわれの力の及ばないものであるが、心像 29 30 31 32

の正しい使用だけが、自然本性において妨げられないものであり、邪魔されないものである。それなのに、どうして君たちはその仕事をやり遂げないのか。その理由を私に言ってくれ。それは私にあるのか、君たちにあるのか、それとも事柄の自然本性にあるのか。事柄そのものは完成することが可能なものであり、それだけがわれわれの力の及ぶものである。したがって、その理由は私か君たちに、より真実には、われわれの両方にあるわけだ。ではどうだろう。このような目標に向かってここで始めてみる気持ちはないかね。今までのことは捨ててしまうのだ。とにかく始めてみよう。私の言葉を信じなさい。そうすれば分かるだろう。

33 34

第二〇章　エピクロス派とアカデメイア派に対して

真にして明らかな命題は、それに反論する人びとでさえ、使用せざるをえないものである。そして、反論する人ですらその命題を用いざるをえないということを発見すること、このことをある命題が明瞭であることのおそらく最大の証拠と人はみなすことができるであろう。例えば、真である普遍的な命題が存在するということに人が反論するような場合、明らかにその人はその反対の主張として、すなわち真である普遍的な命題は存在しないと言わねばならなくなる。愚かだね、これも真ではないよ。なぜなら、これはなにか普遍的な命題があるならば、それは虚偽であると言うのとどれほど違うだろうか。さらに、だれかがやって来て、「知るがよい。なにごとも知りえず、すべて不確かなのだ」と言うならば、あるいはほかの人が「私の言うことを信じなさい。そうすれば益を得るだろう。人の言うことはけっして信じてはならない」と言うならば、あるいはまたほかの人が「ねえ、私から学びなさい。なにごとも学ぶことができないということをね。私が君に語るのはこのことだ。もしよければ、君に教えてあげよう」と言うならば、これらの連中とあの人たち——誰の名を挙げたものだろうか——アカデメイア派(1)と自称する人たちと何が違うのだろうか。アカデメイア派はこう言っている。「人びとよ、だれも承認することはないということを承認せよ。だれもなんぴとをも信じないというわれわれの言葉を信じるのだ」

このようにエピクロスも、人間相互の生まれもった社会性(2)を否定しようとするときに、まさにその否定されるものを用いているのである。彼は何を言っているのか。「諸君、欺かれてはならないし、惑わされてもならないし、誤ってもならない。理性的なものたち相互には生まれもった社会性は存在しない。私の言葉を信じるのだ。別のことを語る人びとは、君たちを欺いて、惑わしているのだ」。すると、エピクロス、君はなぜそんなことを気にするのだ。われわれが欺かれようが、放っておいてくれ。われわれ相互には生まれもった社会性が存在し、万難を排してこの説を守らねばならないと、君を除くわれわれすべてが信じるとしても、君になにか不都合があるのではないだろうね。むしろそれは好都合で、君の立場はより安泰なものになるだろう。どうして君はわれわれのことを気にかけているのか。どうしてわれわれのことで寝ずに起きているのか。どうしてランプに火を灯(とも)すのか。どうして朝早く起きるのか。どうしてそんなに多くの書物を書くのか。われわれのうちのだれかが、神々について、人間のことを配慮しておられると言って惑わすことのないようにするためなのか、それとも人が善の本質を快楽以外のものと思わないようにするためか。もしそうなら、ベッドに身を投げ出して眠ることだ。そして、毛虫のように自分にふさわしいと判断したことをすることだ。食べて、飲んで、セックスをして、排泄して、鼾(いびき)をかけばよい。これらについてほかの人がどのように考えようが、健全なことだとしようが、健全なことではないとしようが、どうして君は気にするのか。君はわれわれと何の関わりがあるのか。君が羊のことを気にするのは、羊の毛が刈られ、乳が絞られ、あげくのはては屠殺(とさつ)されるからではないのか。もしかりに人びとがストア派によって魔法をかけられ、呪文をとなえられて眠くなって、毛が刈られ、乳を絞られるために君や同様の人たちに委ねられるようなことがありうるとしたら、それこそもっけの幸いではないか。君はそのことを君たちの兄弟であるエピクロス派には話しても、あの人たちには内密にしておき、なによりもまず彼らに対しては、万事が君にとってうまく運ぶように、われわれには生まれつき社会性が存在することを、自制は善であるということを、説得すべきではなかったのか。あるいは、この社会性はそれを守るべき相手とそうでない相手がいるわけなのか。とすれば、どのような人に対しては守るべきなのだろうか。お互いに守り合う人に対してであろうか、それともこれを踏みにじるような人に対してであろうか。だが、それらの区別を立てている君たち以上に、誰がこれを踏みにじっているだろうか。

それでは、エピクロスを眠りから呼び覚まし、彼が書いたようなことを強制して書かせたものは何であったのか。それは人間の内にあるすべてのものの中で最も強力なもの、すなわち、嫌がろうとため息をつこうと、自分が望むところへ引っ張っていく自然本性にほかならない。「君にはその非社会性がよいと思われているわけだから、それを書いてほかの人たちに残すことだね。そのために夜も寝ずに、みずから行動して、君自身の教説を訴える者となるがよい[3]」と自然本性は言う。さらに、オレステス[4]は復讐の女神たちに追われるはめになって、眠りから目覚めたのだが、復讐の女神たちや懲罰の女神たちはこの人に対してのほうがもっと過酷であると、われわれは言ったものだろうか。彼女らは眠っているエピクロスを目覚めさせ、休息させずに、みずからの悪事について公言することを、あたかも狂気と酒がキュベレの祭司たち[5]をそうしたように、強要したのであるから。人間にそなわる自然本性は、かくも強力で打ち克つことのできないもので

15 16 17 18

ある。どうしてブドウの木がブドウではなく、オリーブとして成長したり、オリーブの木がオリーブではなく、ブドウとして成長したりすることがあるだろうか。それはありえないし、考えることもできない。[19]だから、人間も人間としての傾向性を失うことはありえないし、去勢された人であっても男性としての情動まで切り取られることは不可能なのである。かくして、エピクロスも男性、家長、市民、友人に関連するすべてのことを切り取ることはしたが、人間の欲望を切り取ることはなかった。[20]それはできなかったからで、苦労を知らないアカデメイア派が、なによりも熱心であったにもかかわらず、自分たちの感覚を捨て去ることも、盲目となることもできなかったのと同じことである。

なんと不幸なことであろう(6)。[21]自然本性から真理を認識するための尺度と基準を授かっておきながら、それに足りないものを補い、さらに仕上げるための工夫もせずに、むしろまったく反対に、真理を認識するに足る能力をもっているのに、これを取り去り、失わせようとする人がいるのだ。[22]哲学者よ、君は何を言っているのか。神を敬う心や敬虔は、君にはどのようなものであると思われるのか。

「君が望むのであれば、それが善きものであることを証明してみせよう」

ぜひ証明してもらいたいね。われわれ市民が改心して、神的なものを敬い、最も大切なものについて無関心であるのをやめるためにもね。

「君はそのことの証明をもっているのか」

もっているとも。そして、感謝している。

「それでは、君はその説におおいに満足しているわけだから、その反対の説をお聞かせしよう。神々は存在しない。また、かりに存在するとしても、人間のことを気にかけることもないし、われわれは神々との共通の関係をもたないのである。また、多くの人間たちのもとで語られている神を敬う心とか敬虔とかいうものは、ほら吹きやソフィストたちによる偽りであるか、それともゼウスに誓って言うが、立法する人たちが不正を犯す者を恐怖に陥れ、抑制するために編み出した偽りでしかないのだ」

いや見事だ、哲学者さん。君はわれわれ市民を益し、若者たちとの友好を回復して、今や神的なものを軽蔑しようという気持ちにさせましたな。

「なんだ、これが気に入らないのか。それでは、どうして正義が無意味なものなのか、どうして恥を知る心が馬鹿げたものなのか、どうして父親など無意味なものなのか、どうして息子など無意味なものなのか、ひとつお聞かせしよう」

結構だね、哲学者さん。その立場を守って、君と同じことを信じ、同じことを語る人

23 24 25 26

がもっと増えるように、若者たちを説得したまえ。われわれの秩序正しく治められた国家はこういう言説から成長したわけだし、ラケダイモン〔スパルタ〕だってこういう言説から生まれた。リュクルゴス[7]も彼が作った法律と教育によって、奴隷であることは立派なことではないのと同様に、恥ずべきことでもなく、自由であることも恥ずべきことでないのと同様に、立派なことでもないというあの信念を市民たちに植えつけたわけだ。テルモピュライ[8]の戦死者たちもこのような考えから死んだし、アテナイ人たち[9]もほかならぬこの言説によって町を見捨てたのだ。さらには、こんな説を口にしながら、結婚し、子供を作り、市民としての務めをはたし、みずから神官におさまり、予言者となることもある。いかなる神々の神官や予言者であるのか。存在しない神々のか。偽りを聞くために、みずからピュティア[10]に尋ねるのか。そして、他人のために神託を解釈する。まことに恥を知らない詐欺師だね。

ねえ、君は何をしているんだ[11]。毎日自分で自分を論駁したりして、そんな無意味な試みをやめる気はないのか。食事するときは手をどこにもっていくのか。口へかね、それとも目にかね[12]。入浴するときは、どこに入るのだ。いつ君は壺のことを皿と言ったり、杓子(しゃくし)を焼き串と言ったりしたのだ。もし私が彼らのうちのひとりの奴隷であり、その人から毎日鞭で打たれるはめになったとしても、それでも私は彼を苦しめることだろう。

「おい風呂に少し油を入れろ[13]」

すると、私は魚の汁を風呂に入れて、風呂場から出るときに彼の頭にもかけてやるだろう。

「何だこれは」

「オリーブ油と区別のつかない心像が私に現れましたもので。あなた様の運命に誓って申しますが、そっくりでしたもので」

「大麦の粥をもってこい」

私は酢の入った魚のスープをなみなみと注いだ皿を彼のところにもっていくだろう。

「私がほしいと言ったのは大麦の粥ではなかったのか」

「はい、ご主人様。これが大麦の粥です」

「酢の入った魚のスープじゃないか」

「これが大麦の粥でなくて何でしょうか」

「手にとって匂いをかいでみろ。手にとって味わってみろ」

感覚がわれわれを欺くかどうか、君はどうやって分かるのか。私と同じ考えの奴隷仲間が三人か四人いれば、この主人に癇癪(かんしゃく)のあまり首を吊らせるか、あるいはその考えを変えさせただろう。しかし、実際のところは彼らは、自然本性によってあたえられているものを享受しながら、言葉の上ではこれらを否定して、われわれをからかっているのだ。

実に感謝の念が厚く、慎み深い人たちだ。毎日ただパンを食べながら、あつかましく 32 もこんなことを言うのだ。「デメテルとか、コレとか、プルトン(14)なんて神がいるかどうか分からないね」。この連中は夜と昼、季節の移り変わり、星や海や大地、人びとの共 33 同作業の恩恵を受けていながら、これらのどれひとつにもいささかも注意を払っていないことは言うまでもないが、ただひたすらつまらぬ問題を吐き出して、胃袋の運動をして浴場に出かける始末なのだ。だけど、何を言おうとし、何について、誰に対して語ろ 34 うとしているのか。そんな議論から彼らは何を得るというのか。そんなことをわずかでも思い悩んだりはしないのだ。生まれのよい若者がこの話を聞いて、それによって影響を受けるんじゃないか。あるいは、影響を受けて、優れた素質をすべてだいなしにしてしまうのではないだろうか。あるいは、姦夫には破廉恥な行為をする口実をあたえはしないだろうか。公金を横領する人はこの議論によってうまい言いわけを得ることになり 35

はしまいか。自分の親をなおざりにしている人は、この議論によって元気づけられるのではないだろうか。君の意見では、何が善であり悪であるのか。何が醜であり美であるのか。これかね、それともあれかね。どうだろうか、こんな連中にあえて反論したり、説明したり、耳を傾けたり、考えを改めさせようとしたりする者がいるだろうか。ゼウスに誓って言うが、これほどものが聞こえずものがみえない連中を改心させるくらいなら、放蕩者の心を改めるほうが希望がもてるだろう。

36　37

第二一章　首尾一貫しないことについて

人間が自分の欠点で容易に認めるものがあるが、容易に認めないものもある。だから、自分が無思慮で愚かだと認める人はいない。むしろ、まったく反対に、だれもが「自分の思慮にみあうだけ幸運でありたいものだ」と口にするのを聞くだろう。彼らは自分が臆病であることは容易に認めて、「私はどちらかというと臆病なところがあるが、ほかの点で私が愚かな人間だとは君は思わないだろう」と言うわけだ。人は自制心を欠いていることを容易に認めないし、不正であるとは断じて認めない。嫉妬深いとかおせっかいだとかいうこともけっして認めないが、涙もろいことはたいていの人が認める。その原因は何であるのか。その主たる原因は、善悪に関する事柄についての首尾一貫性のなさや混乱であるが、ほかのことでは原因は人によって異なっている。もっとも、一般に恥ずべきことだと思うようなことは、けっして認めることはない。臆病や涙もろいところは気のよい性格のためだと考えるが、愚鈍なところはまったくのところ奴隷根性によるものだとみなす。社会に対する過誤にいたっては、けっして受け入れたりしない。たいていの欠点の場合、人がこれを認めるにいたるのは、臆病や涙もろい場合のように、それらをなにか自分の意志によるものではないと考えるためである。自分にどこか自制心を欠くところがあると認めるような場合は、人は恋だってそうではないかと言って、自分の意志によるものではないとして同情を乞うことになる。しかし、不正を自分の意志によるものではないと考えることは断じてない。さらに、彼らの考えでは、嫉妬も自分の意志によるものではないから、それゆえに、これについてはその事実を認めるわけである。

　そういうわけで、このような人びとの中で、すなわちこんなふうに混乱し、こんなふうに自分が何を言っているのかも分からず、どんな欠点があるのか、あるいはそもそも欠点があるのか、あるとすればどこから得たのか、どうしたら解放されるのかも分からない人びとの中で暮らしているのであれば、たえず次のように自問すべきだと思う。「自分もこのような人間のひとりではあるまいか。私は自分自身についてどのような心像をもっているのか。自分をどのように扱っているのか。思慮ある人としてではないだろうね。自制心をもった人としてではないだろうね。将来のことに対処できる教育を受けているなんて、自分から言うのではないだろうね。自分はなにも知らないという、無知な者がもつべき自覚をもっているだろうか。教師のところに行くのに、神託にしたがうような心構えをもっているだろうか。あるいはむしろ、鼻水をたらして学校に行っているのは、ただ学説を学ぶためだけで、以前には分からなかった書物を理解し、もしそれができれば、他人にもこれを講釈してあげるためなのではないのか」。ねえ、君は家で奴隷と諍いをおこし、家中をかきまわし、隣人を混乱に陥れているくせに、私のところにやって来て、まるで賢者のようにすまして座ると、私がテキストをどのように解釈しているか、どんなふうに私が思いついた馬鹿話を語るだろうかと批評しているわけだ。君は妬ましい思いでやって来て、家からはなにも送られてこないので面目を失って、ここに座ってはいるものの、講義の間中は、君の父親が君に対してどうであるかとか、兄弟はどうであるかとか、そんなことばかりを考えているのだ。「故郷の人たちは私についてどんなことを言っているのか。今は私が上達していると思って、「あいつはなんでも物知りになって帰ってくるだろう」と言っているんだ。なんとかして、なんでも学んで帰郷したいものだが、かなりの労力が必要だ。それに、だれもなにも送ってくれないし、ニコポリスの風呂は不潔だし、宿もひどいものだし、ここもひどいところだ」

それから、人びとは「だれも学校から益を得るようなことはない」と言ったりする。誰がいったい学校に来るのは誰なのか。誰が治療してもらうつもりでやって来るのか。誰が自分の考えを改めてもらうつもりでやって来るのか。誰が自分には何が必要か自覚するために来るのか。それでは、君たちがこの学校にもってきたのと同じ考えをそのままって帰るとしても、何の不思議があるだろうか。なぜなら、その考えをとり除いたり、改めたり、なにか別の考えをもとうと思って、ここに来たわけではないからだ。まるで違っているし、似てもいない。とにかく、君たちがそのためにやって来たものを得たかどうか考えてみることだ。君たちは哲学理論についておしゃべりしたがっている。そうすると、どうなのか。以前よりおしゃべりになっているか。哲学理論をみせびらかすために、なにか材料になるものを提供してくれたか。君たちは推論や転換論法(1)を解いているのではないか。嘘つきの議論(2)や仮定論法を検討しているのではないか。君たちがそのためにやって来たものを得たのであれば、どうしてなおも腹を立てているのか。

「はい、だけどもし私の子供や兄弟が死ぬようなときに、あるいはもし私が死ぬか拷問にかけられるようなときに、こんな議論は私にとってどんな益があるのでしょう」

君はそんな議論のためにやって来たのではあるまい。それが目的でここに座っているのではあるまい。それが理由でランプに火を灯(とも)したり、遅くまで起きていたりするのではあるまい。それとも、遊歩に外へ出かけたとき、推論の代わりに、心像を君自身の前にもち出して、仲間とともにこれを考察するようなことをしたのか。それはいつのことだったか。それから、君たちは「哲学理論は役に立たない」と言っている。誰にとって無益なのか。しかるべきしかたで用いない人たちにとっては無益なのだ。目に塗る軟膏は、しかるべき時にしかるべきしかたで用いる人にとっては無益ではない。湿布薬も無益ではないし、亜鈴(あれい)(3)だって人によって無益であり、逆に有益である。もし君が私に「推論は有益なのか」と訊くならば、有益であると君に言うだろう。君が望めば、どうしてそうなのか証明してみせよう。

「私に対してなにか有益なことがあったのですか」

ねえ、君は君にとって有益かどうかではなく、一般に有益かどうかを訊いたのではなかったのか。赤痢(4)に罹(かか)っている人が酢は有益かどうか私に訊くならば、有益だと言うだろう。

「私にとって有益でしょうか」

私は「いいえ」と言うだろう。まず下痢をとめ、潰瘍が治る方法を探すことだ。ねえ、君たちもまず潰瘍を治療し、下痢をとめて、考えを落ち着かせることだ。気が散らないようにして、その考えを学校にもち込むことだ。そうすれば、理性の力がどのようなものか分かるだろう。

第二二章　友愛について

人が熱心に求めてきたものは、当然ながらそれを愛しているわけである。すると、人が悪しきものを熱心に求めるようなことはあるまい。 1

「けっしてありません」

彼らにとってなんの意味もないようなものも求めることはあるまい。

「それもありません」

したがって残すところは、彼らは善きものだけを熱心に求めるということだ。そして、熱心に求めるということは、それらを愛してもいることになる。ところで、善きものについて知識をもっている人はだれでも、愛することも知っていることになるだろう。しかし、善きものと悪しきものを、また、善悪いずれでもないものと両者を区別することのできない人は、どうしてなお愛することができるだろうか。だから、愛することは思慮ある人だけのものとなる。 2 3

4 「そんなはずはない。私は思慮がないですが、それでも自分の子供を愛していますよ」と言う人がいる。

　神々に誓って言うが、私がまず不思議に思うのは、どうして君は自分に思慮がないな 5 どと認めたのかということだ。君に何が欠けているのか。感覚を用いていないのか。心像をみて区別していないのか。体に適当な栄養分をあたえていないのか。衣服がないの 6 か。住む家がないのか。では、どうして思慮がないなどと認めたりするのか。それはゼウスに誓って言うけれども、君は何度も心像によって惑わされ、混乱させられて、もっともらしい心像が君を打ち負かしたからであって、そのために、ある時はそれらを善きものとみなすかと思えば、次には悪しきものとみなし、後にはそのどちらでもないとみなすようになるわけだ。要するに、君は苦しみ、恐れ、妬み、混乱し、心変わりをする 7 のだ。そういうわけで、君は自分には思慮がないと認めるわけである。だが、友愛[1]において君は心変わりをすることはないだろうか。富や快楽や一般に物事そのものを、ある時は善きものだと考え、ある時は悪しきものだと考えたりするが、同じ人間について、ある時は善い人だと、ある時は悪い人だと考えたり、ある時は彼らに味方し、ある時は敵意を抱いたり、ある時は褒めるが、ある時は非難するようなことがないだろうか。

「はい、そんな気持ちになることもありますね」

ではどうだろう。ほかの人に欺かれている人は、その人の友人であると君は思うかね。8

「けっして、そうは思いません」

それから、気まぐれにその人を友人に選ぶような人も、彼に対して好意を抱いてはいないね。

「その人もそうですね」

それから、ある人を罵っていながら後で讃嘆するような人も、好意を抱いているわけではないね。

「その人もそうですね」

ではどうだろう。君が「これ以上仲のよいものはいない」と言うほど、互いに尾を振りあい、ふざけあっている子犬たちをみたことがないだろうか。だけど、友愛とは何か 9
を知るために、その間に肉を投げてみたまえ。そうすれば分かるだろう。君と君の子供の間に、わずかな土地を投げてみたまえ。そうすると、その子が君をどれほど早く葬り 10
たがっているか、君もどれほどその子が死ねばいいと祈っているかが分かるだろう。それから、君は「なんという子を育てたんだ。この子は私を葬ろうとしているぞ」と言うことになる。きれいな少女を君たちの間に投げてみたまえ。すると、老人の君もその若者もその子を愛するようになる。ちょっとした名声だってそうである。危険が迫っているときは、君はアドメトス(2)の父の言葉を発するだろう。

お前は日の光をみたがっているが、父はみたがらないと思うのか(3)。

彼は自分の子供が小さかったとき、愛していなかったと思うかね。その子が熱病にかかったとき苦しんで、何度も「この子の代わりに自分が熱病にかかればよかったのに」と言わなかったと思うかね。けれども、試練が起きて眼前に迫ってきたときには、彼らがどんな言葉を吐くか聞いてみるがよい。エテオクレスとポリュネイケス(4)は同じ母、同じ父から生まれた兄弟ではなかったのか。ともに育てられ、ともに生き、ともに飲み、ともに寝て、しばしば互いにキスをしあった仲ではなかったのか。だから、彼らをみかけた人は、哲学者たちが友愛について信じられないことを語っていると言って嘲笑したことであろう。だが、彼らの間にあの肉のように王権が落ちてきたとき、どんな会話を交わしたかをみてみたまえ。

11　12　13　14

ポリュネイケス　いったいお前は城壁の前のどこに立つつもりなのか。
エテオクレス　どうしてそんなことを訊くのか。(5)
ポリュネイケス　お前に立ち向かって殺そうと思うからさ。
エテオクレス　俺もそうしたいと思っている。(6)

彼らはそんな望みを懐いているのだ。
一般に──騙(だま)されてはならないよ──、すべての動物はただ自分自身の利益のみと結びついている。だから、その利益のために自分にとって妨げになると思われるようなものがあれば、それが兄弟であろうと、父親であろうと、子供であろうと、自分が愛する者であろうと、自分を愛してくれる者であろうと、これを憎み、斥け、呪うのである。自分の利益になるもののほどには、なにものも愛することがないのが自然なのだ。それが父親でも、兄弟でも、親類でも、祖国でも、神でも同じことだ。実際、神々がその利益のためにわれわれの邪魔立てをしていると思われる場合には、神々を罵倒し、その像を破壊し、神殿に火を放つのだ。アレクサンドロスが自分の親友(7)が死んだときに、アスク

15　16　17

レピオス神殿に火を放ったのもこれである。だから、人が敬虔、栄誉、祖国、両親、友人と利益とが一致する場合には、それらは保たれるのであるが、一方に利益を、もう一方に友人、祖国、親類、正義そのものを置いて、これらを秤（はかり）にかけるようなことがあれば、これらはすべて利益というものの重さに耐えられず失われてしまうのである。なぜなら、「私」や「私のもの」があるところに、必ず動物は傾いていくからだ。もしそれが肉の中にあれば、そこに支配的な力が存在し、意志の中にあればそこに、外的なものの中にあればそこに存在するわけだ。だから、私が自分の意志のあるところにいれば(8)、その場合にのみ私はしかるべき意味での友人、息子、父親であるだろう。なぜなら、誠実さ、慎み、忍耐心、禁欲、協力を守り、もろもろの関係を維持することが、私にとって利益になるからである。しかし、一方に私自身を置いて、もう一方に美徳を置いて、これらを秤にかけるようであれば、「美徳などなんの意味もなく、あるとすれば、評判の上のことだ(9)」と公言しているエピクロスの言葉が有力になる。

このことを知らないものだから、アテナイ人とラケダイモン〔スパルタ〕人が戦争を起こし、テバイ人はその両方を相手に、ペルシア大王はギリシアを相手に、マケドニア人はペルシアとギリシアの両方を相手に戦い、現在ではローマ人がゲタイ族(10)相手に戦って

18 19 20 21 22

いるし、はるか昔にはこのことが原因でイリオンでの戦争[11]が起きたのである。アレクサンドロス[12]はメネラオスの客人であり、彼らがお互いに親愛の情を示しているところを人がみれば、彼らは友人でないと言う者を信じることはなかったであろう。だが、彼らの間にちょっとしたものが投げ込まれた。すなわち、美しい人妻であり、かくして彼女をめぐって戦争が起きたのである。それで今も、友人たちや兄弟たちなど、心をひとつにしていると思われるような人たちをみかけても、それからただちにその人たちの友愛について なにか断言するようなことをしてはならない。たとえ、彼らがその友愛を誓いあい、お互いから離れることなどできないと言ったとしてもだ。浅はかな人を支配するのは誠実さではない。むしろ、不確かさと優柔不断であり、その時々の異なる心像に打ち負かされるのだ。いやほかの人たちがするように、彼らが同じ親から生まれたかどうか、一緒に育てられたかどうか、同じ教育係によって教えられたかどうかを調べるのではなく、むしろ彼らが自分の利益をどこに置くのか、つまり自分の外にか意志にかということだけを調べるべきである。もし自分の外に置くのであれば、彼らのことを信頼できるとか、しっかりしているとか、勇敢であるとか、自由であるとか言うべきでないのと同様に、友人であると言ってはならない。むしろ、君に分別があれば、彼らのことを人間

23 24 25 26 27

とさえ言ってはならないのだ。なぜなら、互いに咬みあい罵りあうようにさせたり、盗賊[13]が山に連れ込むように、人のいないところや広場に連れ込んだり、法廷においても盗賊まがいのことをさせたりするようなことは、人間の考えるところではないからである。また、人を放蕩者、淫夫、誘惑者にするようなことも、またその他およそ人がお互いに罪を犯しあうようにさせることも、人間の考えるところではない。むしろ、それはただひとつの考えに、すなわち、自分と自分に属するものを意志とは無関係なところに置こうとする考えに帰着する。しかし、これらの人びとが意志や心像の正しい使用にだけ善があるのだと本当に考えているということを聞いたら、もはや君は、息子や父親であるとか、兄弟であるとか、長い間ともに学校に通った仲間であるとかいったことに心を煩わせるべきではないだろう。むしろ、ただこのことさえ確認できれば、誠実で正しい人だと言うように、自分の友人だと堂々と言えばよい。なぜなら、友愛とはほかでもない、誠実さがあるところ、慎みのあるところ、もっぱら美徳だけを尊ぶところにあるのではないか。

「だけど、彼女はこんなに長く私の世話をしてくれましたが、私を愛することはありませんでした」

28　29　30　31

馬鹿なことを言うね。彼女が自分の靴を海綿で磨くように、家畜の世話をするように、君の世話をしたかどうか、どうして分かるのだ。君がご用済みになったとき、割れた皿を捨てるように捨てることになるかどうか、どうして分かるのだ。

32 「でも、彼女は私の妻ですよ。こんなに長く一緒に暮らしてきたのですよ」

エリピュレ[14]はアンピアラオスとどれほど長く暮らしたことか。しかも、たくさんの子供の母であったのだ。だが、彼らの間に首飾りが入ってきた。33 首飾りとは何か。それは首飾りのようなものについての考えである。それは野獣の考えであり、友愛の関係を裂き、女が妻であることを許さず、母が母であることを許さないものであった。34 だから、君たちの中で自分がだれかの友人であることを、あるいはほかの人を友人としてもつことを心から欲する人は、そのような考えを断ち切ることだ。そのような考えを憎み、自分の心から追い出すことだ。35 そのようにすれば、まず自分で自分を罵ったり、争ったり、考えを変えたり、自分を責めることもなくなるだろう。36 次に、他人に対しても、自分と似た人とはすべて腹蔵なくつきあい、自分と似ていない人には辛抱強く、穏やかにして温和で、そして最も重要なことについて無知で誤りを犯す人を相手にしているのだと考えて、その人を許すことだろう。そして、「すべての魂は故意にではなしに真理を奪われる」というプラトンの言葉[15]を熟知しているので、だれに対しても辛く当たるようなことはないのである。さもなければ、君たちは友人たちがすることならなんでもすることになるだろう。一緒に飲み、一緒に暮らし、一緒に船旅をして、同じ親から生まれることになるだろう。ヘビだってすることだ。だが、君たちがあの野獣と同様の汚らわしい考えをもっているかぎり、彼らも君たちの友人であることはないのだ。

第二三章　語る能力について

書物がより明瞭な文字で書かれていれば、だれでもより楽しく、容易にこれを読むことができるだろう。弁論もまた優雅であると同時に魅力的な言葉で表現されていれば、だれでもより容易に聴くことができるだろう。したがって、表現能力のようなものは存在しないと言ってはならない。というのも、これは信仰心がなく、かつまた臆病な人の言うことだからである。信仰心がないのは、あたかも視力か聴力か話す能力そのものの有用性を捨てるように、神からの恩恵を軽んじるためである。神は目的もなく君に目をあたえたのだろうか。神は目的もなく、遠くまで到達して視覚像を形成するほど強力で技術的な気息(1)を目に混ぜあわせたのだろうか。どんな使者がこれほど速く、注意深いであろうか。また、神は目的もなく、間に介在する空気を、それが緊張している中を視力が通過していけるほど(2)、活動的で弾力に富んだものにしたであろうか。神は目的もなく、それがなければほかのどれも役に立たなくなるような光を創ったであろうか。

ねえ君、感謝の気持ちを失ってはならないし、またより優れたものの存在を忘れてはいけない。むしろ、ものがみえること、ものが聞こえること、そしてゼウスに誓って言うけれども君がまさに生きていることと生きることに協力してくれるものに対して、さらに干した果物、酒、オリーブ油に対して神に感謝せよ。だが、これらすべてのものよりも優れたほかのものを神が授けてくれたことを忘れてはならない。すなわち、それらを使用し、吟味して、それぞれの価値を判断するものである。というのは、これらの各々の能力について、それらにどれほどの価値があるのかを明らかにするものは何であるのか。それぞれの能力そのものではあるまいね。視力がそれ自身についてなにか語ったり、聴力がなにかを語ったりするのを聞いたことはあるまい。〔小麦、大麦、馬、犬が語ることはあるまい。〕(3) いやむしろ、それらは言わば召使いや奴隷として、心像を用いる能力に仕えるように定められているのだ。これらの能力のそれぞれにどれほどの価値があるのかを尋ねるときには、君は何に尋ねるだろうか。そして、何が君に答えてくれるだろうか。そうすると、その他の能力を召使いとして用い、それぞれについてみずから吟味して、その価値を明らかにするこの能力よりも、なにかほかの能力のほうが優れているということがどうしてありうるだろうか。というのは、それらのうちのどれが、それ自身が何であるのか、どれほどの価値があるのかを知っているか。それらのうちのどれが、それ自身をいつ用いるべきか、いつ用いるべきでないかを知っているのか。目を開いたり閉じたり、目をそらすべきものからそらせたり、ほかのものに目を向けたりするものは何か。視力か。そうではなく、むしろ意志の能力である。10 耳を閉じ、また開くものは何か。好奇心を抱いて聞き耳を立てたり、逆に言葉によって動かされないようにしたりするものは何か。聴力か。それは意志の能力以外のものではない。11 さらに、意志の能力は、ほかのすべての能力がものがみえず、聞くこともできず、奉仕し仕えるべく定められたその任務そのものしか理解できないなかにあって、ただそれ自身だけが鋭敏な目をもち、ほかの能力やみずからの能力について、それぞれがどれほどの価値があるかを把握していることにみずから気づくならば、それ自身以外のほかの能力が最も優れているなどとあえて言うだろうか。12 開いた目はみること以外の何をするだろうか。他人の妻をみるべきかどうか、どんなふうにみるべきかを語ってくれるのは何であるのか。それは意志の能力である。13 また、言われたことを信じるべきか、信じるべきでないか、信じたとしても、それに腹を立てるべきかどうかを語ってくれるのは何であるのか。意志の能力ではないのか。14 また、ものを語り言葉で飾る能力というものは、それがある固有の能力であるとしたら、なにかについて話したりするときに、言葉で飾ったり、あたかも理髪師が髪を整えるように、言葉で整えたりすること以外のことをするだろうか。15 また、語るほうがよいか、沈黙するのがよいか、ああ言うよりもこう言うのがよいか、このほうがふさわしいか、ふさわしくないか、それぞれの言葉を用いる時機と使い方について、意志の能力以外の何が語ってくれるのか。そう考えると、君はこの能力が前に進み出て、みずからに反対の投票をすることを望むかね。

16 「ではどうでしょうか。事情がそのとおりであって、奉仕するものが奉仕する主人よりも優れていることが可能だとしたら、馬が騎手よりも、犬が猟師よりも、楽器がキタラー奏者よりも、家臣が王よりも優れていることになりますね」とある人が言った。

17 使用するものは何だろうか。意志だ。あらゆることを配慮するものは何だろうか。意志だ。時には飢えて、時には首をくくって、時には断崖から落ちて人の命を奪うものは何だろうか。これも意志だ。18 そうすると、人間の中で何がこの意志よりも強いだろうか。妨げられないものが妨げられるものよりも強いということがどうしてあるだろうか。19 視覚の能力を本来妨げるものは何であるのか。それは意志と意志以外のものである。聞く能力についても同じだし、話す能力についても同様である。だが、意志を本来妨げるものは何であるのか。それは意志以外のものではなく、むしろ意志がみずからを曲げてこれを妨げるわけである。だから、意志だけが悪徳になるし、意志だけが徳になるのである。

20 それでは、意志はかくも偉大な能力であり、残りのすべての能力に対して指令をあたえるものであるから、こちらに来させて、[4]肉がものの中で最も優れたものだと言わせることにしよう。いや、たとえ肉がみずから自分こそ最も優れたものだと言ったとしても、21 人はそれに我慢ができないだろう。だが、エピクロスよ、そのような考えを表明させるものは何であるのか。『目的について』の著作なのか、『自然学』なのか、『規準について』なのか[5]。鬚（ひげ）をのばしたものなのか[6]。亡くなるさいに、「最後の幸福な日を送りながら」[7]と書かせたものなのか。22 それは肉だろうか、それとも意志だろうか。すると、意志よりも優れたものをもっていることに同意して、君は気が違っているのではないだろうか。君は真理に対してそれほど目がみえず、耳が聞こえないのか。

23 それでは、どうだろうか。残りの能力を人は軽んじるだろうか。けっしてそんなことはない。意志を除けば[8]なんらの用途も先導権もないと人は言うだろうか。けっしてそんなことはない。それは愚かで、不敬な考えで、神に対する感謝の念を欠くものだ。これに対して、われわれはそれぞれのものに価値づけをしている。つまり、ロバにはなんらかの用途があるが、それは牛ほどのものではない。犬には用途があるが、召使いほどのものではない。召使いには用途があるが、市民ほどのものではない。市民には用途があるが、行政長官ほどのものではない。けれども、ほかにより優れたものがあるからといって、残りのものが提供する用途を軽んじていいわけではない。話す能力には価値があるが、意志の能力ほどのものではない。だから、私がこんなことを言うとしても、私が君たちに話すことを気にかけないようにさせていると、人に思わせてはならない。目や耳、手足、衣服や履物のことを気にかけるなと言っているわけではないのだから。だけど、「ものの中で何が一番優れていますか」と私に訊く人がいたら、私は何と答えるだろうか。話す能力だろうか。それは不可能だ。正しく生じた場合の意志の能力だと言うだろう。なぜなら、意志の能力は話す能力も用いるし、残りすべての大小さまざまな能力を用いるからである。意志の能力が正しく向けられれば善き人になるし、的を外せば悪しき人になる。意志の能力によって、われわれは不運であったり好運であったりするし、互いに罵り合ったり満足したりする。要するに、なおざりにされれば不幸になり、注意を怠らなければ幸福になるわけである。

24 25 26 27 28 29

しかし、話す能力を否定して、実際のところなんの意味もないものだと言うのは、それを授けてくれた方に対して感謝の念を欠くだけでなく、臆病な人のすることでもある。というのは、このような連中はもしなにかそのような種類の能力があるとすると、これを軽蔑できないのではないかと恐れているように、私には思われる。美と醜とはなんの違いもないと言うのはこのような連中である。すると、彼らはテルシテス(9)をみても、アキレウスをみても、同じような印象を受けたのだろうか。ヘレネ(10)をみても、行きずりの女をみても、同じような印象を受けたのだろうか。これは愚かで乱暴な考えで、それぞれの物事の自然本性が分からないで、人がその違いに気づけば、自分などたちまち捕まって、打ち倒されて立ち去るはめになるのではないかと怖がっているような人のすることだ。しかし、大切なことはこのこと、つまりそれぞれに対してそのもてる固有の能力を任せ、任せたらその能力の価値を見定めて、そして存在するものの中で最も優れたものを把握して、万事につけそのものを追求して、そのものについて熱意をもち、そのものと比べてそのほかのものは二次的なものでしかないとするのであるが、だからといって、こうしたものもできるだけ軽視しないことである。つまり、目を大切にせねばならないが、それを最も優れたものとしてではなく、むしろ最も優れたもののために目を大切にするのでなければならない。最も優れたものは、目を理性的に用いて、あるものを別のものと比べて選ぶのでなければ、自然本性にしたがった状態を保っていないことになるからである。

だが、実際に起きているのはどんなことだろうか。言わば、人が自分の郷里に帰るときに、きれいな宿屋に泊まったが、そこが気に入ったのでその宿屋に逗留するようなものである。ねえ、君は自分の目的を忘れてしまったのだ。君はそこに旅しに来たわけではなく、むしろそこを通過していたのだ。

「いや、素敵な宿屋ですよ」

だが、素敵な宿屋はほかにどれほどあることか。素敵な牧場(11)はほかにどれほどあることか。要するに、それらは通過するものなのだ。君の目の前にある目的は、郷里に帰り、家の人たちを安心させ、みずから市民の務めをおこなって、結婚し、子供をもうけ、公職に就くことなのだ。というのは、君がこの世にやって来たのは、より素敵な場所を選ぶためではなく、君が生まれ、市民として定められた場所に住むためなのだ。今の場合にも、これと同じようなことが起きている。つまり、言論とこのような教えによって、人は完成の域に到達し、みずからの意志を純粋なものにして、心像を用いる能力を正しくせねばならないのであるが、哲学理論を教えるためにはある種の表現法により、多彩で人の心を突くような言葉[12]を伴わざるをえないので、彼らのうちのある人はその表現法[41]によって、ある人は推論によって、ある人は転換論法[13]によって、ある人はなにかほかのこのような宿屋によって心を捕まえられて、あたかもセイレン[14]のところにいるように、そこに留まり朽ち果ててしまうのだ。

[42] ねえ、君に課せられているのは、君自身にやって来る心像を自然本性にしたがって用いるように準備して、欲求するものを得そこなうことがないように、忌避するものを避けそこなうことがないように、けっして不幸ではなく、けっして不運でもなく、自由であり、妨げられず、強制もされず、ゼウスの支配と心を同じくして、これを信じ、これに満足し、だれをも非難することをせず、だれをも軽蔑することもせず、次の詩句を心の底から唱えることであった。

　　われを導きたまえ、ゼウスよ、そして汝、運命よ[15]

[43] そうすると、君は目の前にある目的をもちながら、ちょっとした表現法が気に入った

り、どれか哲学理論が気に入ったりすると、そこに逗留して住むことを選んで、家のことは忘れて、「これは素敵だね」などと言うのだろうか。それが素敵ではないと、誰が言うのか。だけど、それは宿屋と同じで、通過するものでしかないのだ。デモステネス(16)のように雄弁であっても、不幸であることを何が妨げるだろうか。クリュシッポスのように推論が解けても、惨めで、悲しく、嫉妬を抱き、要するに心が動揺し、不幸であることを何が妨げるだろうか。なにひとつ妨げるものはない。だから、お分かりのように、これらはなんの価値もない宿屋でしかなく、君の目の前にある目的はこれとは違っていたのだ。こんな話をある人たちにすると、彼らは私が語ることや哲学理論について留意することを放棄していると考えてしまうが、私はそれらについてなにも放棄しているわけではなく、ひたすらそれにしがみついていて、そこに自分の希望を置くことを放棄するのだ。もしだれかがこのようなことを述べて、聴講者に害をあたえるとしたら、私もその害をあたえる人のひとりだとみなすがよい。私は最も優れたもの、最も大切なものをみていながら、君たちを喜ばせるために、別のものがそうだなどとは言うことができないのだ。

44 45 46 47

第二四章　エピクテトスに評価してもらえなかった人に対して

1 ある人がエピクテトスに対して、「私はあなたの話を聞きたいと思って、何度もあなたのところに来ましたが、一度も私に答えてくれませんでした。今もし可能なら、お願いですから私になにか話していただけませんか」と言ったとき、エピクテトスはこう言った。2 ほかのものに技術があるように、話すことにも技術があって、それをもつ人は上手に話すが、もたない人は下手に話すと思わないかね。

「思います」

3 そうすると、話すことによって自分でも利益を受けるし、ほかの人にも利益をあたえることができれば、その人は上手に話していることになるが、自分でもむしろ害を受けるし、ほかの人にも害をあたえるのであれば、その人は話すという技術において下手であることになるのではないか。君は話を聞いて害を受ける人もいれば、利益を受ける人もいるのを見出すだろう。話を聞いている人は、聞いていることからみんな利益を受けるのか、それとも、その人たちには利益を受ける人も害を受ける人もいるのを見出すだろうか。

「利益を受ける人も害を受ける人もいますね」とその人が言った。

そうすると、この場合も上手に聞く人は利益を受けるし、下手に聞く人は害を受けるのではないだろうか。

その人は同意した。

したがって、話すことと同様に、聞くことにも上手と下手があることになる。

「そのようですね」

もしよければ、この問題をこんなふうに考えてみたまえ。音楽に携わるのは誰だと君は思うかね。

「音楽家です」

ではどうかね。しかるべきしかたで彫像を制作するのは誰だと、君には思われるかね。

「彫刻家です」

上手にものをみるのも、さらに技術が必要だと君には思われるかね。

「これも必要です」

そうすると、しかるべきしかたで話すことが上手な人に属するものだとしたら、聞い 8
て利益を受けることも上手な人に属するということが分かるかね。完全に有益であるか(1) 9
ということは、もしよければ、さしあたり度外視することにしよう。われわれは両方と
もこのようなことには遠く及ばないからね。だが、次のことはみんな同意するだろうと 10
私は思うが、哲学者の話を聞こうと思えば、聞くことについてある種の熟練がさらに必
要になる。そうではないかね。

ところで、私は君に何について話せばいいのかね。私に教えてくれたまえ。君は何に 11
ついて話が聞けるのかね。善と悪についてかね。何についてだ。馬のことか。

「いいえ」

牛のことか。

「いいえ」

人間のことか。

「そうです」

そうすると、われわれは人間とは何か、人間の自然本性はどのようなものか、その概 12

念がどのようなものか知っているだろうか。われわれはこの問題についていくらかでも耳を鍛えているだろうか。いや、自然本性とは何かについて君はなにか考えをもっているのか、私が話すときに、いくらかでもついてこられているかね。いやむしろ、君に対して論証を用いることにしようか。どんなふうにか。というのは、論証とは何であり、どのようにしてなにかが論証されるのか、何によって論証されるのか、君は分かっているか。あるいは、どんなものが論証に似てはいるが、論証ではないものなのか、分かっているか。何が真理であり、何が虚偽であるか、君は知っているか。何から何が帰結するのか、何が何と矛盾したり、一致しなかったり、整合性をもたなかったりするか、知っているか。私は君に哲学をさせたものだろうか。どうやって私は、多くの人びとが善と悪について、利益と無益について意見を異にするもとになる矛盾した考えを、そもそも矛盾とは何かを知らない君に対して示したものだろうか。だから、君との対話をどのようにやり通せばよいのか教えてくれないか。私をその気にさせてくれないか。適当な草が羊の前に現れると、羊はそれを食べたいという欲求にかられるが、石やパンを前に置いてもそのような気持ちになることはない。それと同じで、だれか話を聞こうとする人が現れて、その人がみずから好奇心を煽ったりすると、話したいという自然な欲求が

13 14 15 16

われわれに生じるものだ。だが、石や干し草のように座っているだけなら、どうやって人に話したいという欲求を起こさせることができるだろうか。ブドウが農夫に「私の世話をしてください」と口にするようなことはあるまい。だけど、世話をすれば得になることを身をもって示すことで、世話をするように呼びかけているわけだ。小さな子供でも如才なく賢い子がいると、その子は一緒に遊んだり、地面を這ったり、片言を話したりしようと誘ったりするものだ。だが、ロバが相手なら、一緒に遊んだり鳴いたりしたい気持ちになる人がいるだろうか。たとえ小さくても、ロバはロバだからね。

「では、どうして私になにも話してくれないのですか」

私が君に言えるのは次のことだけだ。自分が誰で、何のために生まれ、自分が生まれたのはどのような宇宙であるか、誰と交流しているのか、何が善で何が悪か、何が美で何が醜かを知らず、また議論も証明も、何が真で何が偽かも理解しないし、これらの区別もできない人は、自然本性にしたがって欲求することも、忌避することも、衝動を感じることも、計画することも、承認や否認をすることも、決定を差し控えることもできず、まったくのところ耳も聞こえず、目もみえずに、自分は何者でもないのにひとかどの人物だと思いながら、歩き回ることになるだろう。これは今に始まったことだろうか。

17　18　19　20

むしろ、人類が誕生して以来、ありとあらゆる過失や不幸はこのことの無知が原因で生じているのではないのか。アガメムノンとアキレウスはなぜお互いに意見が違ったのか。[2] それは何が有益で何が不利益かを知らなかったからではないのか。一方がクリュセイスを父親に返すのが有益だと言い、他方が有益でないと言ったからではないか。一方が相手の報酬を自分が受け取らねばならぬと言い、[3] 他方がそうすべきではないと言ったからではないのか。そうしたことが原因で、両者は自分たちが何者であり、何のために来たのか忘れてしまったのではないのか。[4] おやおや、ねえ君〔アキレウス〕は何のためにやって来たのだ。愛人を得るためか、それとも戦争をするためか。

「戦争をするためだ」

誰が相手なのか。トロイア人か、それともギリシア人か。

「トロイア人だ」

とすると、君はヘクトルを放っておいて、君の王に対して剣を抜くのか。また、君〔アガメムノン〕は偉いお方だ、民が信頼を寄せ、これほどの重責を担った[5]王としての任務を忘れておられる。そして、同じ軍のなかでも最も戦いを好む者を相手に少女のことで争っているが、なんとしてでも敬意を示し守ってやらねばならない人ではないのか。優れた戦士に対してはあらゆる配慮でもって遇する口達者な祭司よりも、君は劣ったままでいいのか。有益なものについて無知であれば、どのような結果になるか分かるかね。

「[6]だけど、私は金持ちだ」

まさか、あのアガメムノンより金持ちではないだろうね。

「私は美男子でもある」

まさか、アキレウスより美男子ではないだろうね。

「髪の毛だってきれいだ」

アキレウスはもっと美しい髪の毛で、金髪ではなかったか。そしてそれをきれいに梳いて結っていなかったか。

「力も強いぞ」

だからといって、ヘクトルやアイアスのように石を持ち上げることはできまい。

「よい生まれでもある」

まさか、お母さんが女神ではないだろうね。ゼウスを父として生まれたのではないだろうね。ところで、アキレウスが少女のせいで座って泣いていたとき、そのことが彼にどんな利益があっただろうか。

「でも、私は雄弁だ」

アキレウスはそうではなかったのか。ギリシア人の中でも弁論にかけて最も腕の立つオデュッセウスやポイニクスをどんなふうに彼が手玉にとったか、(7) どんなふうに黙らせたか君は知らないのか。

君に話せるのはこれくらいのことだ。しかも、熱意をもって話すわけではない。

「なぜですか」

君が私をその気にさせないからだ。騎手は素性のよい馬をみるとその気になるものだが、君のどこをみて私はその気になるのだろうか。君の身体かね。その身体はひどいものだよ。衣服かね。軟弱なものを着てるね。格好かね、みた目かね。なにもないね。哲学者の話を聞きたいと思うなら、「なにも言ってくれないのですか」などと言わないこ

26　27　28　29

とだ。ただ君自身が話を聞く経験を積んだ(8)ところをみせてくれ。そうすれば、君がどのように話す人をその気にさせるかが分かるだろう。

第二五章　論理学はどうして必要か

1 講義に出ている人のひとりが、「論理学が必要なものであることを私に納得させてください」と言った。「君は私にそれを論証してもらいたいわけだね」

「はい、そうです」

2 「そうすると、私は論証できるような議論をせねばならないわけだ」

その人が同意すると、彼は「私が君に詭弁を使っているとしたら、君はどうやってそれを知るのか」、と言った。

3 その人が黙っていると、彼は「ほら、そうやって君は論理学が必要なものであることに同意しているわけだ。論理学がなければ、それが必要か、必要でないかということすら知ることができないのだからね」と言った。

第二六章　過失に固有なことは何か

1 すべての過失は矛盾を含んでいる。なぜなら、過失を犯している人は、過失を犯すことを望んでいるのではなく、むしろ正しくあろうと思ってそうするのだとすれば、明らかにその人は自分が望んでいることをしていないからだ。盗人は何をしようとしているのか。2 自分の利益になることだ。そうすると、盗むことが自分の不利益になることだとしたならば、その人は自分が望んでいることをしていないことになる。3 ところが、すべての理性的な魂は自然本性において矛盾と相容れないものであるが、それが矛盾であることが分からないかぎり、矛盾したことをすることを妨げるものはなにもない。しかし、それが矛盾だと分かれば、なんとしてでもその矛盾から離れ、逃れようとする。ちょうど虚偽であることに気づいた人が、その虚偽を懸命になって退けようとするのと同じことである。4 だが、虚偽だと思われない間は、それを真実だと認めていることになる。だから、各人に過失のもとになる矛盾を示し、どうして自分が望むことをしなかったり、自分が望まないことをしたりするのかを明らかにすることのできる人は、議論に巧みであり、同じ人はまた、相手を教導するとともに論駁することもできるということになる。というのは、だれかがこれを示してやれば、相手はみずから自分の考えを撤回するだろうから。だが、示してやるまでは、相手が自分の考えにとどまっていても驚いてはならない。それが正しいという心像を得てそうしているからだ。そういうわけで、ソクラテスもこの能力を信頼してこう言っていたのだ。「私はいつも自分が語っていることについてほかに証人を立てないのが常で、問答をしている相手でいつも満足しており、その人に一票を投じさせ、その人を証人と呼んで、すべての人でなくたったひとりでも私は満足なのだ(1)」。なぜなら、彼は理性的な魂は何によって動かされるかということ、天秤のように重い方に傾く(2)ということを知っていたからである。指導的な理性に矛盾を示すとよい。そうすれば、それから離れるだろう。もし君が示さないのであれば、君の言葉に納得しない人よりも、むしろ君自身を非難することだ。

訳注

『語録』第一巻

第一章

(1) 後出の「理性的な能力」を除いた能力という意味。

(2) 原語はロギケー・デュナミス。マルクス・アウレリウスも、理性的な魂だけが自己自身を考察することができると述べている(『自省録』第一一巻一)。

(3) 心像(パンタシアー)は「表象」とも訳される。本書では心像の訳語で統一する。クリュシッポスによれば、心像とは「魂に生じるとともに、それを惹起したものをも、自らのうちに指し示す情態」(プルタルコス『哲学者たちの自然学説誌』第四巻一二、三浦要訳)である。

(4) 「外的なもの」は、本書において何度も出てくるが、自己の外の世界におけるいっさいの事柄を指している。

(5) ギリシア神話では、ヒッポテス(あるいはポセイドン)の子アイオロスは風の支配者で、思うままに風を吹かせる権能をゼウスによってあたえられた。

(6) プラティウス・ラテラヌス(後一世紀)はローマの執政官。ピソの陰謀に加わったかどで、後六五年皇帝ネロの命によって処刑された(タキトゥス『年代記』第一五巻六〇)。

(7) ネロの解放奴隷で、エピクテトスの主人。ネロが自害したときにこれを帮助したという理由で死刑宣告を受け、後九五年に処刑された。

(8) 意志(プロアイレシス)はアリストテレスの哲学において重要な概念であり、「選択」とも訳されるが、本書では意志の訳語で統一する。本書下巻「解説」を参照。

(9) プブリウス・クロディウス・トラセア・パエトゥス。ギリシア語表記ではトラセアス。後一世紀のローマの元老院議員で、ストア派の哲学者。皇帝ネロに敵対的な態度をとり続け、後六六年に告発されて自殺する(タキトゥス『年代記』第一六巻三四―三五)。

(10) ガイウス・ムソニウス・ルフス。後一世紀のストア派の哲学者でエピクテトスの師。

(11) パコニウス・アグリッピヌス。後一世紀のストア派の哲学者で、父親がティベリウス帝によって反逆罪で処刑された(スエトニウス『ローマ皇帝伝』「ティベリウス伝」六一)。彼自身も後六七年頃に追放されている(タキトゥス『年代記』第一六巻二八以下)。

(12) 意志が欲するのでないかぎり、みずからの意志を妨げるものはないということ(『要録』九参照)。

(13) ローマの一日は昼と夜でそれぞれ一二分割されており、朝の七時が第一時であった。したがって、第五時は午前一一時を指している(ただし、季節によって昼夜の長さは異なるから、若干の違いがある)。

（14）アリキアはローマから二六キロメートルほど離れた町で、追放刑になったときに最初に通過するところである。

（15）みずからの死であれ、身内の死であれ、借りたものを返却することである（『要録』一一参照）。

第二章

（１）スパルタの子供たちはアルテミス・オルティアの神殿で一日中鞭を打たれ、時には死に至ることもあった（プルタルコス『スパルタ人の古代の慣習』二三九Ｄ参照）。

（２）先取観念（プロレープシス）とは、物事についてあらかじめ心の中で形成されている観念のことである。初期ストア派においてしばしば用いられるが、この言葉を最初に哲学において用いたのはエピクロスであったと言われる。ストア派による先取観念の定義については、ディオゲネス・ラエルティオス『ギリシア哲学者列伝』第七巻五四、『初期ストア派断片集』Ⅲ六五（Arnim）を参照。

（３）人格と訳したギリシア語はプロソーポンで、「顔」のことであるが、劇で用いられる「仮面（マスク）」、さらには言わば内面の顔とも言うべき「人格」「性格」を意味した。

（４）持ち運び可能な便器のことで、これを差し出すのはもちろん召使いの仕事である。

（５）ネロ帝は自作の悲劇を上演するのに、上層階級の子弟を劇に登場させることを好んだとされている（タキトゥス『年代記』第一四巻一四、スエトニウス『ローマ皇帝伝』「ネロ伝」二一〇）。

なお、フロルスについては不詳。

(6) 紫と訳した πορφύρα は、もとはアクキガイという貝の類のことで、さらにその貝から採った赤紫色の染料を意味する。ローマでは紫の縞の市民服(toga praetexta)を着ることを許されたのは政府の高官だけであった。

(7) ヘルウィディウス・プリスクス(後七五年頃死去)は、ローマ帝政期の政治家でストア派哲学者。熱心な共和主義者であり、帝政に批判的であったために、皇帝ウェスパシアヌス(在位 後六九―七九)によって追放され、その後処刑されている。タキトゥス『同時代史』第四巻四―五、スエトニウス『ローマ皇帝伝』「ウェスパシアヌス伝」一五参照。

(8) バトンは当時著名な体育教師。

(9) 当時の哲学者は顎鬚(あごひげ)をたくわえていた。鬚を剃るとは、哲学者でなくなることを意味する。ドミティアヌス帝による哲学者追放への言及とみる解釈もある(この追放は後八九年頃、および九五年の二度にわたっておこなわれた)。

(10) キケロ『善と悪の究極について』第三巻二〇・六六にも同様の議論がみられる。

(11) イタリアのクロトン出身の著名な体育競技者(前六世紀)。オリュンピア競技祭、その他の競技祭で何度も栄冠を勝ち取ったことで知られる。

(12) リュディアの王で、その富は諺になるほど有名であった(ヘロドトス『歴史』第一巻二六以下参照)。

第三章

（1）ゼウスを指している。ホメロス『イリアス』第一歌五四四などにもみえる表現である。

第四章

（1）ソロイのクリュシッポス（前二八〇頃－二〇七頃）はストア派の第三代学頭。初期ストア派で最も重要な人物であり、「クリュシッポスなくしてストア派なし」と謳われた。多作家としても知られ、その著作は七〇五巻以上に及んだと言われている。
（2）*προθέσει*（S写本）を読む。
（3）以上三つの領域（トポス）については『語録』第三巻第二章で詳述されている。なお、以下『語録』への言及は書名を挙げず、巻章節の番号のみを記す。
（4）走り幅跳びをするときに、跳躍するのに弾みをつけるために手に持つ道具。
（5）クリュシッポスの著作のひとつ。現存しない。
（6）古代ローマの銀貨。
（7）裁判で死刑を宣告された者は、毒ニンジン（コーネイオン）をすり下ろしたものを飲むように決められていた。ソクラテスも刑死においてこれを飲んだ。
（8）プラトン『クリトン』四三Ｄ。
（9）プリアモスはトロイア戦争時におけるトロイアの王で、ホメロスの詩に登場する。オイディプスは父王を殺害し母親と交わった悲劇のテバイ王で、ソポクレスの『オイディプス王』や『コロノスのオイディプス』などの主人公。

(10) 『初期ストア派断片集』Ⅲ一四四(Arnim)参照。原文には欠落があるが、Arnimにしたがって、ἀπάθεια, ἅπαντα … ὡς 〈ἀληθῆ〉と読む。

(11) クリュシッポスを指している。

(12) 伝説上のエレウシスの王。デメテルの寵児で、女神から学んだ農業を人類に伝えた。

(13) プラトン『クリトン』四八Bの「ただ生きるのではなく、善く生きることが大切である」というソクラテスの言葉を踏まえる。

第五章

(1) 確実なことはなにも知ることができないとする、アルケシラオスを中心とする懐疑主義傾向の強い中期アカデメイア派を指す。ピュロン主義者(懐疑主義者)とアカデメイア派は一応区別されるが、第一巻第二七章2にみられるように、両者は同じ立場を有する学派として扱われている。

(2) 物事を断定的に言う場合に使われる常套句。

(3) デカルトが『省察』(第一)において、睡眠時と覚醒時で認識していることの間に明確な区別ができないことに論及しているが、こうした疑問は古代の懐疑主義に遡る。J・アナス、J・バーンズ著、金山弥平訳『古代懐疑主義入門——判断保留の十の方式』(岩波文庫、二二五—二二六頁)参照。

第六章

(１)　ペイディアス(フィディアス)(前四九〇頃－四三〇頃)はアテナイ出身の彫刻家で、古典期ギリシア美術の巨匠。オリュンピアのゼウス神座像(前四三三年頃制作)は彼の最高傑作のひとつで、古代世界の七不思議のひとつに数えられた。

(２)　底本どおり ἐστέ と読む。ἔστιν の読みを採用すれば、「ゼウスが存在し」という意味になるが、文意には大きな違いはない。ゼウスの業を知るためには、わざわざオリュンピアに足を運ばなくてもよいということ。

(３)　ヘラクレスはギリシア神話において最大の英雄である。彼のおこなった一二の難業には、ネメアのライオン、レルネのヒュドラ(水蛇)、ケリュネイアの雌鹿、エリュマントスの猪などが含まれていた(伝アポロドロス『ギリシア神話(ビブリオテーケー)』第二巻第五章一－一二参照)。

(４)　ゼウスを指している。

(５)　人間がもっている意志(プロアイレシス)のことを言っている。

第七章

(１)　転換論法(メタピプトンテス[ロゴイ])とは、ソフィスト風の詭弁で、議論の途中で用語の意味を別の意味に転換させ、相手を混乱させるもの。

(２)　ふさわしい行為(義務)にあたるギリシア語はカテーコン(複数形はカテーコンタ)。この語を哲学における重要概念としてはじめて使ったのは、キティオンのゼノンだと言われている(ディオゲネス・ラエルティオス『ギリシア哲学者列伝』第七巻二五、一〇七―一〇八参照)。「自然本性に適合した行為」の意味で用いられる。

(3) 知徳をそなえた人(ὁ καλὸς καὶ ἀγαθός)は本書に何度も出てくるが、申し分ない人格をそなえた人を指している。

(4) 原語はスプーダイオスで、賢者とほぼ同義の言葉である。

(5) ドラクマ(ドラクメ)は古代ギリシアの貨幣単位(六オボロスに相当)。ソクラテスはアテナイ市街でアナクサゴラスの書物が一ドラクマで売られていた、と言っている(プラトン『ソクラテスの弁明』二六D)。

(6) Schenkl 以外は疑問形で読む校訂本が多い。

(7) 底本は写本に欠文(lacuna)があるとみている。Oldfather によって補っておく。

(8) 前後の連絡が悪いので、Wolf の提案によって、底本も含め削除されている。

(9) 第一巻第二章注(2)参照。

(10) 父親殺しや、後出のカピトリウムの放火は大罪とされた。カピトリウムはローマ七丘のひとつで、ローマの最高神であるユピテルの神殿があった。

第八章

(1) 攻撃的推論(エピケイレーマ)は、なにかを論証するためのものではなく、相手の主張をくつがえすために「企てられた(エピケイレイン)」弁証的な推論(アリストテレス『トピカ』第八巻

第一一章参照）。

（２）説得的推論（エンテューメーマ）は、多くの場合に妥当する蓋然的な命題に基づく推論（アリストテレス『弁論術』第一巻第一章参照）。

（３）例に挙がっている二つの文は論理的に等価であるが、この説得的推論が「不完全である」と言われる意味については論議がある。説得的推論は本来の推論よりも「しばしばより少ない命題からなる」（アリストテレス『弁論術』第一巻第二章一三五七ａ一七）と言われていることから、省略的三段論法の意味かとも思われるが、決定的ではない。

（４）プラトンは文体の修辞に優れていたのに、哲学者ではなかったのかという反論。

第九章

（１）ペロポンネソス半島北東端にある都市。

（２）世界市民と訳した原語は「コスミオス」で文字どおりには、コスモス（宇宙）の人の意味。ここではストア派のコスモポリタニズム（世界市民思想）に言及されているが、これをソクラテスに帰した例は、プルタルコス『追放について』（六〇〇Ｄ－六〇一Ａ）、ムソニウス・ルフス『談論』（四二・一－二）、キケロ『トゥスクルム荘対談集』（第五巻三七・一〇八）にもみえる。

（３）あらゆる人びとの出生地を包含した全体としての宇宙（コスモス）を指す。

（４）同様の記述が、ディオゲネス・ラエルティオス『ギリシア哲学者列伝』（第七巻一三八）にもみえる。

(5) エピクテトス自身を指している。
(6) 同族のものたちとは神々を指し、そこへ帰るとは、安易な気持ちで自殺を企てることを意味する。
(7) 原語はアディアポラで、肉体や肉体が所有するもの(富、美、健康、生命、生と死、快楽、労苦などをも含む)は本来善でも悪でもないことを言う(いわゆる善悪無記)。第二巻第一九章13参照。
(8) 「神の合図」はストア派の重要な概念で、(1)国や友人たちのために自分を犠牲にせねばならないとき、(2)病気が治癒不可能と判断されるとき、(3)死によって個人の尊厳が失われるのを防ぐような場合に限って、自殺の可能性が考えられた。『初期ストア派断片集』Ⅲ七六八(Arnim)参照。
(9) 自殺の可能性を暗に述べている。ただし、ストア派は安易に自殺を勧めていないことに注意する必要がある(前注参照)。
(10) プラトン『ソクラテスの弁明』二九C、二八E。ただし、かなり自由な引用になっている。
(11) ニコポリスのこと。
(12) この人物もローマから追放され、ニコポリスにやって来たが、追放された境遇そのものが不幸なわけではない、という意味。
(13) エピクテトスはエパプロディトスの奴隷であった。
(14) エパプロディトスからどんな目に遭わされても、エピクテトスはこれによく耐えるだろう、という意味。

(15) ローマの容積単位で、セクスターリス（六分の一の意味）と同じ。一セクスターリスは一コンギウスの六分の一で、〇・五四リットルに相当する。人間の体を占めるのはわずかな量の血液でしかないという考えは、セネカ『心の平静について』一四・三にもみえる。

(16) 戦いの後、埋葬のために勝者に死体の返還を祈願することを踏まえる。エピクテトスは、他人の力で自分の幸不幸が決まると考える人を死体と同然のものとみなしている。

第一〇章

(1) 哲学を指している。

(2) 写本どおり διά τι を読む。ストア派の哲学者も実践するが、それは自然にかなった行動であって、例えばローマの元老たちが考えるような実践ではないということ。

(3) 個人の読書（黙読）のことではなく、エピクテトスが生徒たちと読む書物（朗読）のことを言っている。

(4) 第一巻第四章14参照。

第一一章

(1) 当時においても、民族によって食事に関するさまざまな禁忌が存在していた。ポルピュリオス『肉食の禁忌について』（第二巻六一）には、シュリア人は魚を、ユダヤ人は豚を、フェニキア人とエジプト人の多数が牛を禁忌にしているという記述がある。
(2) もちろん水を含ませて使うためである。古代ローマでは、入浴、トイレなど海綿はさまざまな用途に用いられた。
(3) ストア派の哲学者を指している。
(4) 原語はホーラーであるが、厳密には日の出から日没までの時間が一二のホーラーに分かれ、そのひとつを指している。

第一二章

(1) 神々は存在しないという第一の見解、存在するが人間に対して無関心であるという第二の見解は、プラトン『法律』第一〇巻八八五Bにもみえる。第一の意味での無神論者として知られているのは、キュレネ派のテオドロス(前四世紀)やアテナイのクリティアス(前五世紀後半)などである。第二の意味での無神論者はエピクロス派である。
(2) アリストテレスの不動の動者である神がこれに近いと思われるが、アリストテレスは別の箇所(『ニコマコス倫理学』第一〇巻一一七九a二四—二五)では神々の人間に対する関与を認めているので、厳密にはあてはまらない。
(3) 神は天体を直接に管轄するが、地上のことは下位の神性(ダイモーン)に委ねるということ。中期プラトン主義などが摂理に段階を想定しているのがこれにあたると考えられる(偽プルタルコス『運命について』五七二F以下、アプレイウス『プラトンとその教説』第一巻一二など)。

また、ストア派をこれに含める解釈もある。

(4) ホメロス『イリアス』第一〇歌二七九―二八〇。オデュッセウスが女神アテナに対して言った言葉。神々の配慮はあらゆるものに及ぶという見解を表すが、エピクテトスもこれに与する。ソクラテスについては、クセノポン『ソクラテス言行録(思い出)』第一巻第一章一九参照。

(5) とりわけ、ストア派的な思想であるが(マルクス・アウレリウス『自省録』第一〇巻一一参照)、もちろんその精神はさらに古く、プラトンに何度か出てくる言葉「神を真似る」(『国家』第一〇巻六一三B、『テアイテトス』一七六B―C)なども含まれると考えてよいだろう。

(6) 自由については第四巻第一章も参照。

(7) 底本とともにSchweighäuser の提案にしたがい、τὰ [δ'] ὡς ἔτυχεν の括弧内の語を削除する。

(8) エピクテトスの思想がよく現れている表現。物事の生成はすべて神の意志の下にあるから、そのとおりに受け入れることを願うのが学びであるということ。

(9) ストア派は、悪が存在することなしに善が存在することがないように、反対的なものは相互依存によって存在すると考える(アウルス・ゲリウス『アッティカの夜』第七巻一・二―五参照)。

(10) 原語はヒュポテシス。生きるにあたっての前提となるものを指している。

(11) モイラたち(運命)とは、アナンケ(必然)の娘であるクロト、ラケシス、アトロポスの三女神を指している。クロトが運命の糸を紡ぎ、ラケシスがこれを割り当て、アトロポスが変更不能なものにする(『初期ストア派断片集』II九一三―九一四、一〇九二(Arnim)参照)。

第一三章

（1）Schweighäuser は ἴσως 〈καὶ〉と補う。ほかの訳者もこの補足があるかのように読んでいるので、これにしたがう。

（2）人間は神に由来する理性をもつという点においてすべて同一である。この点は召使いの奴隷といえども同じことである。ストア派の見解では、「人間はだれも自然本性において奴隷ではない」(『初期ストア派断片集』Ⅲ三五二(Arnim))。

（3）アテナイのプニュクス丘の西方にあった穴のことで、ここに死刑囚を投げ込んだ。

第一四章

（1）ストア派によれば、地上にあるものと天上にあるものは気息(プネウマ)を共有し(すなわち、ともに呼吸する)、緊張する(すなわち、音階的な秩序をもつ)ことで一体性を保っている(ディオゲネス・ラエルティオス『ギリシア哲学者列伝』第七巻一四〇、偽プルタルコス『運命について』五七四E参照)。

（2）写本は φύλλα(葉)だが、多くの校訂本とともに φυτά(植物)を読む。

（3）太陽光に照らされない影、すなわち夜のことを言っている。

（4）ここで神が万有を見守っているという話題から、ダイモーンに関する議論に移る。

（5）ゼウスはギリシア神話の主神であるが、これまでの議論における神と同じような存在として考えられている。

(6) 神と人間との中間にある存在で、各人間にとっての守護霊となる(『初期ストア派断片集』Ⅱ一一〇一(Arnim)以下参照)。さらに、エピクテトスは各人の理性と同等のものとみなしている。

第一五章

(1) 原語はヘーゲモニコンで、ストア哲学において重要な意味をもつ。魂(心)は八つの部分をもち、五つの感覚(視覚、嗅覚、聴覚、味覚、触覚)と、生殖能力、発話能力、指導的部分で、その活動の中心となるのが最後の指導的部分である。成人した人間にあっては理性と重なるが、厳密には両者はかならずしも同一ではなく、感覚、表象、承認、衝動を作り出す主体となるものが想定されている(『初期ストア派断片集』Ⅱ八三四－八四九(Arnim))。

(2) 哲学を指している。

第一六章

(1) 第一巻第六章でも同じ主題が扱われていたが、本章はこれを補完するものである。

(2) ストア哲学では、動物はもっぱら人間に奉仕するために生まれたと考えられている(『初期ストア派断片集』Ⅱ一一五二－一一六七(Arnim))。

(3) 千人隊長(キーリアルコス)は古代マケドニアに由来する軍隊の階級のひとつ。

(4) 先の創造者の存在を否定した人の言葉が続いている。

(5) もちろんエピクテトスのことである。

(6) 原語はアエードーンで、文字どおり歌う(アエードー)鳥の意味。いわゆるナイティンゲール。

(7) 哲学の使命を戦場の持ち場に喩(たと)えるのは、ストア派にしばしばみられる。

第一七章

(1) 論理学よりも、人の生き方に関わる倫理的な問題が先であるという意味。これはエピクテトス自身の考えでもあるが、論理学が軽視されているわけではないことにも留意する必要がある。なお、「心を」を文脈から補う。文意を明確にするために、原文に *δόγματα καὶ πάθη*(「考えや感情を」)を補充する案もあるが、必要ないであろう。

(2) ストア派を指す。

(3) 原語はモディオスで、穀物の量を計測する道具。

(4) いずれも初期ストア派を代表する哲学者。クリュシッポスは第一巻第四章注(1)参照、キティオンのゼノン(前三三四頃—二六二頃)はストア派の祖、クレアンテス(前三三一頃—二三二頃)はゼノンの弟子で、ストア派の第二代学頭。クリュシッポスはさらにその弟子である。

(5) アテナイ出身の哲学者(前四四五頃—三六五頃)で、ソクラテスの弟子。キュニコス派のディオゲネスは彼の弟子だとも言われている。

(6) 物事の定義のことを言っている。名辞はギリシア語のオノマであるが、本来は名詞のほか形容詞を含む言葉。

(7)　クセノポン『ソクラテス言行録(思い出)』第四巻第六章一。同じことをソクラテスの言葉として述べている。
(8)　第三巻第二〇章13、『要録』二六にもみえる言葉で、ゼウスの意志と同じ。
(9)　いわゆるソクラテスのパラドックス(プラトン『プロタゴラス』三四五Dなど)。
(10)　この言葉はクリュシッポスの解釈者が語ったものと考える。クリュシッポスの文章はギリシア語であるが、ローマの公用語であるラテン語で書かれているとしたら、どのような意味の言葉になるかを考えてみよ、ということ。
(11)　『要録』四九参照。クリュシッポスを解釈していることを自慢しても、クリュシッポスが曖昧なことを言っていなかったら、自慢できるものがなくなってしまう。哲学者の文章を解釈する場合に大事なことは、それを書いている人物ではなく、そこで言われている内容そのものについて考えることである。
(12)　占いにはさまざまなかたちがあるが、ここでは動物の臓物を犠牲に捧げて、吉凶を占う場合が考えられている。
(13)　オオガラス、カラスと訳したのは、それぞれ κόραξ(Corvus corax)と κορώνη(Corvus corone)で、前者はわが国ではワタリガラスと言われるが、ヨーロッパでは周遊しない。後者はより小型でハシボソガラスとも言う。ここではいずれも鳥占いの例として挙がっている。
(14)　以下では、占いの解釈者と対話相手の仮想問答が続くが、この解釈者はエピクテトスの立場を代弁している。

（15）承認（シュンカタテシス）もストア派において重要な語である。
（16）種子的ロゴス、すなわち各人がもっている理性のこと。

第一八章

（1）ストア派の哲学者を指している。
（2）写本に空隙が何ヵ所かある。μὴ ⟨εἰσενέγκ⟩ῃς τὰς φωνὰς ταύτας ἃς οἱ πολλοὶ τῶν φ⟨ιλοφοτούν⟩των τούτους οὖν τοὺς καταράτους καὶ μιαροὺς ⟨μωροὺς⟩ ἔστω· σὺ πῶς ποτ' ἀπεσοφώθης ἄφνω ⟨οὕτως ἵν' ἄλλοις⟩ χαλεπὸς εἶ; と読んでおくが、ほかの修正案でも意味の違いはほとんどない。
（3）エピクテトスが所有していたランプが盗まれた話は、第一巻第二九章21にもみえる。
（4）古代の住居では、家の中央に祭壇が置かれていた。
（5）人間には角がないから、角が痛むことはない。逆に言えば、頭が痛いのは頭があるからだ、という意味。
（6）ギリシアのデルポイ（アテナイ北西のパルナッソス山系の中腹にある）のアポロン神殿に掲げられていたとされる箴言。誰の言葉かについては諸説がある。
（7）悲しい事態に遭遇したときに、嘆くなというのではなく、心底から嘆いてはならないということ。『要録』一六参照。
（8）荷物を運搬するロバのように、ただ体力に頼って耐え忍ぶのではないということ。なお、原文に空隙があると考えられるが、δεῖ を補って訳出しておく。

（9）ストア派が理想とする賢者を指している。

（10）写本のままだと「雨が降っているとき」となるが、意味がつながらない。ここは Upton の修正案にしたがっておく。

（11）睡眠、飲酒、狂気(憂鬱)などは、人が錯乱状態に陥りやすい例として挙げられる(キケロ『アカデミカ前書』五一参照)。

第一九章

（1）コレラは当初は胆汁(コレー)の病気だと考えられていた。

（2）ローマの丘にあった女神フェブリス(熱病の意味)の祭壇。厄除けのために建てられた。

（3）自愛的(φίλαυτον)はここでのみ用いられるが、アリストテレスでは何度か登場する言葉である。「こんなふうに自己を愛するのでなければならない。ただし、多くの人のようなしかたでそうであってはならない」(『ニコマコス倫理学』第九巻一一六九b一－二)。

（4）それぞれヒュエティオスとエピカルピオスで、降雨と実りを神格化している。

（5）ゼウスのことを指している(ホメロス『イリアス』第一歌五四四など)。

（6）非社会的と訳したアコイノーネートンは、文字どおりには非共同的という意味。ここでは、共同の(コイノン)利益と個別的な(イディオン)利益は矛盾することなく両立しうると言われている。

(7) 原語はオイケイオーシスでストア哲学の重要な概念。オイケイオーシス(親密性、親密化)の特徴は自己愛にあり、今の言葉でいえば自己保存の法則に近い。生きものであるかぎり自己保存を求め自己を守ろうとするわけであるが、倫理学的な行為においては自己中心的にもなりうる(ディオゲネス・ラエルティオス『ギリシア哲学者列伝』第七巻八五)。なお、この箇所の原文を底本にしたがって ἡ πρὸς αὑτὰ οἰκείωσις と読む。

(8) 底本にしたがって[π]ὼς と字母を削除する。

(9) ネロ帝に仕えた奴隷。

(10) エパプロディトスのこと。エピクテトスはかつてエパプロディトスの奴隷であった(上巻「解説」四一七頁参照)。

(11) 原語ではデーマルキアー。ラテン語のトリブーヌス・プレビスにあたり、平民(プレブス)を保護する目的で作られたローマの公職。

(12) 奴隷は出会った人の手に口づけする慣習があった。

(13) 第一巻第七章注(10)参照。

(14) 初代皇帝アウグストゥス(前六三―後一四)が前三一年アントニウスとクレオパトラの連合軍を破って、これを記念してニコポリスが建設された。そのため、同市においてアウグストゥスの祭儀を取り仕切る職は高位にあった。

(15) ギリシア東部の属州エペイロスにある都市。エピクテトスはローマを離れた後に、この地に哲学学校を開いた。

(16)　祭儀でかぶる冠のことを言っている。

第二〇章

(1)　プロネーシスの訳。エピクテトスには知恵を表すソピアーの語が出てこないので、知恵と訳されることもある。
(2)　思慮の対象を善悪とそのどちらでもないものとするのは、ストア哲学の基本的な立場である(ディオゲネス・ラエルティオス『ギリシア哲学者列伝』第七巻九二)。
(3)　原語はアディアポラ(第一巻第九章注(7)参照)。
(4)　ストア派の祖、キティオンのゼノンのこと(第一巻第一七章注(4)参照)。
(5)　第一巻第一二章5参照。
(6)　善は身体的な快楽の内にあるという意味。エピクロス(前三四一頃—二七〇頃)は快楽主義者で、アテナイ近郊の庭園に開いた哲学学校から生まれた彼の学派は、ヘレニズム時代やローマ時代においてストア派と並ぶ大きな勢力になっていた。なお、エピクロスはここで批判されている身体的な快楽だけでなく、精神的な快楽も認めており、思慮(プロネーシス)を最大の善とみなしている(ディオゲネス・ラエルティオス『ギリシア哲学者列伝』第一〇巻一三二)。
(7)　エピクロスは多作家で知られ、その著作は三〇〇巻にも上ったとされる。その後ことごとく散逸し、今日には三通の手紙と断片を残すのみである。
(8)　エピクテトスはストア学徒であり、エピクロスと立場を異にしていることを言っている。

第二一章

（1）原語はスタシス。物事に対する姿勢、スタンスを指す（『要録』四八参照）。

（2）自分の態度や姿勢について、外部にその承認を求めようとする人に対して警告している。

（3）大袈裟なふるまいをすることで、気取った態度をみせることを言っている。

（4）哲学者のような言動ができない人たちのことで、一般の大衆を指している。

第二二章

（1）第一巻第二章注（2）参照。

（2）豚を穢れた動物とみなす風習が古代エジプトにあったことは、ヘロドトス（『歴史』第二巻四七）が報告している。エジプト人やユダヤ人の間での豚肉食の禁忌については、セクストス・エンペイリコス『ピュロン主義哲学の概要』（第三巻二二三）やポルピュリオス『肉食の禁忌について』（第一巻一四・四、第四巻一一・一）参照。

（3）トロイア戦争時にギリシア軍総大将アガメムノンとアキレウスとの間に生じた諍（いさか）いのことで、ホメロス『イリアス』第一歌に詳しく描かれている。アポロンの神官クリュセスの娘クリュセイスは、捕虜となってアガメムノンにあたえられる。これに対して父親が返還を求めるが、聞き入れられなかったため、アポロンに懇願する。神はギリシア軍の陣地に疫病を蔓延させたため、アガメムノンはやむなくクリュセイスを父親に返したが、代わりにアキレウスの妾であったブリセイスを要求し、彼女を奪ったために、両者の間に争いが生じた。

(4) 前者がアガメムノンの言い分であり、後者がアキレウスの言い分である。

(5) ブリセイスを指している。

(6) 原語はカテーコンで、文字どおりには「ふさわしい行為」の意味。

(7) ソーテール(救い主)はしばしばゼウスに添えられる言葉。

(8) すなわち、われわれの力の及ばないもの。

(9) ソクラテスのいわゆる産婆術で、真理を見出すのを陣痛に喩えたのを踏まえている(プラトン『テアイテトス』一四八E－一四九A)。

第二三章

(1) 殻は人間の身体を表している(第一巻第二〇章17参照)。

(2) 写本の読み(ὑπονοητικοί 懐疑的な)では意味がつながらない。ἔτι κοινωνικοί(Wolf)の修正案を採用する。

(3) エピクロスは賢者が結婚して子供をもうけることはないと述べている。この記事を伝えるディオゲネス・ラエルティオス『ギリシア哲学者列伝』の関連箇所(第一〇巻一一九)の原文のギリシア語には混乱があるが、アレクサンドリアのクレメンス、ラクタンティウス、テオドレトスといったキリスト教作家たちも、すべてエピクロスが同様の見解をもっていたと言っている。

(4) ネズミはギリシア語でミュスと言う。エピクロスの家にミュスという名前の召使いがいたことから(ディオゲネス・ラエルティオス『ギリシア哲学者列伝』第一〇巻三、一〇、二二)、エピクテトスはこれをからかっているわけである。

(5)「エピクロスは『さまざまな生き方について』第一巻において、賢者は政治にたずさわることはないと述べている」(ディオゲネス・ラエルティオス『ギリシア哲学者列伝』第一〇巻一一九)。

第二四章

(1) 底本とともに σε(Upton)の修正案をとる。

(2) ドミティアヌス帝がローマから哲学者を追放したさいに(スエトニウス『ローマ皇帝伝』「ドミティアヌス伝」一〇)、エピクテトスもニコポリスに移り住んだと言われている(アウルス・ゲリウス『アッティカの夜』第一五巻一一)。当時の政情を探るために密偵が送られていたのだろう(Schweighäuser)。

(3) キュニコス派のシノペのディオゲネス(前四一二頃—三二三頃)。前三三八年ピリッポス王率いるマケドニア軍がカイロネイアの戦いでギリシア連合軍を破ったが、その後にディオゲネスがピリッポスのところに連行されることがあった。「お前は何者か」と尋ねる王に、ディオゲネスが「あなたの貪欲さを調べる密偵だ」と答えたという逸話を踏まえる(ディオゲネス・ラエルティオス『ギリシア哲学者列伝』第六巻四三)。プルタルコス『似て非なる友について』(七〇C—D)、『追放について』(六〇六B—C)にもこの話への言及がある。

(4) 高位にある人たちが着る服のことを言っている。
(5) ローマ皇帝を指している。当時はドミティアヌス帝であるが、特定する必要はない。
(6) 幅の広い襟の服という意味だが、当時は元老院の人びとが着た(tunica laticlavia)。
(7) 幅の狭い襟の服という意味で、騎士階級が着る服のこと(tunica angusticlavia)。
(8) 作者不詳悲劇断片八七(Nauck)。
(9) ソポクレス『オイディプス王』(一三九〇)。キタイロンはボイオティアの山で、オイディプスは忌まわしい予言のため、生後三日目にキタイロン山中に捨てられた。なお、この詩句はマルクス・アウレリウス『自省録』第一一巻六でも引用されている。
(10) 何度も出てくる言葉であるが、他にいかなる手段もないときには自殺する可能性が残されていることを意味している。

第二五章

(1) すなわち、神のところから。
(2) 原文に空隙があるが、「恥を知る心も君のものである(τὸ αἰδῆμον σόν, Upton)」を補う。
(3) 祭礼のさいの遊びについて言われているが、人生が遊びに喩えられている。
(4) ローマの農耕神サトゥルヌスを祭る祭礼で、毎年一二月一七日から二三日まで開かれた。期間中はいっさいの公的活動が中止され、主人と奴隷が表向きは入れ替わるなど、陽気で開放的な行事がおこなわれた。

(5) 神を指している。この問答の要点は、「夜である」「私は不幸である」は仮定の上でのことであって、それを現実のこととして認めよと要求されたときは、遊びをやめなければならないということにある。

(6) 「ふさわしい」の原語はプレポンであるが、自然本性にしたがう行為について用いられる。ストア派、とりわけ中期ストア派において重要な意味をもつ言葉であり、キケロ『義務について』(第一巻二七・九三以下)において詳論されている。

(7) 底本にしたがって *καταιύστηροι* を読む。

(8) 小アジア(現在のトルコ)北西部の地方。一般的な話として挙げられているだけで、どの戦役かは特定できない。

(9) 煙の喩えは何度か出てくるが、煙がひどいとは人生において耐えがたい状況を指しており、家から出ていくとは自殺することを意味する。

(10) 第一巻第二四章注(10)参照。

(11) ギュアラ(ギュアロス)島はエーゲ海南方のキュクラデス諸島のひとつで(現在のイアロス島)、当時の罪人の流刑地であった。エピクテトスの師のムソニウス・ルフスも、六五年のピソによる陰謀事件に関係したひとりとみなされ、同島に流された。

(12) 死のこと。

(13) セネカの友人で、ネロ、ウェスパシアヌス帝治下のローマに生きたキュニコス派の哲学者(セネカ『善行について』七・一、『倫理書簡集』二〇・九参照)。

（14）当時ローマにあった大劇場。

（15）ここで用いられている動詞は「服を引き裂く」という意味で、目的語が人になる。これに対して、エピクテトスは引き裂かれるのは人ではなく、服ではないのかと言っているわけである。

（16）キケロ『義務について』（第一巻二六・九〇）、セネカ『怒りについて』（第二巻七・一）参照。

（17）ストア哲学はパラドックスを語ることを否定しない。パラドックスは一般の人びとが考えることに反するものであるが、理に反するものであるわけではない（クレアンテス の言葉、第四巻第一章173参照）。

（18）目がみえるようにするための手術のことを言っている。

第二六章

（1）元老院議員たちがいるローマを指す。

（2）エピクテトスたちがいるニコポリスを指す。

（3）写本の読みでは意味が通らないので、ἐκσείοντα（Schweighäuser）を読む。

（4）ローマの貨幣単位。一五〇万セステルティウスはけっして些少な額ではない。

（5）魂（心）の中心的な部分のことで、通常は理性を指している（第一巻第一五章注（1）参照）。

（6）プラトン『ソクラテスの弁明』三八A。

第二七章

（1）エリスのピュロン（前三六五／三六〇頃—二七〇頃）は懐疑主義の哲学者。彼自身は著作を残さなかったが、セクストス・エンペイリコス（後二—三世紀）が『ピュロン主義哲学の概要』においてその思想を伝えている。

（2）アカデメイアはプラトンが創設した哲学学校であるが、エピクテトスの時代にはピュロン派と同様に懐疑主義の傾向を有していた。第一巻第五章注（1）参照。

（3）哲学の素養のない人のことを言っている。

（4）父母も死んでしまったと読む解釈もあるが、原文の ἀπώλετο の意味を G. Long（1890）の指摘にしたがって理解しておく。

（5）ストア哲学では、死は本来善でも悪でもないものと考えられている（ディオゲネス・ラエルティオス『ギリシア哲学者列伝』第七巻一〇二）。

（6）ゼウスの子で、トロイア軍の将軍であったが、パトロクロスに殺される。以下の引用は、ホメロス『イリアス』の「とはいえ今は数知れぬほどの死の運命が迫っており、死すべき人の身ではこれから逃れることも避けることもできないのだから、とにかく行くことにしよう。勝利の栄誉を人にあたえるか、人がわれらにあたえるのか分からぬが」（第一二歌三二六—三二八）という言葉を踏まえる。

（7）原文に μὴ を補って（Schweighäuser）「ゼウスの子のサルペドンではないとしてくれ」とする解釈もあるが、採らない。

(8)「一般的な通念」と訳したシュネーテイアはもともと「慣習」の意味であるが、ストア哲学では一般の人びとの見解の意味で用いられている。クリュシッポスにはこれを批判あるいは擁護する著作があった(ディオゲネス・ラエルティオス『ギリシア哲学者列伝』第七巻一九八、プルタルコス『ストア派の自己矛盾について』一〇三六C参照)。

(9) 感覚が何によって生じるのかという問題は、プラトン『テアイテトス』(一八四B－D)において論じられている。ストア派の立場では、全体に相当する指導的部分(ヘーゲモニコン)が各部分、すなわちそれぞれの感覚器官の情報を統括する。

(10) ピュロン派やアカデメイア派の懐疑主義は一般通念を認めず、感覚の情報を否定するわけであるが、これに対してここでは正面から反論するよりも、むしろ常識的な見方を擁護する立場で述べている。

(11) 写本のままでは読めないので、πρὸς σκοπὸν(Schweighäuser)の修正案を採用する。

(12)「判断を保留する人が、山ではなく浴場に走っていき、アゴラ(広場)に行こうとするときに、立ち上がって壁ではなくドアのところに行くのはどうしてなのか」(プルタルコス『コロテス論駁』一一二二E)。

(13) この言葉は講義の聴衆のひとりからのものである。これを懐疑主義者の言葉とみて、「一般的な通念」のところを「真実(ἀλήθειαν)」に修正する解釈もあるが、採らない。

第二八章

（1）プラトン『ソピステス』二二八Ｃ。なお、第二巻第二二章36参照。

（2）メデイアの言葉（エウリピデス『メデイア』一〇七八―一〇七九）。ギリシア神話で、コルキスの王女メデイアはアルゴ船隊の首領イアソンとコリントスにおいて一〇年もの間ともに暮らし、子供をもうけるが、イアソンがコリントス王の娘グラウケに恋したために、嫉妬に狂うメデイアはコリントス王と娘を殺害し、さらにわが子までも殺してしまう。なお、第二巻第一七章19を参照。

（3）ここでホメロスの『イリアス』の方に話題が転じている。『イリアス』で描かれるトロイア戦争は、トロイア王プリアモスの子であるアレクサンドロス（パリス）がスパルタに滞在中に、スパルタ王メネラオスの妻であった美女ヘレネを誘拐して去ったことが発端である。ヘレネを奪還するために、メネラオスの兄であるアガメムノンを総大将にして、ギリシア軍がトロイアの城を攻略する。

（4）底本はこの一文を直前の「私に教えてくれたまえ」の後に移動させるが（Upton案）、ここは写本のままに読んでおく。

（5）底本にしたがって、写本の φασιν を削除して読む。

（6）ブリセイスを指す。

（7）原文の否定辞 μή を削除する案もあるが、写本のまま読む。

（8）ミュケナイ王アトレウスは、弟が自分の妻と姦通（かんつう）したことに怒って、弟の子供らを殺害し、それを料理にして弟に食べさせた。なお、ソポクレスに『アトレウス』という作品が存在したことは知られているが、エウリピデスにその作があったかどうかは不明である。

(9)　オイディプスの悲劇はソポクレス『オイディプス王』に詳しい。

(10)　ボイオティアのポイニクスは、父の妾クリュティエを父から引き離すように母から頼まれ、彼女を誘惑するが、事が露見するにおよんで、父によって盲目にされた。一説には、彼女がポイニクスに言い寄るが、彼に拒絶されたために彼女が父に讒訴(ざんそ)したともいう。

(11)　アテナイ王テセウスの妻でヒッポリュトスの継母であるパイドラは、ヒッポリュトスに恋し言い寄るが、彼に罵倒されたためにテセウスに讒言し、その結果ヒッポリュトスは追放される。エウリピデスの『ヒッポリュトス』に詳しい。

第二九章

(1)　写本の μὴ καλῇ ではなく、με καλῇ(Wolf)を読む。

(2)　原語の「クレイッソン」は、「より強い」とも「より優れた」とも訳しうる。以下の議論においては、この語が両方の意味をもちうることに注意すべきである。腕力のある人は、相手を自由にすることができる(例、一〇人は一人よりも強い)という点で、たしかに相手よりまさっているが、真の意味でより優れている(強い)のは、正しい考えをもっている人であるということ。

(3)　プラトン『ソクラテスの弁明』三〇C。アニュトスはソクラテス裁判の首謀者で、メレトスは直接訴えた人物。なお、引用は現行のテキストと若干異なっている。プルタルコス『心の平静について』(四七五E)はエピクテトスと同じ文章で引用している。

(4) プラトン『クリトン』四三D。『要録』五三など、エピクテトスはこれら二つの言葉を繰り返し引用している。

(5) 第一巻第一八章15参照。

(6) エピクテトスが自分自身に向かって語っている。聴衆のひとりに向けたものだと解釈する人もいる。

(7) 無思慮な自殺を禁じている。後出の「退却の合図」とは、理にかなった自殺を認めるために神からあたえられた合図のことである。第一巻第九章注(8)参照。

(8) 第一巻第二五章注(4)参照。

(9) 底本とともに θέλῃς(Wolf)を読む。

(10) 剣闘士(ラテン語でグラディアートル)は、ローマの祭礼のおりに、果し合いを見世物にしている剣士のこと。

(11) やや唐突に出てくるが、原語は「トロピコン」でストア派論理学の用語である。推論を成立させるための前提となる命題で、仮言命題、選言命題、連言命題を含んでいる(『初期ストア派断片集』II二五四(Arnim)参照)。

(12) いずれも悲劇役者が身に着ける衣装。

(13) πρόσελθε(Meibom)を読む。

(14) シュネームメノン。元の意味は「結合されたもの」だが、仮定と結論を結びつける命題のことを言う(ディオゲネス・ラエルティオス『ギリシア哲学者列伝』第七巻七一参照)。

(15) 最低音(ヒュパテー)と最高音(ネーテー)はオクターブの調和を構成する音のことであるが、ともに当時の音楽理論に出てくる言葉。

(16) 原語はテオーレイン。哲学は真理を観(み)ることを求める。ピュタゴラスが哲学の意味について問われたときに、人生を祭礼に喩え、哲学する者は祭礼で名誉のために競技する人でも、利得を求めて商売する人でもなく、むしろ観客としてやって来る人であると言ったとされる(ディオゲネス・ラエルティオス『ギリシア哲学者列伝』第八巻八)。

(17) 原語のスコラゾーは、文字どおりには余暇(スコレー)をもつという意味。学校(school)の語源は余暇(scholē)に遡る。

(18) 正確には、一一人の刑務委員に仕える者(プラトン『パイドン』一一六B)。

(19) プラトン『パイドン』一一六D。

(20) 同書一一七D－E。ソクラテスが毒杯をあおぐと、クリトンをはじめその場にいた人たちが泣き出したので、それに対してソクラテスが言った言葉。

第三〇章

(1) 神のこと。

(2) Upton は直後に τὰ ἀπροαίρετα の語を補う(「意志と無関係なものです」。「その続きを言ってくれたまえ」。「意志と無関係なものは、私とはなんの関わりもありません」)。問答の連続がいくぶん変わってくるが、大意に違いはない。今は写本のままに読んでおく。

(3) 写本の第一巻の末尾に書かれている言葉。

『語録』第二巻

第一章

(1) ストア哲学において、用心深さ(エウラベイアー)は重要な情念であった(ディオゲネス・ラエルティオス『ギリシア哲学者列伝』第七巻一一六)。この章では、用心深さは大胆な行動と反対的であるように思われるが、これら二つが両立しうることを論証する。

(2) 狩猟のさいに、動物を追い込む人(いわゆる勢子)が紐に羽根をつけたものを使って脅し、網に入るようにした(ウェルギリウス『農耕詩』第三歌三七二参照)。

(3) 作者不詳悲劇断片八八(Nauck)。

(4) 写本は ἀφειδὲς(容赦ない)。いくつか改訂案があるが、Oldfather にしたがって ἀμελὲς(Kronenberg)と読む。

(5) プラトン『パイドン』七七E、『クリトン』四六C参照。ただし、後続の記述からみると、エピクテトスは劇中の役者がかぶる仮面を想定しているようである。

(6) 魂のこと。死とは魂の肉体からの分離と考えられている。

(7) ストア哲学における宇宙の周期的回帰のことを言っている。「神は不生にして不滅であり、宇宙の秩序を創り出すものとして、時のある周期にしたがって万有をみずからの内に消滅させ、再びみずからの内から生成させる」（ディオゲネス・ラエルティオス『ギリシア哲学者列伝』第七巻一三七）。

（8）最初は動揺しても、時の経過とともに落ち着きを取り戻していくということ。

（9）第一巻第二四章20参照。他にいかなる手段もないときには自殺する可能性が残されているということ。

（10）身分の上で自由である人たちだけが教育を受けるのであれば奴隷には許されないことになるが、むしろ自由人であれ奴隷であれ、哲学を正しく学んだ者だけが自由であること。

（11）ギリシアの古典期では自由は政治的な発言ができることを意味したが、エピクテトスが生きたローマ時代では、個人的な生き方に重点が置かれていた。

（12）ラテン語では praetor で、執政官（consul）に次ぐ官職。

（13）ローマにおける奴隷解放の儀式で、主人が自分の奴隷の向きを変えさせると、それによって奴隷は自由を得た（ペルシウス『諷刺詩』五・七五参照）。なお、後述にあるように、そのさいに二十分の一税（奴隷の価値に対する五パーセント）が課せられた（リウィウス『ローマ建国以来の歴史』第七巻一六参照）。

（14）生徒は教師に向かってテキストを朗読し、それについて正しく説明しなければならなかった。

（15）生徒が教師に読んで聞かせるために書いた文章のこと。

（16）直前の文章を指す。言葉の解釈よりも、実際のところをみせてくれという意味。

（17）ソクラテスは哲学の書物をまったく遺さなかったので（ディオゲネス・ラエルティオス『ギリシア哲学者列伝』第一巻一六）、この発言は謎である。この『列伝』の記述は、「ある人たちによれば」とあるので、書いたという別伝もあったのではという推測もあるが、誤りであろう。ここは、著作者は別であっても、彼の言葉は多く遺されているという意味にとっておきたい。

（18）写本の ἡ ὁδός, ἣν λέγω は「私が言っている方法」が直訳である。やや不自然なので、「「私が言った」とか「彼が言った」というようなこと」（ἦ δ' ὅς, ἦν δ' ἐγώ）として、対話篇の形式への言及とする改訂案（Kronenberg）もある。

（19）神を指している。

第二章

（1）以下の問答については、クセノポン『ソクラテスの弁明』（二―三）を参照。ただし、正確な引用ではない。

（2）相手に嘆願するさいの決まったしぐさである。

（3）この14節は、前後の節とのつながりが明らかでない。括弧内の文章は前章と関連しているように思われるが、誤ってこの位置に置かれたのかもしれない。

（4）第一巻第二九章18および同箇所の注（3）参照。

（5）生命や財産という外的なものの保持にではなく、死に通じているということ。

（6）ここに出てくる記事以外は不詳の人物。

（７）　文意が少しわかりにくいが、なにか不測の事態に陥ったときに、個別的な忠告を求めるのではなく、なにが起ころうとも対処しうる心構え（後述の「一般的な原則」）をそなえておけ、ということを言っている。

第三章

（１）　キュニコス派のシノペのディオゲネス。第一巻第二四章６など本書に何度か登場するが、エピクテトスはつねにディオゲネスに理想的な哲学者の姿をみている。

第四章

（１）　写本は σκώληκες（ミミズ）だが後述と合わない。諸家にしたがって σφῆκες（Upton）を読む。

（２）　婦人共有論はプラトン『国家』（第五巻）のものが有名であるが、初期ストア派のゼノンがその著作『国家』において、クリュシッポスが『国制について』において、婦人共有論を展開したとされる（ディオゲネス・ラエルティオス『ギリシア哲学者列伝』第七巻一三一）。本文にみえるように、エピクテトスは初期ストア派に比べてより穏健な立場にあり、文字どおりの意味での婦人共有論を受け入れてはいない。なお、「断片」一五も参照。

（３）　ソクラテスが宴席に登場して哲学論議をするプラトンの『饗宴』やクセノポンの『酒宴』を思い描いているわけである。

（４）　タルソス出身のストア派の哲学者。古代の著作家が何度か言及しているが、年代等は不詳。

第五章

（1）原語はアディアポロスでストア派の重要な語句。いわゆる善悪無記。もろもろの事物そのものは善悪と無関係であるが、それらをどのように用いるかで善悪が分かれる。

（2）得点を計算するための小石。

（3）底本とともに ἀναβάλης(Oldfather-Capps)を読む。アテナイオス『食卓の賢人たち』(第一巻一五ａ)が紹介しているパイニンダと呼ばれるボール遊びへの言及かと思われる。ボールを互いに投げ合う遊びで、相手に投げると見せかけて、急に向きを変えてほかの者に投げるところに妙がある。

（4）プラトン『ソクラテスの弁明』(二七Ｂ以下)参照。ただし、かなり自由な引用であり、プラトンでは対話の相手もソクラテスを直接訴えたメレトスになっている。

（5）ダイモーン(daimōn)は古い時代には神と同じように使われたが、時代が下がるにつれ、神々と人間との中間者、あるいは個人の運を司る神霊のような存在とみなされるようになった。なお、聖書では悪霊(デーモン)の意味になる。

（6）プラトン『ソクラテスの弁明』(二七Ｅ)。ラバは馬とロバの子である。ソクラテスは国家の認める神々を認めず、新奇なダイモーンの類いを導入していると訴えられていたが(ディオゲネス・ラエルティオス『ギリシア哲学者列伝』第二巻四〇)、ダイモーンが神々の子であれば、ダイモーンを信じている以上、神々も信じていることになると主張しているわけである。

(7) 写本(τὸ ζῆν)のまま読んでおく。
(8) 神のこと。
(9) 続く例から言えば、足は単独でほかの部位から切り離して考えれば、清潔であることがその自然本来の姿であるが、しかし足は全体の一部であって、その全体のために存在するということ。
(10) 世界国家(コスモポリス)のこと。次の、模倣である小さな国家とは通常の意味での国家を指している。
(11) 裁判官のこと。

第六章

(1) 第一巻第二九章51および同箇所の注(14)参照。
(2) 以下は、哲学者に過酷なドミティアヌス帝を恐れるあまり、ニコポリスからローマに帰還するのをためらう弟子とエピクテトスがとり交わした仮想問答である。
(3) 『初期ストア派断片集』Ⅲ一九一(Arnim)。
(4) 第二巻第五章24参照。
(5) ペルシア軍の部隊長。この話はクセノポン『キュロスの教育』(第四巻第一章三)にみえる。
(6) 運命のこと。
(7) 身体を車輪にくくりつけて回転させる拷問具(アリストパネス『福の神』八七五、『女の平和』八四六参照)。

(8) 冥界、あの世のこと。

(9) 哲学者のアナクサゴラスに「ハデスに下るのはどこからでも同じだ」という言葉がある(ディオゲネス・ラエルティオス『ギリシア哲学者列伝』第二巻一一、キケロ『トゥスクルム荘対談集』第一巻四三・一〇四参照)。同様の言葉はアリスティッポス(ストバイオス『精華集』第三巻四〇・八)にも帰せられている。

(10) 当時アドリア海の渡航は非常に危険であった(ホラティウス『歌集(カルミナ)』一・三三、三・九)。

(11) 流刑地のひとつ。第一巻第二五章19および同箇所の注(11)を参照。

(12) ソクラテスが牢獄でパイアン(アポロン賛歌)を作ったという話を踏まえる(プラトン『パイドン』六〇D、ディオゲネス・ラエルティオス『ギリシア哲学者列伝』第二巻四二参照)。

第七章

(1) 占いに必要な動物の臓物や鳥を指している。

(2) 〈οὐ〉 σοῦ と読んで、「聞くつもりはない」と訳す解釈(Upton)もある。

(3) ウェルラナ・グラティラ。ストア哲学に陶酔したアルレヌス・ルスティクス(後三五頃—九三)の妻(小プリニウス『書簡集』第三巻一一参照)。

(4) 写本は τὸν θεὸν とあるが、底本にしたがい ὡς θεὸν(Elter)の修正案で読む。なお、小鳥は比喩で、卜占官(ぼくせん)のことを言っている。

第八章

(1) 善と訳されるギリシア語のアガトンは、有益性に近い意味をもつ。つまり、善いことは必ずしも正しいこととは限らず、むしろ役に立つことである。
(2) ここを疑問文に読んで、次に「そうです(Ναί.)」を補う提案(Upton)もあるが、採らない。
(3) すなわち、理性のこと。
(4) 文字どおりには「神々の作品」。人間以外の動物は神によって創造されたが、人間のように神の部分として理性(ロゴス)を共有することはない。
(5) 原語はシュンゲネイア。人間は理性をもつことで、神との、そして人間どうしとの同族性を有している。
(6) ここで言われている神とは、もちろん人間の内なる理性を指している。Carter(1758)は新約聖書の『コリント人への手紙第二』(六・一九)などと同一の思想とみているが、言うまでもなく両者の思想的な背景は異なる。
(7) ペイディアス(フィディアス)はアテナイ出身で、古代世界で最大の彫刻家と謳われた。前四四七年パルテノン神殿の造営が始まると、その総監督を務め、アテナ・パルテノス(処女神アテナ)の像を奉納した。後年オリュンピアにおいて、彼の最高傑作であるゼウス神座像を建造したが、この像は古代世界の七不思議のひとつに数えあげられている。
(8) すなわち、ゼウスとペイディアスは、そしてそれぞれの制作物は比較しようもないということ。

(9) 勝利の女神。ペイディアスが制作したアテナ・パルテノスは現存しないが、ローマ時代の模造(後二世紀、アテネ考古学博物館所蔵)をみると、右手にニケ像を携(たずさ)えている。

(10) いろいろな意味を含意しうるが、ここでは尊大にふるまっていることを言う。

(11) ホメロス『イリアス』(第一歌五二六)のゼウスの言葉。

(12) 原語は身体の腱や筋を意味する語だが、ここでは筋力、腕力のことを言っている。

第九章

(1) 大きな動物に喰われるよりも、小さな動物に喰われるほうが不幸だという意味の諺的表現(アイソポス〔イソップ〕風格言集一五(Leutsch))。

(2) 連言命題(シュンペプレグメノン)と選言命題(ディイエゼウグメノン)というストア派論理学の用語が唐突に出てくる。それぞれの意味と用例については、『要録』三六を参照。

(3) 以下の議論では、単に哲学の理論に通じているだけで、行動で示されることがなければ無用であることが、後出の飲食の例などを通じて説かれる。ストア派の原則論に通じているだけではなく、それにしたがって行動することが真の哲学者であるということ。

(4) これはストア派の正式の見解である(ストバイオス『精華集』第二巻七・五、ディオゲネス・ラエルティオス『ギリシア哲学者列伝』第七巻一〇一―一〇二)。

(5) *θεωρήματα*(Elter)の修正案を採る。写本は *βοηθήματα*(援助)。

(6) 写本は「ユダヤ人でありながら、ギリシア人を」となっているが、Upton 以降の校訂では本文のように読み替えている。
(7) 洗礼への言及があるが、エピクテトスが言っているのはキリスト教徒のことであるのかもしれない。当時はユダヤ教徒とキリスト教徒がしばしば混同されていた。
(8) 原語は *παραβαπτισταί* で、この箇所以外に用例がない。洗礼を受けただけで、真のユダヤ教徒(キリスト教徒)ではないという意味。
(9) ローマの重さの単位で、一リトラは一ポンドに相当。したがって、一〇リトラは約四・五キログラムに相当する。
(10) トロイア戦争で、トロイア方のヘクトルがギリシア軍のアイアス目がけて大きな石を投げつけると、アイアスは楯でこれを受け止め、さらに大きな石を投げ返した(ホメロス『イリアス』第七歌二六四以下)。

第一〇章

(1) この章の表題には「呼称」とあるが、これは人間のアイデンティティの意味で用いられている。君が誰であるかに応じて、そのなすべきことも決まってくるということ。
(2) 第一巻第九章1および同箇所の注(2)を参照。マルクス・アウレリウスにも、「私の国家や祖国は、アントニヌスとしてはローマであるが、人間としては宇宙(コスモス)である」(『自省録』第六巻四四)という言葉がある。

(3) 原語はプロソーポンで、顔や人格のことであるが、ここは劇の配役の意味で用いられている。エピクテトスはしばしば人生を劇に喩える(『要録』一七)。
(4) 父親に対する服従については『要録』三〇にも言及がある。
(5) 底本とともに修正案 αὐτὸν (Wolf) を読む。写本は ἑαυτὸν (自分自身に)。
(6) 野生のレタスで、エピクテトスが好んで使う例のひとつ(『要録』二五・3参照)。当時すでに野生種のほかに栽培種があったが、本文がどちらを指しているのかはよく分からない。
(7) 劇場の椅子であろう。ローマの高官が座る椅子(sella curulis)とする解釈もある。
(8) エピクテトスが哲学者と言うときは通常ストア派の哲学者を指すが、ここではプラトン『ゴルギアス』において、だれかに不正な行為をする人は、その行為によって自分自身に害をあたえると主張したソクラテスなどを念頭に置いている。
(9) 第二巻第一六章の冒頭を参照。

第一一章

(1) 先取観念については第一巻第二章注(2)、および同巻第二二章を参照。
(2) ギリシア語はオイエーシス。自惚れ(G. Long)ととる解釈もあるが、むしろ美醜善悪についての生得の観念に加えて、各人がその後に加える個人的な意見を指している。
(3) 原文が破損しているが、底本とともに διὰ τί γάρ (Upton) を読む。
(4) 生得の観念として各人がもっているもの。

(5) 第一巻第二八章33参照。

(6) 底本とともに、Upton の修正案で読む。

(7) 当時の大工や石工が用いた直線を引くための道具で、墨縄に類するもの。

(8) 以下の問答は、諸家によって割り振りが異なるが、Schweighäuser のテキストで読んでおく(Dobbin, 2008)。「これが哲学の始めなのですか」と疑問文に読んで、弟子の言葉として読む解釈もある。

(9) 厳格に用いるという意味。「断片」一五やプルタルコス『ストア派の自己矛盾について』(一〇四六D)などにもみえる表現。

(10) 別の判断基準で快楽を分析するということ。

第一二章

(1) ストア哲学者を指す。

(2) 本章では哲学的な議論に際して、相手によって議論のしかたを変える必要があることを述べている。相手が例えばエピクロス派の人であれば、専門用語の使用はさしつかえないが(第三巻第七章)、哲学の知識を欠いた人が相手であれば、いたずらに相手を混乱させることがある。

(3) 文字どおりには、行く手を横切るの意味。写本の中には、*παρὰ μέλος* と修正して読むものがあって、これだと「調子外れの返答をする」となる。

(4) プラトン『ゴルギアス』(四七四A)からの自由な引用。

（5）生得の観念のこと。ソクラテスがこの言葉を使っているわけではない。
（6）クセノポン『ソクラテス言行録（思い出）』（第三巻第九章八）の議論を踏まえている。
（7）第四巻第五章の冒頭でも、クセノポン『酒宴』を取り上げて同様の指摘をしている。
（8）ヘシオドス『神統記』八七。主語は大神ゼウス。
（9）以下はソクラテスが相手を論駁（エレンコス）する典型的な問答である。エピクテトスはここでソクラテスの模倣を勧めているわけではなく、相手によって議論のしかたを変える必要があることを説いている。
（10）原語はオイルを塗る人（アレイプテース）の技術の意味で、体育場や浴場で客にオイルを塗るとともに、健康管理もする仕事に関わる。

第一三章

（1）本章で論じられるのは、われわれにとって最も重要なことは、われわれの力が及ぶ範囲のものだけであるから、他人に依存することはなく、したがって不安を感じることはないはずであるが、この点を正しく認識していない人が、無用な不安を感じるということである。
（2）キタラーは木製の竪琴で、本書で竪琴と訳したリュラーよりも大きく、音楽の専門家が用いた楽器。キタラー弾きとは、現代のギターのようにそれを伴奏にして、歌う人のことを言う。
（3）ギリシアの弦楽器は七弦だが、最も長い第一弦が最低音（ヒュパテー）、最も短い第七弦が最高音（ネーテー［ネアテー］）、第四弦が中間音（メセー）を出して、音階を構成している。

(4) ホメロス『イリアス』第一三歌二八一。
(5) ゼノンはストア派の祖キティオンのゼノン。アンティゴノスはアレクサンドロス大王の部将のひとりアンティゴノス一世の孫で、父のデメトリオスの死後マケドニアの王位を継いだアンティゴノス二世(在位 前二七六—二三九)のこと。「ゴナタス」と渾名される(渾名の意味については諸説がある)。王はゼノンに好意を寄せ、講義を聴いて、たびたび宮殿に招こうとした(ディオゲネス・ラエルティオス『ギリシア哲学者列伝』第七巻六)。
(6) 転換論法については、第一巻第七章1および同箇所の注(1)を参照。
(7) 先に言及された皇帝を指している。
(8) キュニコス派のディオゲネスは、マケドニアのピリッポス二世とはカイロネイアの戦い(前三三八年)の後に(ディオゲネス・ラエルティオス『ギリシア哲学者列伝』第六巻四三)、息子のアレクサンドロス三世(大王)には、東方遠征に出発するためにコリントス地峡にマケドニア軍が集結(前三三六年)したさいに(プルタルコス『アレクサンドロス伝』一四、ディオゲネス・ラエルティオス同書第六巻三八)会っている。また年代はその前かと思われるが、ディオゲネスがアイギナ島(アテナイ南方の島)に渡る時に海賊に襲われ、クレタ島で奴隷として売られたが、クセニアデスという人物に買い取られたと言われ(ディオゲネス・ラエルティオス同書第六巻七四)、そのために『ディオゲネスの売却』(現存しない)という作品が書かれた。いずれにせよこれらの史料は、そのさいにディオゲネスが相手に対してなんら臆することなく、問答した様子を伝えている。

(9)　原文の一部に欠損がある。

(10)　作者不詳悲劇断片八八 a (Kannicht/Snell)。

第一四章

(1)　おそらくエピクテトスと同時代のユリウス・ナソのことであろう。小プリニウスが後一〇七年頃の書簡において、財務官選出を目指していた人として何度か言及している(『書簡集』第四巻六、第五巻二一、第六巻六、九)。

(2)　*καίτοι* (Schweighäuser)と逆接に読む。

(3)　「出来事が君の欲するように起きることを願ってはならない。むしろ、出来事が起きるがままに起きることを願うのがよい。そうすれば、道が開けてくるだろう」(『要録』八)。

(4)　書かれたもの、みえるものの意味を理解していることと、それらを用いることは別である、という意味。

(5)　ユリウス・カエサルが最晩年に定めた法(前四四年)に、元老院議員に選ばれるためには、騎兵なら三度、歩兵なら六度出征した経験がなければならないと定められていた。

(6)　人生を国民的祭典に喩えたのはピュタゴラスである。ピュタゴラスは哲学者とは何かを説明するのに、人生を国民的祭典に喩え、ある人たちは競技のために、ある人たちは商売のためにやって来るが、観客として来る人たちもいて、それと同様に、人生において名誉や利得を追求する人たちもいるが、哲学者(知を愛する者)は真理を追求する、と言ったという(ディオゲネス・ラエルティオス『ギリシア哲学者列伝』第八巻八)。

第一五章

(1) 緊張と訳されたトノスは、ストア派の用語で、身体や魂において強さを生み出すものと考えられている。クレアンテスの説明によれば、「緊張とは火の打撃であり、魂の中で意図したことを十分に果たすだけのものであるならば、それは強さとか力とか呼ばれる」(『初期ストア派断片集』I五六三(Arnim))という。反対の弛緩がアトニアと呼ばれる。

(2) 原文はこのままでは読めないので、底本とともに οἰκοδομητέον の修正案を採る。οἰκοδομημάτιον(Upton)と読めば、「小さな家も建たないだろう」という意味になる。

(3) 宇宙と通常の国家を指している。世界市民思想(コスモポリタニズム)が根底にある。

(4) もちろん、ここでは当人が自殺しようとしていることを言っている。

(5) 賢者と思われているが、実は愚者であるような人。

(6) ヘレボロス(イオニア方言形ではエレボロス)は、クリスマスローズの一種で、狂気に陥った人に飲ませる薬として用いられた。

(7) 対話の相手はおそらく教師で、聴講者から金銭を受領しないと言い張っているのであろう(Schweighäuser)。

(8) 当時リューマチは体の中の悪しき体液の流れ(レウマ)によって引き起こされると考えられていた。

第一六章

（1）写本にある否定の語 *οὐ* を削除して読む（Wolf）。なお、ギリシア、ローマ時代では、神意を尋ねるために神殿に寝て、その夢によって判断した。

（2）ローマの度量衡（第一巻第九章注（15）参照）。三クセステースとは一・六二リットルに相当する。

（3）『要録』五参照。

（4）エピクテトスは故意に幼児の言葉を使っている。

（5）ギリシア神話では、テバイ王リュコスの妻であったディルケは同じくテバイ人であったアンティオペを虐待したために、アンティオペの双生児によって虐殺されるが、その死体の跡から泉が湧き出る。以後はディルケの泉と呼ばれ清水で名高い。マルキウスの水、すなわちマルキア水道（Aqua Marcia）はローマの水道で、法務官クィントゥス・マルキウス・レクスにより前一四四年から一四〇年にかけて造られた。

（6）エウリピデスの悲劇『フェニキアの女たち』の一節「私が育った体育場とディルケの水と」（三六八）をもじったもの。悲劇の詩形イアンボスになっているが、エピクテトスの創作であろう。

（7）アテナイのアクロポリスとパルテノン神殿のこと。

（8）キュニコス派のディオゲネス。

（9）スサはアケメネス朝ペルシアの首都。エクバタナは古メディア王国の首都で、アケメネス朝では夏に王宮が置かれた。

(10) 写本にある γραῶν ἀποκλαύματα(老婆の嘆きのように)を削除する(Upton による提案)。

(11) 写本の ἐν βοὸς κοιλίᾳ(牛の腹の中に)では適切な意味にならない。いくつかの修正案があるが、ἔνδον ὡς κοράσια(Capps)を採る。

(12) ギリシア神話で英雄ヘラクレスは、エウリュステウス王の命によっていわゆる「一二の難業」を成し遂げたが、王自身は安全なまま宮殿に留まっていた。

(13) テセウスはアテナイの国民的英雄で、後出のプロクルステスやスキロン(スケイロン)らの盗賊を退治した。

(14) 原語のエピカイレカキアは、文字どおりには、他人の不幸を喜ぶ気持ちのこと。

第一七章

(1) 原語はオイエーシスで、自惚れ、思い上がりの意味。

(2) 原文に欠損があり、底本とともに μαθεῖν θέλοντες(Upton)を補う。

(3) キオス出身の弁論家・歴史家で、アッティカ十大弁論家のイソクラテスの弟子(前四世紀)。プラトンを批判したことでも知られるが、現存するのは断片資料のみである。

(4) 先取観念(プローレープシス)とは、物事についてあらかじめ心の中で形成されている観念のことである(第一巻第二章注(2)参照)。

(5) ヒッポクラテス(前五―四世紀)はギリシア最大の医師で、イオニア地方南端のコス島に生まれ、コス学派を形成する。いわゆる「ヒッポクラテス全集」はひとりの手に成るものではなく、後代の著作を多く含み、なかには偽書とみなされる作品もある。

(6) 瀉血(プレボトメーシス)は人体の静脈を裂いて、血液を外部に排出させる治療法。吸角(シキュアー)は銅製の容器(後代ではガラス製に代わる)で、これを熱して皮膚に当ててその部位から不要な血液を吸い出す治療法。

(7) エピクテトスは哲学の訓練のために三つの領域(トポス)を設定する。すなわち、(1)欲求と忌避に関する領域、(2)衝動と反発に関する領域、一般に義務(カテーコン)に関する領域と、(3)欺かれないことと性急な判断に関する領域、一般に承認(シュンカタテシス)に関する領域である。第三巻第二章に詳しい記述がある。

(8) わが子を殺したメデイアについては、第一巻第二八章注(2)参照。

(9) エウリピデス『メデイア』(七九一以下)のメデイアの独白を参照。エピクテトスは詩人の言葉をそのまま引用しているわけではない。なお、メデイアの子殺しは、ストア派が倫理学説を述べるにあたって好んで用いた事例である。

(10) 夫イアソンのこと。

(11) メデイアはコリントスにおいて夫イアソンと一〇年間ともに暮らした。

(12) クリュシッポスが有名な「嘘つきのパラドックス」を論じた作品。キケロによれば、これは「もし君が「私は嘘をついている」と語り、しかも真を語っているとすれば、君は嘘をついているのか、それとも真を語っているのか」という問題である(『アカデミカ前書』九五―九六)。

(13)　前五—四世紀の著名な哲学者、著作家で、ともにソクラテスを登場させる作品を書いているから、その文体の違いを意識しているかと思われる。
(14)　タルソスのアンティパトロス(前二一〇頃—一二九頃)は、バビュロニアのディオゲネスの後を継いでストア派の学頭になった人物。
(15)　第二巻第四章注(4)を参照。

第一八章

(1)　ストア派の哲学者。「(魂の)病気」の原語のアローステーマタはストア派が好んで使った用語である、とキケロが注意している(『トゥスクルム荘対談集』第四巻一〇・二三)。
(2)　底本とともに ἄξων (Wolf) を読む。
(3)　両立不可能な命題に関する論理学の難題。次章で詳しく扱われている。
(4)　前章34参照。
(5)　クリュシッポスには『沈黙させる論』という著作があった(ディオゲネス・ラエルティオス『ギリシア哲学者列伝』第七巻一九七)。おそらくそれはストア派の「穀粒の堆積の論」と関係したものと思われる。その論とは、穀粒は何粒で堆積と言えるか、一粒か二粒か……というものである(同巻八二)。それについては判断を保留し、沈黙するしかないとされる(キケロ『アカデミカ前書』二九・九三—九四)。
(6)　プラトン『法律』第九巻八五四B。途中からエピクテトスの言葉に変わっている。なお、プラトンの原文では「心像」は「考え」になっている。

(7) アルキビアデス(前四五〇頃–四〇四)は、アテナイの名門の出身で当時才能と美貌で傑出していた。プラトン『饗宴』(二一八A以下)においてアルキビアデスはソクラテスと一晩寝床をともにしたことを回想している。ソクラテスはこの青年がたいそう気に入っていたが、二人の間にはなにごとも起こらなかったという。

(8) オリュンピアの祭礼(古代オリンピック)の起源はさまざまに伝承されているが、そのひとつに英雄ヘラクレスがエリス王のアウゲイアスを征服したさいに創設されたと言われている。その意味では、ヘラクレスが最初の勝利者になるわけである。なお、この祭礼は一時中断されていたが、前七七六年より四年に一回開催されるようになる。

(9) レスリングとボクシングを合わせたような競技。

(10) ゼウスの双生の子、カストルとポリュデウケスのこと(死後は天に昇って双子座となる)。古来、船旅を守る神々とされ、聖エルモの火は彼らであると信じられた。

(11) ヘシオドス『仕事と日』四一三。破滅と訳したアーテーは、人に盲目的な行為をさせる狂気を擬神化した女神であり、さらに狂気がもたらす愚行、その結果としての破滅を意味する。

第一九章

(1) ディオドロス・クロノス(前三〇〇年頃)はメガラ派の哲学者。論理学に優れ、ストア派の始祖ゼノンの師のひとりでもある。

(2) 第二巻第一七章注(14)参照。
(3) 後述のように、クリュシッポス一門の人びとを指す。
(4) 前三世紀に活躍したメガラ派の哲学者(問答家)。クリュシッポスに批判された。
(5) アレクサンドロス(パリス)とデイポボスはともにトロイア王プリアモスとヘカベの間に生まれた子で、トロイア戦争でともにギリシア軍と戦った。
(6) ヘラニコス(前四八〇頃―三九五頃)はレスボス島ミュティレネ出身で、ヘロドトス以前の歴史家であるが作品は現存しない。
(7) ギリシア神話で伝説の島オギュギエに住むニュンフ。トロイア戦争から帰還途中のオデュッセウスを七年にわたって引きとめた。島に留まるなら不死の身にしようと申し出るが、オデュッセウスが帰還を望んだため、やむなく島から送り出す。
(8) ホメロス『オデュッセイア』第九歌三九。イリオスはトロイアの都。オデュッセウスの一行は、トロイア戦争の終結後にトラキアのキコネス族を襲う。この詩句はこのような論理学的問答をからかうために導入されたもので、次のヘラニコスへの言及と同様に、大きな意味はない。
(9) バビュロニアのディオゲネス(前二三〇頃―一五〇/一四〇頃)。ストア派の第五代学頭で、前一五五年ローマに派遣された哲学者のひとり。
(10) エピクロス派は徳ではなく快楽が人間的な善であると主張する。ペリパトス派(アリストテレスの学派)は健康や富を人間的な善であると(ストア派のように善悪と関係ないものとしてではなく)考える。キケロ『善と悪の究極について』(第五巻三一・九三)参照。

(11) 最初に掲げたストア派の命題を指している。

(12) エピクテトスのこと。

第二〇章

(1) ここで批判されているアカデメイア派は、なにごとについても確定的なことを言いえないとする懐疑主義を主張する哲学者たちである。エピクテトスの批判は、なにごとも知りえないことを知れと言うのは、自己撞着以外のなにものでもないという点にある。

(2) 原語はコイノーニアー。ストア派は「賢者は孤独に生きることはない。社会性を有し、行動するように生まれついているからである」(ディオゲネス・ラエルティオス『ギリシア哲学者列伝』第七巻一二三)という立場であるが、エピクロス派はこのような見解を否定する。

(3) エピクロスの教説が矛盾していることを暗に述べている。

(4) 母クリュタイムネストラと情夫アイギストスによって、父アガメムノンを殺されたオレステスは、成人してから母とその情夫を殺害するが、そのために復讐の女神たちに追われることになる(アイスキュロス「オレステイア」三部作参照)。

(5) ギリシア神話では、ゼウスから生まれた両性具有のアグディスティスが、神々に恐れられて去勢されて女神キュベレとなる。キュベレはプリュギアを中心に小アジア全土で崇拝され、その祭司たち(ガッロイあるいはコリュバンテスと呼ばれる)は同じく去勢された者たちで、祭礼にさいしてさまざまな楽器を打ち鳴らし、踊り狂って、熱狂的な宗教的恍惚の状態になった。

(6) 写本のままでは読むことができないので、底本とともに修正案 ὦ τῆς ἀτυχίας (Schenkl)を採る。

(7) スパルタのなかば伝説的な立法家(前九世紀あるいは前八世紀)で、スパルタ独自の国制と市民たちの生活規定を定めたとされる。

(8) テッサリアと東ロクリスを結ぶ隘路。前四八〇年クセルクセス一世率いるペルシアの大軍を、スパルタのレオニダス指揮下のギリシア軍がこの地で阻止しようとして、スパルタ兵など全軍が玉砕した。

(9) ペルシア戦争時、アテナイ人はペルシアの猛攻に耐えかねて二度にわたって町を放棄した(前四八〇年、四七九年)。

(10) デルポイ(パルナッソス山の南)にあったアポロン神殿の巫女。

(11) ここまではエピクロス派に対する批判であるが、以下はアカデメイア派の懐疑主義に対する揶揄になっている。

(12) 懐疑主義の祖であるピュロンは、物事の真理は把握できないという立場をとっていたが、生活の中でもこれを実践した。目にみえるものについて感覚の判断にはしたがわなかったため、危険な場面では友人たちが彼の身の安全をはかったと言われている(ディオゲネス・ラエルティオス『ギリシア哲学者列伝』第九巻六二)。

(13) 当時の入浴では、ストレンギスと呼ばれる垢すり器と油(オリーブ油)が用いられた。

(14) デメテルは穀物と農業の女神。コレ(乙女の意)、すなわちペルセポネはデメテルの娘で冥界において、プルトンの妻になる。プルトン（ハデス）は冥界の神で、ペルセポネに恋し、冥界に連れ去る。デメテルがこれを悲しんで大地に実りがなくなったため、ゼウスが一計を案じ、一年を三つに、母神とともにある時期、プルトンとともにある時期、ほかの神々とともにある時期に分けたとされる。会話の意味は、季節の移り変わりと穀物の生育の恩恵を受けながら、これを知らずにパンを食べているということ。

第二一章

（1）第一巻第七章冒頭を参照。
（2）第二巻第一七章34参照。
（3）第一巻第四章注（4）参照。
（4）赤痢と訳したデュセンテリアーは悪性の下痢を起こす疾患の意。

第二二章

（1）本章の主題であるピリアーは友人どうしだけでなく親子間の愛情をも含むので、友愛と訳す。
（2）ペライの王に死期が迫ったとき、アポロンの神は代わりに死ぬ者があれば、寿命を延ばしてやろうと約束する。だれも身代わりになる者が現れないなか、妻のアルケスティスが夫の代わりに死ぬ。次の引用句は、なぜ自分のために死なないのかと難じるアドメトスに対して、父のペレスが言った言葉。

(3) 写本は二行の詩を引用している。本訳では省略した第一行「お前は日の光をみて喜んでいるが、父はそれを喜ばないと思うのか」はエウリピデス『アルケスティス』六九一からの引用で、『語録』の写本の伝承過程においてエウリピデスの該当箇所が書き加えられたと考えられる(Schweighäuser)。

(4) テバイの王オイディプスとイオカステから生まれた兄弟で、父が国土を去った後に王権をめぐって争った。

(5) Bentley の修正案にしたがう。

(6) エウリピデス『フェニキアの女たち』六二一－六二二。

(7) アレクサンドロス大王(三世)の親友へパイスティオンのこと(前三二四年に死去)。アリアノス『アレクサンドロス大王東征記』第七巻一四参照。

(8) 正しく意志を選択すればという意味。その場合にのみ、真の友人、息子、父親をもつことができる。

(9) アテナイオス『食卓の賢人たち』(第一二巻五四七 a)参照。「美徳がなんの快楽も生まないのであれば、私は美徳とこれを空(むな)しく賛美する人たちに唾をはきかける」というエピクロスの言葉が引用されている。

(10) かつてドナウ川流域(現ルーマニア)に住んでいたトラキア系の民族で、ギリシア人相手に、後にはローマ人相手にしばしば抗争を繰りかえした。

(11) トロイア戦争。イリオンはトロイアの別称。

(12) アレクサンドロスとはトロイア王子パリスのこと(第一巻第二八章注(3)参照)。後出の「美しい乙女」とはヘレネのこと。

(13) 写本に欠損がありさまざまな修正案があるが、底本にしたがって *ὧς* 〈*οἱ ληοταὶ*〉 *τὰ ὄρη* と補う。盗賊の代わりに野獣(*θηρία*, Elter)を補う案もある。

(14) ギリシアの伝説では、エリピュレはテバイ攻めの七将軍のひとりアドラストスの妹で、予言者アンピアラオスの妻。アンピアラオスはテバイ攻めが失敗に終わり、これに参加すれば自分の命を落とすことを予知していたので出陣を拒むが、妻のエリピュレが、テバイ建国の祖カドモスの妻のハルモニアがもっていた首飾り(鍛冶の神ヘパイストスが作ったもの)をもらうことを条件に夫の出陣を余儀なくさせる。その結果、アンピアラオスは死ぬが、その子供たちによって復讐され、エリピュレは殺される。

(15) 第一巻第二八章4および同箇所の注(1)参照。

第二三章

(1) 最初期のストア派は自然の働きを技術的、創造的な火によって説明したが、クリュシッポス以降は生命的な精気である気息(プネウマ)がより重視されるようになる。気息は視覚においても重要な働きをして、気息が視覚対象の映像を形成し、その力の強弱によってものが大きくみえたり小さくみえたりすると考えられた(カルキディウス『プラトン「ティマイオス」注解』二三七参照)。

(2) クリュシッポスによれば、人がものをみるのは、目と対象の間に緊張した空気が介在し、これを心の指導的部分から瞳まで伸びている視覚的気息が突くことによって起きる(『初期ストア派断片集』Ⅱ八六六(Armin))。

(3) これらの例は能力ではないので、誤って写本に紛れ込んだものと思われる。Schweighäuser の提案により Schenkl 以降の校訂本では削除されている。

(4) 次に名前が挙がっているように、エピクロスの快楽主義を肉という言葉で表現している。

(5) いずれもエピクロスの著作とされるが現存しない。

(6) 哲学者はたいてい顎鬚(あごひげ)を生やしていた(第一巻第二章29参照)。ここで言う顎鬚とは、哲学者の尊厳を指している。

(7) 死が迫ったときに、エピクロスが弟子のイドメネウスに宛てて書いた書簡の一部(ディオゲネス・ラエルティオス『ギリシア哲学者列伝』第一〇巻二二)。当時エピクロスは排尿困難を患い赤痢に冒されていたが、快楽主義を堅持してあえて幸福な日と呼んでいた。

(8) 写本に欠損がある。底本とともに ἐξῶ (Schenkl)を補う。古い時代より改訂の試みがあり、シャフツベリ伯爵(Shaftesbury)や Claudius Salmasius(Claude Saumaise)は写本の προαιρετικῆς を φραστικῆς に代えて、「話す能力にはなんらの用途も先導権もない」と読んでいる。

(9) ホメロスの『イリアス』では醜悪で、人に悪態をつくことを好む人として描かれている。悪口が災いして、アキレウスに殺される。

(10) ヘレネは絶世の美女で、アレクサンドロス(パリス)が見初めて彼女を誘拐し、トロイア戦争が起きる原因になった(第一巻第二八章注(3)参照)。

(11) 写本の「牧場」(λειμῶνες)はやや唐突な印象を受ける。これをλιμένες(Elter)に修正し、「人が集う場所」の意味に読む案もある。

(12) 底本とともに、τῶν θεωρημάτων ... τῶν ῥημάτων(前半は写本のまま、後半はKronenbergによる修正案)を読む。

(13) 第一巻第七章冒頭参照。

(14) ホメロスの『オデュッセイア』に登場する伝説上の海の怪物。その美しい歌声に魅せられた船人は、その場に留まり命を終えたと言われる。

(15) 初期ストア派第二代学頭クレアンテスの「ゼウス賛歌」の一部。『語録』のほかの箇所や『要録』五三において言及される。

(16) デモステネス(前三八四頃―三二二)は、古代ギリシア最大の弁論家で、アッティカ十大弁論家のひとり。

第二四章

(1) 話を聞くことで完璧な利益を受けるのは理想的な賢者に属するが、われわれはそれには及ばないであろう、という意味。ここではむしろ、哲学者の話から利益を受けるために何が必要かが問われている。

(2) ホメロス『イリアス』(第一歌)冒頭のアガメムノンとアキレウスの諍い(いさか)のことを指す(第一巻

第二二章5以下参照）。

（3）アガメムノンがクリュセイスを父親に返す代わりに、アキレウスが自分のものにしたブリセイスを要求し、奪ったことを言う。

（4）以下はアキレウスとアガメムノンを相手とする仮想問答。

（5）ホメロス『イリアス』（第二歌二五）。ゼウスの使いである「夢」がアガメムノンに戦いを再開することを促す場面。

（6）ここから問答は元の相手に戻る。

（7）アガメムノンの無礼な仕打ちに怒ったアキレウスは戦列から退くと、とたんにギリシア軍は劣勢に立たされる。アガメムノンはすぐに後悔して、オデュッセウスとポイニクスを使者にして、アキレウスの戦列への復帰を促した。しかし、二人の説得に対して、アキレウスは弁を振るい、断固としてこれを拒絶した（ホメロス『イリアス』第九歌参照）。

（8）原文に空隙があるので、底本とともに ἔμπειρον を補う。

第二六章

（1）第二巻第一二章5および同箇所の注（4）を参照。

（2）写本はこのままでは読めないので、底本とともに〈ὁμοίως〉ζυγῷ ἐπιρρέψει と修正する。

解説　エピクテトスの生涯と著作

國方栄二

本書は、エピクテトスの言葉を書き留めた『語録』『要録』および関連の「断片」を『人生談義』の表題のもとに収録する。書名は岩波文庫旧訳の鹿野治助訳(一九五八年)を継承させていただいた。エピクテトスは紀元後一世紀頃のローマ帝政時代を生きた哲学者であるが、言語は古代ローマの公用語であるラテン語ではなく、ヘレニズム時代以後に使用された標準ギリシア語(コイネー)で書かれている。思想史では後期ストア派に属しているが、ローマの哲人たちの例に漏れず、さまざまな哲学者たちの影響を受けており、その意味では初期のストア派とはかなり異なる性格を有している。そうしたエピクテトスの独自な哲学思想については本書下巻の解説で紹介するが、ここではその前にエピクテトスの生涯と著作を中心に述べることにしよう。

一　エピクテトスの生涯

奴隷に生まれた哲学者

小アジア(現在のトルコ)の南西岸にかつてのイオニア系ギリシア人植民都市のエペソス(現エフェス)がある。交通の要衝に位置していたために繁栄を極め、初期キリスト教教会の聖パウロも訪れ、伝道をおこなっている。このエペソスから内陸部に向かって一六〇キロメートルほど東に行くところに、ヒエラポリスという名の古代都市があった。現在のパムッカレ近郊に位置しているが、今日には昔の遺跡を留めているにすぎない。ヒエラポリスは「聖なる都市」の意であるが、パウロはこの地にも足を伸ばし、キリスト教教会を設立している。

エピクテトスは後五五年頃にこの地に生まれた。ただし、彼の影響を深く受けた哲人皇帝マルクス・アウレリウス・アントニヌス(一二一―一八〇)などと比べると、この生年ははなはだ曖昧なものである。エピクテトスの生涯を知るための資料はわずかしかないが、そのうちのひとつ、古辞書『スーダ』(一〇世紀頃成立)には、以下のように書かれている。

エピクテトスは、プリュギアのヒエラポリスの出身で、皇帝ネロの護衛兵のひとりエパプロディトスの奴隷であった。リューマチのため足が不自由であったが、エペイロスのニコポリスに定住し、マルクス・アントニヌス帝が即位する頃まで生きた。この人はたくさん書いた。

(*Suidas*, E2424)

エピクテトスは奴隷の身分として生まれた。彼自身が自分を奴隷と呼んでいることからも明らかだが(『語録』第一巻第九章29、同第一九章21)、小アジア南部の古代都市ピシディアから出土した碑文(年代は不明だがかなり古い)には、「エピクタタス(ママ)は奴隷の母から生まれた」(Schenkl, 1916, vii)と記されている。もともとエピクテトス(Ἐπίκτητος)という名前も「後に所有した(エピ・クテートス)」という意味の形容詞でしかなく、当時は所有物であるということでは、家畜や財産と変わるところはなかった。『ギリシア詞華集』には、

エピクテトス、奴隷の身に生まれ、体は不自由
イロスのごとく貧しかりしが、神々の友なりき
（第七巻六七六）

という作者不明の詩が収録されている。イロスと言われているのは、ホメロス『オデュッセイア』に登場する物乞いの名である。『ギリシア詞華集』第七巻は哀悼詩（エピグラム）を収録しているから、右の詩はエピクテトスの墓碑に刻んだものかもしれないが、詳細は不明である。

エピクテトスはヒエラポリスに生まれたが、ある時期にローマに連れてこられ、エパプロディトスの奴隷になった。この主人も皇帝ネロの解放奴隷であった。歴史の中では、後六八年にネロが自害したときに、これを幇助した人物として知られており、ドミティアヌス帝の時代になってそれを理由に死刑宣告を受け、九五年に処刑されている。

エピクテトスは若い頃から足が不自由であった（『語録』第一巻第八章14、同第一六章20）。右の『スーダ』の記事はリューマチのせいにしているが、エピクテトスより少し後の時代のキリスト教作家オリゲネスは、エパプロディトスから虐待を受けたためと言っている（『ケルソス論駁』第七巻五三）。一方、六世紀の新プラトン主義哲学者シンプリキオスは、

エピクテトスは子供の頃から足が不自由であったと述べているから(『エピクテトス「要録」注解』一三)、はっきりした原因はわからない。

オリゲネスの記事から、エパプロディトスは乱暴者であったというのがかつては定説であったが、現在ではこれを疑問視する研究者もいる。エピクテトスが奴隷の身分でありながら、哲学者ルフスの講義を聴くことを許可したのはこの主人であったからである。

師ムソニウス・ルフスのもとで

エピクテトスが哲学を学んだきっかけは、ムソニウス・ルフス(三〇頃―一〇一頃)という人物に出会ったことである。ルフス(ギリシア式表記はルーポス)は「赤ら顔」の意味の渾名で、わが国ではあまり知られていない哲学者だが、エピクテトスや文人のディオン・クリュソストモスの師であり、ストア哲学の継承においても重要な位置にある。

六五年にピソによるネロ帝に対する陰謀事件が発覚したとき、関わったひとりとみなされ、エーゲ海南方のキュクラデス諸島のひとつギュアラ島(現在のイアロス島)に流される。その後、ガルバが帝王に即くと六八年にローマに帰還する。当時のローマにおけるルフスの評判は高く、七一年にウェスパシアヌス帝が哲学者らをローマから追放したときには、彼だけはローマに残ることを許されたという（ディオン・カッシオス『ローマ史』第六五巻一三）。しかし、その彼も七五年にはローマから追放され、再び帰還したのはウエスパシアヌス帝の没後（七九年）のことであった。

したがって、エピクテトスがルフスに師事したのは、六八年から七五年までの間か、あるいは七九年以後のことであったと考えられるが、詳しくは分からない。『語録』のある箇所では、ルフスがエパプロディトスのことを「お前の主人」と呼んでいるが（第一巻第九章29）、当時奴隷であったエピクテトスが、自由人である市民たちと席を並べて、その講義に列席していたわけである。ルフスは講義において、聴講者が自分の欠点を目の前にみせつけられるような鋭い話し方をしたと言われているが（第三巻第二三章29）、これは『語録』においてエピクテトスが聴講者を相手にするときの話しぶりと同じであるから、こうした問答の方法は師から受け継いだものと思われる。いずれにせよ、エピクテトスは師ルフスから哲学を学び、ルフスに哲学者の姿をみていたわけである。

ニコポリスの哲学学校

エピクテトスはその後解放される。しかし、彼が奴隷の身分から出発したことは、

『語録』を読んで分かるように、その思想に色濃く影を落としている。師から薫陶を受けたのはわずかな年月のことであろう。その後は自分で哲学の研鑽を積んだものと思われる。時の皇帝であったドミティアヌス(在位八一―九六)が、キリスト教徒迫害とともに、その矛先を哲学者らにも向けたために、エピクテトス自身もエパプロディトスが処刑された九五年にローマからニコポリスに追放される。ニコポリスは勝利の女神ニケに由来する都市で、古代にはいくつか存在したが、とりわけギリシア本土エペイロス地方の南西端、アンブラキア湾入口の北側に位置するニコポリスが有名である。そこでエピクテトスは哲学の学校を創建すると、集まってきた若者たちを相手に哲学を講じることで残りの半生を過ごした。

エピクテトスは生涯にわたって妻帯することはなかったが、結婚を否認したわけではないことは『語録』からも明らかである。結婚に対して否定的であったエピクロス派に対して(第一巻第二三章2、第三巻第七章19)皮肉をこめて異議を唱えているから、この点ではストア派の立場を守っていると言えるだろう。したがって、解放奴隷の身となったエピクテトスが妻帯することにはなんの問題もなかったが、あえて独身で通した。もっとも、シンプリキオスが伝えるところによると、エピクテトスは晩年まで長い間ひとりで暮らしていたが、友人のひとりが困窮のために子供を養うことができなかったために、その子を自分の養子とし、そのためにひとりの女性を家に招き入れたという（『エピクテトス「要録」注解』一一六）。ただし、その女性を妻にしたとは書かれていないので、その辺りのことはよく分からないと言うしかない。

エピクテトスは八〇歳あまりまで生き、一三六年頃に亡くなったとされている。『語録』（第一巻第一八章15、同第一九章21）に、エピクテトスが使っていた鉄製のランプが盗まれた話が出てくる。その後、陶製のランプに買い換えたが、このランプは彼の死後三〇〇〇ドラクマの高額で売られたという（ルキアノス『無学なくせにやたらと本を買い込む輩に』一三）。

エピクテトスの生涯に関してわれわれが知っていることは以上である。このほかに、アリアノスがエピクテトスの生涯と死について書いたものがあったという報告（シンプリキオス『エピクテトス「要録」注解』一）もあるが、そうした記録は現存していないので、信憑性については定かではない。

二　『語録』『要録』「断片」

弟子アリアノス

ニコポリスの哲学学校の評判は高く、多くの子弟を集めたが、その中のひとりがアリアノスである。ルキウス・フラウィオス・アリアノス(八六／九〇頃—一七五頃)は、黒海の南西岸に位置するビテュニア地方のニコメディア(現在のイズミト)出身の歴史家である。ローマにおいてハドリアヌス帝の寵愛を受け、ローマの執政官になり(一二九／一三〇年頃)、次いでカッパドキアの属州総督も務めている(一三一—一三七年)。アリアノスの歴史家としての仕事は、アレクサンドロスの事績を記した正史である『アレクサンドロス大王東征記』、その付録として著した『インド誌』があるが、いずれも現存し貴重な資料となっている。そのアリアノスがローマに来る前に、ニコポリスに滞在してエピクテトスに師事している。

『スーダ』からの先の引用文では、エピクテトスが「たくさん書いた」とあるが、実際にはエピクテトスはなにも書かなかった。今日エピクテトスの書物としては、『語録

（ディアトリバイ）』と『要録（エンケイリディオン）』の二つが残っている。これらは弟子のアリアノスが書いたもので、前者は師の言葉をそのまま書き留めたもの、後者は師の思想を要約したものである。言語はラテン語ではなく、当時の国際語であったギリシア語で書かれている。

「覚え書き」としての『語録』

『語録』の冒頭には、アリアノスからルキウス・ゲリウスに宛てた挨拶文が掲載されている。このゲリウスがどのような人物かについてはいろいろな推測があるが、よくは分からない。それはともかくとして、この挨拶状にはこの書物が誕生した経緯について触れられている。その最初の部分をここに再掲しよう。

私はエピクテトスの講話を、人がこの種のものを著すようなしかたで著しはしませんでしたし、みずから公にするようなこともしませんでした。とにかく、そもそも私は著すことをしなかったと主張するからです。むしろ、彼が語るのを直接聞いたことを、できるだけ彼の言葉そのままに、書きとめたのです。後日のために彼の思

想や率直な話しぶりの覚え書きを残しておこうと思ったわけです。（1―2、傍点引用者）

ここでアリアノスは、「著す（シュングラペイン）」と単に「書きとめる（グラペイン）」という二つの言葉を使い分けている。つまり、自分はエピクテトスについて著作しているのではない。むしろ、師のエピクテトスから聞いたことを、彼の言葉そのままに書きとめた「覚え書き」を残しただけだということである。本書に収録した『語録』は、講義についての「覚え書き」、つまりは講義録、講義ノートの類いなのである。

アリアノスが遺した『語録』と、歴史書『アレクサンドロス大王東征記』や『インド誌』とを比較してみると、明らかに文体が異なっているのが目を引く。『語録』のほうはエピクテトスの談論を前後のつながりを無視して寄せ集めただけで、全体的な統一に欠けているという印象は否めないが、さらに重要なのは書かれたギリシア語が同じではないことである。歴史書は当時もはや使われていないギリシア古典期のアッティカ方言（アテナイを中心とするアッティカ地方で話されていた方言形）で書かれており、アリアノスの学識の深さを示すものであるのに対して、『語録』は冒頭で述べたように、コイネー（へレニズム時代以降の標準ギリシア語形）で書かれている。これについては研究者がいろいろと詮索をしており、『語録』で言われていることの信憑性を高めるために故意におこなわれたと考えられなくもないが（アリアノスの完全な創作だとみなす学者もいる）、やはり挨拶状にあるように、アリアノスはエピクテトスが言った言葉をそのままに後世に伝えることを望んだと考えるべきであろう。後代の著作家たちはこの書物を「アリアノスの『語録』」としてではなく、「エピクテトスの『語録』」として言及するのが普通であったが、これはアリアノスが意図したことでもある。できるだけ師の言葉を忠実に書き留めたものが『語録』だという古来よりの解釈にしたがっておきたい。

現存する『語録』は四巻の書物で、ギリシア語の表題は「ディアトリバイ（Διατριβαί）」である。単数形のディアトリベーは、もともとは「時間つぶし」の意味で、非公式の談論というのがギリシア語に最も近い意味である。わが国では『談論』と訳されることもあるが、本書ではアリアノスの意図を汲んで『語録』としている。

もっとも、古代の人びとが一様にこう呼んでいるわけではないことは注意されてよいであろう。右のアリアノスが使った表現は「ヒュポムネーマタ（ὑπομνήματα 覚え書き）」であるが、五世紀のストバイオスは「アポムネーマタ（ἀπομνήματα 覚え書き）」（『精華集』

第一巻三・五〇）と言っている。少し表記が異なるが、意味は同じである。エピクテトスにより時代が近いアウルス・ゲリウス（一二三頃―一八〇以降）は、ローマの白銀時代のラテン語作家であるが、『アッティカの夜』においてラテン語で「ディッセルターティオーネース（Dissertationes）」（第一巻二・六）、ギリシア語で「ディアレクシス（Διαλέξεις）」（第一九巻一・一四）と呼んでおり、いずれも談論、討論の意味である。

今日に伝わる『語録』の写本はおよそ二〇ほどであるが、そのうち最古の写本はオクスフォード大学ボドリアン図書館が所蔵するもので（Ms. Auct. T.4. 13, fol. 132r = Codex Saibantinus）、一一〇〇年頃に写されている。この写本は、カッパドキアのカエサリアの大主教アレタスの蔵書から転記されたものと思われるが、そのことは別として、この写本にはそもそも表題がついていない。ただ、第一巻から第三巻の末尾には「アリアノスによるエピクテトスのディアトリバイ（語録）」と記されているために、一般にはこの表題が用いられている。いずれにせよ「ディアトリバイ」が確定した表題ではなかったことは銘記される必要があるだろう。

それとともに、アウルス・ゲリウスの『アッティカの夜』（第一九巻一・一四）は「エピクテトスの『語録』第五巻」に言及しており、また、コンスタンティノープルの総主教フォティオスの『古典文献解題（ビブリオテカ）』（codex 58）では、『語録』は八巻の書物だとされていることも注目される。今日に残されたのは四巻のみであるから、これが事実であれば『語録』の半分の巻は失われたことになる。

『要録』と「断片」について

アリアノスがエピクテトスの思想を伝えるために遺した作品には、もうひとつ『要録』がある。『要録』の原題である「エンケイリディオン（Ἐγχειρίδιον）」は、ギリシア語の「エン・ケイル（ἐν χείρ / in hand）」つまり手の中に収まる書物の意味で、ストイックに生きるための手引き書として実践的な格言を収録している。わが国では「提要」と訳されることもある。

この作品については、「凡例」において紹介したように、シンプリキオス（彼はプラトンの学園アカデメイア最後の学頭ダマスキオスの弟子で、アリストテレスに関する優れた注解がある）が『エピクテトス「要録」注解』を書き残していて、これは今日でも読むことができる。シンプリキオスは「もしもこれらの言葉に感動することがないのであれば、その者はハデス（あの世）の裁きによってしか心を動かされることはないであろう」（『エピクテトス『要録』注解』二)と述べている。

さらにこれら二作品のほかに、他の作家による間接引用があり、これらは本書では「断片」として収録している。以上がエピクテトスのいわゆる著作のすべてである。

三　エピクテトスはどのように読まれてきたのか

マルクス・アウレリウスへ

最も早い時期にエピクテトスから影響を受けたのは、マルクス・アウレリウス帝である。アウレリウスは少年の頃から皇帝ハドリアヌス(七六―一三八)の寵愛を受けたが、このハドリアヌスと懇意の間柄であった哲学者としてエピクテトスの名前が挙がっているから(『ローマ皇帝群像』スパルティアヌス「ハドリアヌスの生涯」一六)、当然、皇帝を通じてこの哲人の噂を耳にしたことであろう。さらに、アウレリウスの哲学の師であったルスティクスはストア学徒であり、彼からエピクテトスの「覚え書き(ヒュポムネーマタ)」の写本を借りだして、その哲学思想に触れることができたことを感謝の念をもって回想している(『自省録』第一巻七)。

アウレリウスの『自省録』も厳密な意味での著作ではなく、原題「タ・エイス・ヘアウトン」が示すように自己自身に向けた内省の書であるが、随所にこの「覚え書き」からの抜き書きがみられる。この抜き書きで興味深いのは、引用が『語録』に集中していることである。五ヵ所において明らかに『語録』からの直接引用がみられるが(『自省録』第七巻三六、第一一巻三三―三六)、別の五ヵ所は現存の『語録』には見当たらず(『自省録』第四巻四一、四九、第一一巻三七―三九)、これらは失われた残りの四巻からの引用と思われる(本書では「断片」二六―二八bに収録している)。さらに、アウレリウスはエピクテトスの名前を挙げずに引用していることもあるので、失われた部分からの引用はほかにもあったかもしれないが、もはやこれを確かめることはできない。

『自省録』の右以外の箇所からひとつ紹介してみよう。まず、ゲリウスの『アッティカの夜』にはこう書かれている(第一七巻一九・一―六＝本書「断片」一〇)。

彼〔エピクテトス〕はさらに続けて、「したがって、これら二つの言葉を心にかけて、これを遵守することをみずからに課し、監視するならば、たいていは罪過なくきわめて平穏な人生を送ることができるだろう」と言う。彼が言っていた二つの言葉は、

「耐えよ(ἀνέχου)」と「控えよ(ἀπέχου)」である。

ゲリウスはエピクテトスと同時代の哲学者ファウォリヌス(八〇頃―一五〇頃)から聞いた話として伝えているので、アリアノスの「覚え書き」との関係はよく分からないが、同様のもの(つまり、エピクテトスの講義録)が流布していた可能性もある。それはともかく、『自省録』にはこれに呼応するような箇所がある。

……どうすれば足るのか。神々をうやまい讃え、人間に善事を施し、彼らを「耐え忍び我慢すること」以外のなんであろう。またすべて君の哀れな肉体と小さな息の及ぶところにあるものは、君のものでもなければ君の自由になるものでもないのをおぼえていることだ。

(『自省録』第五巻三三、神谷美恵子訳)

「耐え忍び我慢すること(ἀνέχεσθαι … ἀπέχεσθαι)」はちょうどゲリウスの言葉に対応している。両者の違いを明確にするならば、前者がさまざまな困難に耐えることであるのに対して、後者はさまざまな欲求を抑制すること(禁欲)の意であるが、エピクテトス自身が『語録』においてこれらを並べて用いている（第二巻第二二章20、第四巻第八章20）。後年、カール・ヒルティは『幸福論』の中で sustine et abstine というよく似たラテン語に置き換えているが（英語風に言えば sustain and abstain になる）、その思想を簡単に表現したモットーとして用いられてきた。エピクテトスの思想は、このようなかたちで後代の人びとに感銘をあたえ、かつ受け継がれたわけである。

キリスト教とエピクテトス

エピクテトスは生前においても、没後においても著名な哲学者として知られていた。その後、弁論家のテミスティオス（三一七頃―三八八頃）の『弁論集』（五）やギリシア教父ナジアンゾスのグレゴリオス（三二五／三〇―三八九）の『講話』（四）などに言及がみられるが、なんと言ってもエピクテトスの哲学が集中的に研究されたのは、五―六世紀の新プラトン主義者の間においてである。当時は研究の拠点がアテナイとアレクサンドリアに分かれていたが、アレクサンドリアではヒエロクレス（四三〇頃）の『「黄金詩」注解』、オリュンピオドロス（四九五頃―五七〇頃）の『プラトン「ゴルギアス」注解』に、アテナイではダマスキオス（四五八頃―五三八以降）の『イシドロス伝』などに言及があり、そうした成果が右に紹介したシンプリキオス（四九〇頃―五六〇頃）の『エピクテトス「要録」注解』に集約されている。

さらに、エピクテトスを語るうえで避けて通れないのがキリスト教との関係であろう。『語録』にはガリラヤ人の習慣に言及した箇所があるが（第四巻第七章6）、幼少の頃過ごしたヒエラポリスにはすでにパウロが設立したキリスト教会があったから、当然その教団の存在を知っていたはずである。エピクテトスに明確に言及したキリスト教作家は、先に挙げたアレクサンドリア派ギリシア教父のオリゲネス（一八五頃―二五四頃）であるが、東方教会ではヨハネス・クリュソストモス（三四七頃―四〇七）などにわずかな言及がみられる程度であった。西方教会のラテン語作家をみても、ミラノの司教アンブロシウス（三四〇頃―三九七）に『要録』への言及がみられるほか、アウグスティヌス（三五四―四三〇）の『神の国』（第九巻四・二）などに何度かエピクテトスの名前を挙げているところがみられるにとどまる。

キリスト教との関係においてより重要なのは、『要録』の翻案の成立である。先に触れたように『語録』の伝承写本は二〇あまりであるが、これに対して『要録』の写本は、その翻案を含めると一〇〇を超えている。この事実は、古代から中世にかけて『要録』

がいかによく読まれたかを示している。「翻案」というのは、『要録』の内容をほぼそのままに、キリスト教徒に向けて書き直したアダプテーションの意である。これには三種類の写本が現存している。第一のものは、誤ってニルス・アンキュラヌス（ヨハネス・クリュソストモスの弟子で、四三〇頃死去）の作とされたもので、ニルス本（Marciana Zan. gr. 131）と通称される。もうひとつのものは、『キリスト教風パラフラシス（*Paraphrasis Christiana*）』と呼ばれている著者不明の作品である。最後は、バティカン写本（Vaticanus gr. 2231）と呼ばれるもので、一九七二年になってはじめて発見された。著者はやはり不明である。このうちニルス本とバティカン写本は、ソクラテスの名前をパウロなどに置き換えたものにすぎず、キリスト教の教義と一致しないところは削除されている。これに対して、『キリスト教風パラフラシス』のほうは、かなりの改変の跡がみられ、『要録』の最終章にあるプラトンからの引用は、聖書の言葉に置き換えられている。現存する『要録』の真正写本はいくつかの系統に分かれるが、いずれも一四世紀以降のものであるのに対して、これら三つの翻案はもっと古く五〇〇年以降に成立したものであろうと推測されている。これらの翻案のほかにも、東方教会で用いられた瞑想の書『フィロカリア（*Philokalia*）』（四世紀から一五世紀にかけて書かれたテキストのコレクション）にも、

『要録』からの多くの引用がみられる。このようにエピクテトスは、長期にわたってキリスト教徒の修練のための書として読み替えられてきたのである。

ビザンティン時代に入ると、エピクテトスのテキストを保存しようとする動きが現れる。先に紹介したフォティオス(八二〇頃―八九一頃)やアレタス(八六〇頃―九三五頃)である。彼らはともに聖職者であったが、学問の保存に大きな関心を示した。残念ながらフォティオスについては『古典文献解題(ビブリオテカ)』が現存するのみで、彼が収集した膨大な写本は失われてしまったが、アレタスの蔵書であったものは今日にも数巻伝わっていて、上質の羊皮紙に書かれたもので、プラトンの写本(いわゆるクラーク写本)がとりわけ有名である。エピクテトスに関しては、すでに述べたように、その蔵書から転記されたと思われる写本が現存している。さらに『語録』のギリシア語古注(Bodl. Ms. Auct. T.4, 13)を書いたのはアレタスではないかという推測もある(Schenkl, 1916, lxxix–lxxxii)。

近代における受容と批判

近代になると、ギリシア・ローマ世界の古典の翻訳や校訂本が陸続として現れてくる。

『要録』がはじめてニッコロ・ペロッティによってラテン語訳されたのは一四五〇年であるが、続いて一四七九年にアンジェロ・アンブロジーニ、通称ポリツィアーノによる翻訳が出て、この書はパトロンであるロレンツォ・デ・メディチに献上された。一方、『語録』は、一五〇〇年頃にカルロ・バルグリオによって翻訳されたが、作品の一部を訳したもののようで、抄訳の写本がバティカン図書館に所蔵されている。当時も『要録』がよく知られており、ポリツィアーノの『要録』のラテン語訳は活版印刷によって広く流布するが、一方『語録』については、ポリツィアーノはその原文テキストを入手しておらず、すでに失われたものとみなしていた形跡がある。

こうした翻訳本の成立は、一六世紀以降における思想界に大きな影響を及ぼしていく。そのうち特筆すべきは、フラマン人の文献学者、人文学者であったユストゥス・リプシウス(一五四七―一六〇六)である。主著『不動心について(*De Constantia*)』(一五八三年)はラテン語で版を重ね、多くの近代語に訳されたが、そこにおいて展開された彼の思想は、新ストア主義(Neostoicism)と呼ばれ、以後のエピクテトスの解釈に大きな影響を及ぼした。リプシウスの関心は、ストア哲学をキリスト教の信仰と結びつけるかたちで見直すことにあったから、その意味では中世以来のエピクテトス読解の伝統を受け継ぎ、それをストア哲学全般に及ぼしたものと言っても的外れではないだろう。

こうした動きに対して賛同する者が少なくなかったが、異を唱える者も出現した。その代表格がブレーズ・パスカル（一六二三―一六六二）である。早熟の天才で、短命ではあったが、物理学や数学に大きな足跡を残した。一方でキリスト教神学者でもあり、特に、人間性の罪深さを強調し、意志の力を軽視したジャンセニスム派に属していただけに、エピクテトスとは根本的に相容れないところがあった。パスカルのエピクテトス評を知るための資料がある。「フォンテーヌによる〈ポール・ロワイヤルの歴史に資するための覚え書き〉抜粋、エピクテトスとモンテーニュに関するパスカルのサシとの対話（Entretien de Pascal avec Saci sur Épictète et Montaigne, extrait des "Mémoires pour servir à l'histoire de Port-Royal" de Fontaine)」である。このようにこの小品は長い表題をもっているが、普通には「パスカルのサシとの対話」と略される。フランスの修道院ポール・ロワイヤルの僧サシを相手に、パスカルが両哲人の評価を述べたものをフォンテーヌが抜き書きしたものである。この対話に出てくるエピクテトスの引用の多くは『要録』からのもので、その読解も実に正確なものである。サシとの対話記録を読むと、パスカルはエピクテトスとモンテーニュを対比的に扱っており、モンテーニュの懐疑主義から得られるものは消極的態度のほかはないが、一方エピクテトスはこれとは好対照で、傲慢(présomption)に陥っていると非難する。両者とも優れた哲人であるが、ともに欠点をもち、それらを克服するなかに真のキリスト教の信仰に至る道がある、という内容である。

このような批判とは別に、当時においてもエピクテトスに傾倒する思想家は少なかった。その中にアントニー・アシュリー・クーパー(一六七一―一七一三)がいるが、一般にはシャフツベリ伯爵(第三代)の名で知られている。ベンジャミン・ランドが編纂した遺稿集(B. Rand ed, *The Life, Unpublished Letters, and Philosophical Regimen of Anthony, Earl of Shaftesbury*, London, 1900)を読むと、マルクス・アウレリウスの『自省録』とエピクテトスの『要録』からの引用と研究がほとんどであるが、テキストの読み方の提案まで含まれている。概して、キリスト教思想との比較の中で論じられており、その意味では新ストア主義からの影響を脱していないと言える。

一八世紀になると、近代語からの翻訳が出るようになるが、とりわけ優れているのがエリザベス・カーター(一七一七―一八〇六)の英語訳である。古典語の教師を父にもったカーターは、同じくエピクテトスの愛好者であったサミュエル・ジョンソン(一七〇九―八四)ら文人とも親交を深めていたが、一七五八年に刊行したエピクテトスの『語録』

『要録』のほか現存する断片を収録した翻訳（*All the Works of Epictetus, which are now Extant, Consisting of his Discourses, Preserved by Arrian, in Four Books, the Enchiridion, and Fragments*, London）は、次世紀の一八九〇年刊行のジョージ・ロング（一八〇〇－七九）の新訳（*The Discourses of Epictetus, with the Encheiridion and Fragments*, translated, with notes, a life of Epictetus, and a view of his philosophy, London）とともに、長く版を重ね、読み継がれた。今日、彼らの翻訳を読んで驚かされるのは、当時の読者たちの関心にあわせて、エピクテトスの語句と新約聖書の章句とを並記し、比較するような注解が非常に多いことで、これは今日の翻訳にはない特徴と言うことができるだろう。

　エピクテトスの校訂本や注解本も近代において幾度も刊行が試みられたが、古い時代ではヒエロヌムス・ヴォルフによる『語録』のギリシア語・ラテン語の対訳本（*Arriani Commentariorum de Epicteti Disputationibus Libri IV*, Basel, 1560-63）などがあり、その後ジョン・アプトンによる『語録』『要録』を含めた校訂および注解本（*Epicteti Quae Supersunt Dissertationes ab Arriano Collectae*, 2 vols., London, 1739-41）が出て、これは現代の研究においてもなお有用である。さらに、エピクテトス研究において、とりわけ重要な研究はヨハン・シュバイクホイザーによる五冊の校訂本で、ラテン語との対訳、詳細な注解を含んでいる(*Epictetae Philosophiae Monumenta*, Leipzig, 1799-1800)。これに匹敵するものが今日でも出ていないだけに、参照する価値が大きい。

幸福論・人生論として

エピクテトスがどのように読まれてきたのかを簡単にたどってみたが、以前には異教徒の書でありながら、キリスト教徒の修練のために読まれてきたのに対して、近年ではむしろ、「幸福論」「人生論」の書とみられることが多い。比較的古い例では、カール・ヒルティ(一八三三―一九〇九)の『幸福論』(草間平作訳、岩波文庫、一九三五年)がある。『要録』のドイツ語訳を収録して、随所に懇切丁寧な注解を付しているが、「幸福」について考える人はまずこの書を繙くことを勧めている。

わが国で最も早い段階で影響を受けた人物としては、浄土真宗僧侶清沢満之(まんし)(一八六三―一九〇三)がいる。清沢は東本願寺が東京に開校した真宗派の大学(後の大谷大学)の学監に就任した人物として知られるが、日記『臘扇記(ろうせんき)』(発表は一九〇二年)を見ると、エピクテトスからの書き抜きがその大半を占めている。

友人から英語訳のエピクテトスを借りて耽読し、「エピクテタス(ママ)氏教訓書を披展(ひてん)するに及びて、頗る得る所あるを覚え……、修養の道途に進就するを得たるを感ず」と記している(『清沢満之全集』第八巻「当用日記抄」、岩波書店、二〇〇三年、四四一―四四二頁)。このように古代ローマの異教哲学者が語ったことは、時代も異なり、宗教も異なるにもかかわらず、清沢の心をも深くとらえたわけである。

現代はおよそ二〇〇〇年前に生きたこの哲人の社会とは異なり、驚くほど多様化し、複雑化している。そして、多忙を極める生活の中で、私たちの心の中の空隙はますます広くなっていると言われる。こうした状況の中で、英語圏を中心にエピクテトス思想を扱った自己啓発本が数多く出版されているのをみると(しかも著者の多くが古典学の研究者ではない)、エピクテトスの言葉がなお現代人の心の琴線に触れるからだと思われる。

ニコポリスはイオニア海に面し、潮騒の音も聞こえる。はるか向こうにはイタリア半島がある。当地にあったエピクテトスの哲学学校に通う若者たちには、ローマに思いを寄せる者が少なくなかった。おそらく晴天の下で椅子を並べ、哲学を学びにやって来た生徒たちに、時には厳しく、時には優しく語りかけたであろう。「愚かだね」という師の声が聞こえてきそうである。そうした講義風景の一端をここに再現できればと願っている。

エピクテトス 人生談義（上）〔全2冊〕

2020年12月15日　第1刷発行
2024年11月5日　第7刷発行

訳　者　國方栄二

発行者　坂本政謙

発行所　株式会社 岩波書店
〒101-8002 東京都千代田区一ツ橋 2-5-5
案内 03-5210-4000　営業部 03-5210-4111
文庫編集部 03-5210-4051
https://www.iwanami.co.jp/

印刷 製本・法令印刷　カバー・精興社

ISBN 978-4-00-336083-5　Printed in Japan

読書子に寄す

——岩波文庫発刊に際して——

岩波茂雄

真理は万人によって求められることを自ら欲し、芸術は万人によって愛されることを自ら望む。かつては民を愚昧ならしめるために学芸が最も狭き堂宇に閉鎖されたことがあった。今や知識と美とを特権階級の独占より奪い返すことはつねに進取的なる民衆の切実なる要求である。岩波文庫はこの要求に応じそれに励まされて生まれた。それは生命ある不朽の書を少数者の書斎と研究室とより解放して街頭にくまなく立たしめ民衆に伍せしめるであろう。近時大量生産予約出版の流行を見る。その広告宣伝の狂態はしばらくおくも、後代にのこすと誇称する全集がその編集に万全の用意をなしたるか。千古の典籍の翻訳企図に敬虔の態度を欠かざりしか。さらに分売を許さず読者を繫縛して数十冊を強うるがごとき、はたしてその揚言する学芸解放のゆえんなりや。吾人は天下の名士の声に和してこれを推挙するに躊躇するものである。このときにあたって、岩波書店は自己の責務のいよいよ重大なるを思い、従来の方針の徹底を期するため、すでに十数年以前より志して来た計画を慎重審議この際断然実行することにした。吾人は範をかのレクラム文庫にとり、古今東西にわたって文芸・哲学・社会科学・自然科学等種類のいかんを問わず、いやしくも万人の必読すべき真に古典的価値ある書をきわめて簡易なる形式において逐次刊行し、あらゆる人間に須要なる生活向上の資料、生活批判の原理を提供せんと欲する。この文庫は予約出版の方法を排したるがゆえに、読者は自己の欲する時に自己の欲する書物を各個に自由に選択することができる。携帯に便にして価格の低きを最主とするがゆえに、外観を顧みざるも内容に至っては厳選最も力を尽くし、従来の岩波出版物の特色をますます発揮せしめようとする。この計画たるや世間の一時の投機的なるものと異なり、永遠の事業として吾人は微力を傾倒し、あらゆる犠牲を忍んで今後永久に継続発展せしめ、もって文庫の使命を遺憾なく果たさしめることを期する。芸術を愛し知識を求むる士の自ら進んでこの挙に参加し、希望と忠言とを寄せられることは吾人の熱望するところである。その性質上経済的には最も困難多きこの事業にあえて当たらんとする吾人の志を諒として、その達成のため世の読書子とのうるわしき共同を期待する。

昭和二年七月

《哲学・教育・宗教》〔青〕

- ソクラテスの弁明・クリトン　プラトン　久保　勉訳
- ゴルギアス　プラトン　加来彰俊訳
- 饗　宴　プラトン　久保　勉訳
- テアイテトス　プラトン　田中美知太郎訳
- パイドロス　プラトン　藤沢令夫訳
- メノン　プラトン　藤沢令夫訳
- 国　家　全二冊　プラトン　藤沢令夫訳
- プロタゴラス　—ソフィストたち　プラトン　藤沢令夫訳
- パイドン　—魂の不死について　プラトン　岩田靖夫訳
- アナバシス　—敵中横断六〇〇〇キロ　クセノポン　松平千秋訳
- アリストテレス　ニコマコス倫理学　全二冊　高田三郎訳
- アリストテレス　形而上学　全二冊　出　隆訳
- アリストテレス　弁論術　戸塚七郎訳
- アリストテレース　詩学　ホラーティウス　詩論　松本仁助・岡　道男訳
- 物の本質について　ルクレーティウス　樋口勝彦訳
- エピクロス　—教説と手紙　出　隆・岩崎允胤訳
- 生の短さについて　他二篇　セネカ　大西英文訳
- 怒りについて　他二篇　セネカ　兼利琢也訳
- エピクテトス　人生談義　全二冊　國方栄二訳
- 人さまざま　テオプラストス　森　進一訳
- マルクス・アウレーリウス　自省録　神谷美恵子訳
- 老年について　キケロー　中務哲郎訳
- 友情について　キケロー　中務哲郎訳
- 弁論家について　全二冊　キケロー　大西英文訳
- 平和の訴え　エラスムス　箕輪三郎訳
- エラスムス＝トマス・モア往復書簡　沓掛良彦・高田康成訳
- 方法序説　デカルト　谷川多佳子訳
- 哲学原理　デカルト　桂　寿一訳
- 精神指導の規則　デカルト　野田又夫訳
- 情念論　デカルト　谷川多佳子訳
- パンセ　全三冊　パスカル　塩川徹也訳
- パスカル　小品と手紙　塩川徹也・望月ゆか訳
- スピノザ　神学・政治論　全二冊　畠中尚志訳
- 知性改善論　スピノザ　畠中尚志訳
- スピノザ　エチカ（倫理学）　全二冊　畠中尚志訳
- スピノザ　国家論　畠中尚志訳
- スピノザ往復書簡集　畠中尚志訳
- デカルトの哲学原理　—附　形而上学的思想　スピノザ　畠中尚志訳
- スピノザ　神・人間及び人間の幸福に関する短論文　畠中尚志訳
- モナドロジー　他二篇　ライプニッツ　谷川多佳子・岡部英男訳
- ノヴム・オルガヌム（新機関）　ベーコン　桂　寿一訳
- 市民の国について　全二冊　ヒューム　小松茂夫訳
- 自然宗教をめぐる対話　ヒューム　犬塚　元訳
- 君主の統治について　—謹んでキプロス王に捧げる　トマス・アクィナス　柴田平三郎訳
- 精選　神学大全　全四冊　トマス・アクィナス　山本芳久・稲垣良典編／訳
- エミール　全三冊　ルソー　今野一雄訳
- 人間不平等起原論　ルソー　本田喜代治・平岡　昇訳
- ルソー　社会契約論　桑原武夫・前川貞次郎訳
- 言語起源論　—旋律と音楽的模倣について　ルソー　増田　真訳
- ディドロ　絵画について　佐々木健一訳

2024.2 現在在庫　F-1

- 純粋理性批判 全三冊　カント／篠田英雄訳
- カント 実践理性批判　波多野精一・宮本和吉・篠田英雄訳
- 判断力批判 全二冊　カント／篠田英雄訳
- 永遠平和のために　カント／宇都宮芳明訳
- プロレゴメナ　カント／篠田英雄訳
- 人倫の形而上学 全二冊　カント／熊野純彦・宮村悠介訳
- シュライエルマッハー 独白　木場深定訳
- ヘーゲル 政治論文集 全二冊　金子武蔵訳
- 哲学史序論 —哲学と哲学史　ヘーゲル／武市健人訳
- 歴史哲学講義 全二冊　ヘーゲル／長谷川宏訳
- 法の哲学 —自然法と国家学の要綱　ヘーゲル／上妻精・佐藤康邦・山田忠彰訳
- 学問論　シェリング／西川富雄・藤田正勝監訳
- 自殺について 他四篇　ショウペンハウエル／斎藤信治訳
- 読書について 他二篇　ショウペンハウエル／斎藤忍随訳
- 知性について 他四篇　ショーペンハウエル／細谷貞雄訳
- 不安の概念　キェルケゴール／斎藤信治訳
- 死に至る病　キェルケゴール／斎藤信治訳

- 体験と創作 全二冊　ディルタイ／柴田治三郎・小牧健夫訳
- 眠られぬ夜のために 全二冊　ヒルティ／草間平作・大和邦太郎訳
- 幸福論 全三冊　ヒルティ／草間平作・大和邦太郎訳
- 悲劇の誕生　ニーチェ／秋山英夫訳
- ツァラトゥストラはこう言った 全二冊　ニーチェ／氷上英廣訳
- 道徳の系譜　ニーチェ／木場深定訳
- 善悪の彼岸　ニーチェ／木場深定訳
- この人を見よ　ニーチェ／手塚富雄訳
- プラグマティズム　W・ジェイムズ／桝田啓三郎訳
- 宗教的経験の諸相 全二冊　W・ジェイムズ／桝田啓三郎訳
- 日常生活の精神病理　フロイト／高田珠樹訳
- 精神分析入門講義 全二冊　フロイト／高田珠樹・新宮一成・須藤訓任・道籏泰三訳
- 純粋現象学及現象学的哲学考案 全二冊　フッセル／池上鎌三訳
- デカルト的省察　フッサール／浜渦辰二訳
- 愛の断想・日々の断想　ジンメル／清水幾太郎訳
- ジンメル宗教論集　深澤英隆編訳
- 笑い　ベルクソン／林達夫訳

- 道徳と宗教の二源泉　ベルクソン／平山高次訳
- 物質と記憶　ベルクソン／熊野純彦訳
- 時間と自由　ベルクソン／中村文郎訳
- ラッセル教育論　安藤貞雄訳
- ラッセル幸福論　安藤貞雄訳
- 存在と時間 全四冊　ハイデガー／熊野純彦訳
- 学校と社会　デューイ／宮原誠一訳
- 民主主義と教育 全二冊　デューイ／松野安男訳
- 我と汝・対話　マルティン・ブーバー／植田重雄訳
- アラン 幸福論　神谷幹夫訳
- アラン 定義集　神谷幹夫訳
- 天才の心理学　E・クレッチュマー／内村祐之訳
- 英語発達小史　H・ブラッドリ／寺澤芳雄訳
- 日本の弓術　オイゲン・ヘリゲル述／柴田治三郎訳
- 似て非なる友について 他三篇　プルタルコス／柳沼重剛訳
- ことばのロマンス —英語の語源　ウィークリー／寺澤芳雄・出淵博訳
- ヴィーコ 学問の方法　上村忠男・佐々木力訳